스무 살을 위한
교양 세계사 강의

스무 살을 위한
교양 세계사 강의

이지원·박미선 지음

한국사 연구자들이 세계사에 도전한 까닭

세계화가 일상이 된 지금, 다양한 분야에서 세계와 국제사회에 대한 관심이 높아지고 있다. 세계를 이해하고 받아들인다는 세계화의 일반적인 개념을 넘어, 이제는 인류 사회를 하나의 동일한 체제로 묶으려는 '세계화globalization'가 진행되고 있다. 이미 우리 사회는 많은 부분 세계화되었다. 우리가 원치 않아도 매일 TV와 인터넷에서 쏟아지는 국제 뉴스를 접하며, 미국과 유럽의 경제 상황이 곧바로 우리나라 증시에 반영된다.

그러나 세계화의 격류 속에서도 동일한 체제로 묶을 수 없는 것이 있으니, 그것은 바로 역사와 문화이다. 나라마다 지리적 환경이 다른만큼 그 속에서 만들어진 문화와 역사 또한 다를 수밖에 없다. 이러한 국가적·지역적 특수성을 무시할 수 없기 때문에 거세지는 세계화의 흐름 속에서도 각 지역의 특수성을 고려한 '현지화localization'가 강조되고, 각 국가들은 자국의 문화와 역사를 더욱 공고히 하는 데 더욱 큰 노력을 기울이고 있다.

그렇다면 우리가 세계화에 대응하는 바람직한 방향은 무엇일까? 무엇보다도 왜 인류 사회를 동일한 체제로 만들어야 하는지, 그 동일한 체제는 어떤 모습이어야 하는지 의문을 던져야 한다. 세계화가 가장 시급한 분야는 환경과 전쟁 같은 인류의 생존이 달린 문제들이다. 이런 문제는 인류가 공동으로 해결해야 하며, 바로 여기에 세계화의 필요성이 존재한다. 다만 그 모델이 서양 사회일 필요는 없다.

지난날 우리는 서구화를 근대화의 절대적 가치로 삼아 그 뒤를 쫓았으나, 우리 사회를 서양 사회와 동일하게 만든다는 것은 가능하지도 바람직하지도 않다. 이런 문제의식 속에서 서구중심주의를 극복하자는 움직임이 커지고 있으며, 그러한 흐름 중 하나가 바로 우리 시각의 세계사에 대한 요구이다. 기존의 '세계사=서양사'라는 틀에서 벗어나 우리가 속한 아시아에 대한 이해를 넓히고, 이를 바탕으로 동양과 서양을 비교하며, 각 대륙의 지역적 특성에 따라 우리의 시각과 관심사로 세계 역사를 다시 구성하자는 것이다. 이것이 한국사를 공부하는 우리가 세계사 저술이라는 무(모)한 도전에 나선 이유이다.

이 책은 세계 역사를 '문명' '제국' '인간' '세계'라는 네 개의 키워드로 정리했다. 각 지역의 고대 '문명'과 그 사상을 통해 인류 '문명의 시작'을 이야기하고, 국가와 제도의 확립과 국가 간 충돌·팽창을 통한 세계의 형성과 분리를 '제국의 탄생' 속에서 살피며, 이러한 국가와 종교의 '틀'을 깨는 움직임을 통해 개별적이고 자유로운 존재로서 '인간의 발견'을 찾아보고, 마지막으로 유럽을 벗어나 아시아와 아메리카가 변화·도약하는 '역동하는 세계'를 서술하였다. 그 사이

사이에 '가로질러 읽기'라는 꼭지를 몇 개 두어 동양과 서양을 연결해 보고, 중요한 사건 또는 흐름을 세계사라는 커다란 맥락 안에서 이해해 보려고 시도했다.

이 책은 책 제목대로 '스무 살'을 위한 세계사 책이다. 스무 살은 교과서에서 벗어나 자유롭게 자신의 교양을 채우기 시작하는 나이다. 이 책도 세계사에 대한 학문적 지식보다는 동·서양에 대한 비교를 바탕으로 인류의 역사를 큰 틀에서, 다양한 시각으로 바라보는 것을 지향했다. 이 책이 자신의 눈으로 세계를 바라보고 교양을 쌓으려는 이들에게 길잡이가 되기를 바란다. 또한 고등학교 과정에서 세계사 과목을 선택하지 않아 세계 역사를 배울 기회를 놓친 이들에게 이 책이 세계사 입문서 역할을 해 주길 기대한다.

독자들 앞에 책을 내놓는 지금, '한국사 연구자가 정리한 세계사'라는 새로운 시도가 어떤 평가를 받을지 기대 못지않게 걱정과 우려 또한 크다. 특히 아프리카 역사를 담지 못한 것이 저자들의 한계이자 아쉬운 부분이다. 이 한 권의 책이 나올 수 있었던 것은, 기존의 연구 자료와 수많은 저서들이 있었기에 가능했다. 일일이 열거할 수 없지만 그분들께 지면을 빌려 고마움을 건한다.

2010년 여름
이지원·박미선

1부

문명의 시작

1. 강을 따라 문명을 꽃피우다

"인간은 죽는다. 그러니 쓰자. 그
러나 금방 죽진 않는다. 그러니 저
축도 해야 한다."

"결혼은 기쁜 것, 이혼은 더더욱
기쁜 것."

"칠칠치 못한 마누라는 악마보다
무섭다."

"인생의 기쁨, 그 이름은 맥주."

빨대로 맥주를 마시는 수메르인. 수메르
인은 기원전 3000년경 메소포타미아 유
역에서 문명을 이루었다.

어느 유머집이나 격언집에 있는 내용이 아니다. 기원전 3500~3000
년경 메소포타미아 지역에 살았던 사람들이 남긴 속담이다. 현대인
도 충분히 공감하고 미소를 지을 만한 내용이다. 이들이 바로 인류
최초의 문명을 만든 장본인들이다. 인용한 속담들은 그들이 이룩한

'문명'이 얼마나 위대했는지를 짐작할 수 있게 한다. 그들은 어떻게 문명을 만들었을까?

인류 최초의 혁명, 신석기혁명

인류 역사상 가장 위대한 '혁명'은 무엇일까? 프랑스혁명? 러시아혁명? 사람마다 견해가 다르겠지만, 고고학자들은 인류 최초의 혁명이라 할 신석기혁명을 꼽는 데 주저하지 않는다.

'신석기혁명'●은 단순히 돌을 깨서 사용하던 시대에서 갈아서 다듬어 사용하는 시대로의 변화가 아니라, 채집·수렵 생활에서 정착하여 농사를 짓는 생활 방식으로의 전환을 의미하기 때문이다. 자연에 순종하고 순응하던 삶에서, 자연에 맞서고 저항하는 삶으로 바뀌면서 이른바 '문화'가 시작된 것이다. '문화'를 뜻하는 영어 단어 'Culture'가 '밭을 경작하다'라는 뜻의 라틴어 'cultura'에서 나왔다는 점만 보아도 문화가 농경과 밀접한 관련이 있음을 알 수 있다.

이제 농경 생활을 시작한 사람들은 농사에 필요한 경작지와 물을 찾아 하천 유역으로 모여들기 시작했다. 세계에서 가장 먼저 문명이 발달한 '세계 4대 문명', 즉 메소포타미아, 이집트, 인더스, 황허기 모두 큰 강에서 일어난 것은 이 때문이다. 이 가운데서 농경이 최초

● 신석기 혁명The Neolithic Revolution은 신석기시대의 농경문화를 가리킨다. 오스트레일리아 출신의 영국 고고학자인 고든 차일드Gordon V. Childe가 1936년에 펴낸 책 『Man makes himself』에서 처음 제기한 개념으로서, 수렵·채집에만 의존하던 인류가 농경이라는 전혀 새로운 차원의 생산양식을 발명함으로써 여러 가지 사회문화적 발전을 이루었다는 시각이 담겨 있다. 고든 차일드는 농경의 시작을 하나의 혁명적 사건이라는 뜻에서 '신석기혁명'이라고 표현하였다.

로 시작된 곳은 메소포타미아 지역이었다.

메소타이아 문명의 형성.

메소포타미아는 '두 강 사이의 땅'이라는 뜻으로, 티그리스 강과 유프라테스 강 유역에 형성된 비옥한 초승달 지역을 가리킨다. 이 지역에서는 밀과 보리가 야생 상태와 경작 상태로 동시에 출토되는데, 이웃한 이집트에서는 경작한 상태의 밀과 보리만 나오는 것으로 보아 메소포타미아 지역에서 농경이 먼저 시작되었음을 미루어 짐작할 수 있다.

밀과 보리를 중심으로 한 지중해 농경문화 외에, 쌀은 인도와 중국·동남아 지역에서 재배되었고, 감자와 옥수수는 아메리카 대륙에서 처음 재배되었다. 이처럼 각 지역마다 자연환경에 따라 재배된 농작물이 달랐다.

한편 메소포타미아에서 출토된 점토판에는 이 지역의 전설과 영웅들의 이야기가 기록되어 있는데, 그중 가장 유명한 것이 「길가메시Gilgamesh 서사시」이다. 3분의 2는 신이고, 3분의 1은 인간인 반신반인半神半人인 우르크의 왕 길가메시가 모험을 통해 인간으로서의 삶을 찾아가는 이야기이다. 그 여정에 대홍수 이

「길가메시 서사시」가 새겨진 점토 서판. 니네베의 아슈르바니팔 왕궁 서고에서 출토된 12개의 점토 서판이 「길가메시 서사시」의 전거가 되었다.

야기가 나온다.

우트나피시팀은 여신이 가르쳐 준 대로 큰 방주를 만들고 그 안에 가족과 온갖 가축을 싣고 7일 동안 물 위를 표류하였고, 7일째 폭풍우가 멈추자 물이 마른 땅에 도착하여 하늘에 감사의 기도를 올렸다. 이에 신에게서 영생의 삶을 받았다.

길가메시는 수메르·바빌로니아 등 고대 여러 민족 사이에 알려진 영웅이다. 수메르의 우르크 제1왕조 제5대 왕이었다고 전한다. 후에 전설적인 인물이 되어 부조 등 여러 미술 작품에 나타난다.

성서에 나오는 '노아의 방주' 이야기와 매우 비슷하다. 제작 연대상 아마 이 설화가 성서에 영향을 미쳤을 것이다. 남아 있는 성벽에 방수를 위해 역청瀝靑을 바른 흔적이 있는 것으로 보아 실제로 이 지역에 홍수가 자주 일어났던 것으로 보인다. 하천 하류에는 상류에서 흘러내린 토사 덕분에 기름진 경작지가 만들어졌지만, 그만큼 홍수와 범람의 위험이 늘 존재했던 것이다.

그럼에도 불구하고 문명이 꽃을 피울 수 있었던 것은 홍수를 조절할 수 있는 기술이 있었기 때문이다. 강의 범람을 막으려면 홍수 조절용 둑이나 수로를 만들어야 했는데, 이 치수治水 사업에 많은 사람들이 동원되었다. 그 과정에서 사람들을 통제할 수 있는 정치와 행정 조직이 꾸려졌고, 이를 이끌어 나갈 통치자가 등장했다. 예를 들어 이집트에서는 나일 강의 범람을 관찰하여 그 주기인 365일을 기준으로 방비책을 마련했고, 중국에서는 황허의 치수에 공을 세운 우禹가 순제舜

帝에게 왕위를 물려받아 중국 최초의 나라 하夏 왕조를 개창하였다.

그런데 치수 사업에 강제로 사람들을 동원하는 데에는 한계가 있었다. 사람들을 억지로 불러내는 것보다는 자발적으로 참여하게 만

바빌로니아의 태양신 숭배를 묘사한 서판(기원전 870년경). 인간에게 자연은 경외의 대상이었기에 자연을 관장하는 신을 잘 섬기는 것이 무엇보다 중요한 일이었다.

들어야 했다. 그래서 등장한 존재가, 홍수와 강의 범람이라는 고통과 고난을 일으키는 '신神'이었다. 각 지역의 통치자는 인간의 왕이자 신의 뜻을 받드는 신관神官이기도 했다.

그 대표적인 예가 이집트의 파라오였다. 파라오는 하늘의 신 호루스, 태양의 신 레Re와 동일시되었다. 우리나라 최초의 국가인 고조선의 건국자 '단군왕검' 또한 제사장을 의미하는 '단군檀君'과 정치적 권력을 갖춘 왕을 의미하는 왕검王儉이 결합된 개념으로, 신관왕神官王의 모습을 보인다.

비록 인류는 농경 생활을 하며 자연에 저항하긴 했으나, 여전히 자연은 경외의 대상이었기에 신을 잘 섬기는 자를 존경의 대상이자 지배자로 받들었던 것이다.

신의 뜻을 받들고, 백성을 조직하는 '도시'

통치자와 그 통치를 받는 신민臣民 개념이 수립되면서, 통치자가 정치

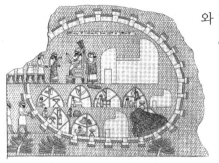

메소포타미아의 도시. 통치자와 신민의 모습이 잘 묘사되어 있다. 성벽으로 둘러싸인 도시에서 왕은 앉아서 행정 업무를 처리하고, 미천한 백성들은 각자 가업에 힘쓰고 있다.

와 행정을 맡아 다스리는 공간으로 '도시'가 출현하였다. 문명을 가리키는 영어 단어 'Civilization'은 도시를 의미하는 'Civil'에서 나온 개념으로, 도시 내에서 이루어진 정치·행정 등이 문명 형성의 밑바탕이 됐음을 암시한다.

도시는 성벽으로 그 안과 밖이 구분되었는데, 성안에는 통치자를 비롯하여 정치와 행정을 맡은 사람들이 머물고, 성 밖에는 농경지를 경작하는 농민이 살았다. 이때 성이 경계 역할을 했으므로, 중국에서는 도시를 '성읍城邑'이라고 불렀다. 그렇다면 고대 도시는 어떤 구조였을까?

인더스 문명을 대표하는 도시인 모헨조다로를 보면, 중앙에 거대한 성과 요새가 있고, 큰 목욕탕과 여러 채의 곡물 창고, 포장된 도로 등을 갖추고 있었다. 도시 중앙에 있는 큰 건물이 종교적 의식을 거행하던 신전이었을 것으로 여겨진다. 메소포타미아 지역에도 도시

우르의 지구라트. 하늘에 있는 신과 지상을 연결시키기 위해 쌓은 지구라트는 수메르 시대 초기 신전의 기단에서 발달하였다. 구약성서에 나오는 '바벨탑'이 바로 이 바빌론의 지구라트를 가리키는 것이다.

한가운데에 벽돌을 탑 모양으로 쌓아 올린 '지구라트ziggurat'라는 성탑聖塔, 즉 하늘에 있는 신들과 지상을 연결해 주는 건조물이 있었다. 중국에서는 전쟁 등 중대사를

중국의 갑골문자(왼쪽)는 중국 은허에서 발굴된 고대 문자로 거북의 등딱지(甲)와 짐승의 뼈(骨)에 새겨진 문자라는 뜻이다. 메소포타미아의 쐐기문자(오른쪽)는 점토판에 갈대 가지 끝을 뾰족하게 만들어서 썼다.

결정할 때면 항상 점占을 쳐서 신의 뜻을 헤아렸다.

한편 통치자가 도시 안팎의 인구와 그 생산량을 헤아려 세금을 거두거나 명령을 내리려면 문자가 필요했다. 그래서 메소포타미아에서는 쐐기문자, 이집트에서는 상형문자, 황허 문명에서는 갑골문자가 각각 만들어졌다. 이 문자들로 기록된 자료들은 해당 문명의 존재와 특성을 알려 주는 열쇠 구실을 한다.

모헨조다로. 주택 수천 채가 밀집해 있고 도로는 반듯하게 격자 모양으로 나 있다. 대부분의 주택에는 욕실과 화장실이 갖춰져 있었다.

"눈에는 눈, 이에는 이" 함무라비 법전

인간이 강의 범람을 다스리게 되자 농업 생산량이 늘어났다. 식량이 풍부해지자 인구가 증가하며 도시도 팽창했다. 이제 작은 도시로는 많은 사람들을 먹여 살리기 어렵게 되었다. 도시들은 주변 지역을 상대로 정복 활동에 나섰고, 영토가 넓어지며 '국가'가 형성되었다. 이

렇게 여러 부족이나 씨족 또는 도시들을 국가라는 하나의 틀 안에서 지배하려면 누구에게나 똑같이 적용될 규율, 즉 법이 필요했다.

인류 최초의 성문법은 '함무라비 법전Code of Hammurabi'으로, 이 또한 메소포타미아 지역에서 만들어졌다. 함무라비Hammurabi(기원전 1792~기원전 1750)는 주변의 많은 적들을 물리치고 메소포타미아를 다시 통일한 군주로서, 집권 후 모든 지역에 똑같이 적용되는 법을 비석에 새겨 여러 도시의 신전 입구에 세워 공표하였다. 이로써 지역마다 제각각이던 고대 바빌로니아의 법률이 통일되었다.

무려 282조로 구성된 함무라비 법은 가족 관계와 소유·상업에 관한 규정을 기본으로, 직업·채무·이자 등에 관한 사항까지 상세하게 규정하였다. 함무라비 법의 가장 큰 특징은 "눈에는 눈, 이에는 이"라는 원초적인 형태의 보복 방식, 즉 '동태복수법同態復讐法'의 원칙이 적용되었다는

함무라비 법전이 새겨진 돌기둥. 완전한 원형으로 루브르 미술관에 소장되어 있다. 기둥 부분에 쐐기문자로 282조의 규정이 새겨져 있고, 윗부분에는 왕이 샤마슈 신에게서 법전을 받는 모습이 새겨져 있다.

점이다.(196, 197, 200조항) 그러나 이 원칙에는 결정적인 단서가 달려 있었다. 바로 '자신과 동등한 신분을 가진'이라는 조항이었다.

예를 들어, 평민이 평민의 뺨을 때리면 얼마간의 돈을 지불하면 되지만(204조), 노예가 귀족의 뺨을 때린 경우에는 그 노예의 귀를 잘랐다(205조). 또 남편이 외박을 자주 하면 아내가 이에 항의할 수 있지만(142조), 만약 아내가 외박을 하면 남편은 아내를 강에 던져 죽일 수 있었다(143조). 신분이 낮은 사람이나 여자가 더 가혹한 형벌을 받은 것이다.

우리나라 최초의 국가인 고조선에도 8개 조항의 법이 있었는데, 그중 오늘날까지 전해지는 3개 조항을 함무라비 법전과 비교해 보면 함무라비 법의 특징이 더 두드러진다. 우선 고조선 법은 '사람을 죽인 자는 사형에 처한다'고 하여 개인적인 보복을 허용하지 않았다. 또 '남을 상하게 한 경우 곡물로 배상하고, 도둑질하면 노예로 삼는다'고 했는데, 함무라비 법전에서는 사원이나 궁전의 재산을 훔치면 사형에 처하고, 계약서 없이 금은이나 노예 등을 구매하면 도둑으로 간주하여 사형에 처한다고 규정하여 형벌이 훨씬 무거웠다.

문명의 조건

세계 4대 문명의 발생을 살펴보면 '문명'의 조건, 즉 인류가 물질적·사회적으로 발전하는 데 꼭 필요한 요소가 무엇인지 알 수 있다. 바로 도시의 형성, 문자의 발명, 종교와 정치가 통합된 지배 체제의 수립이다. 그러나 이 요소들은 필수 조건일 뿐, 각 문명은 각자의 여건에 맞춰 독특한 문화를 만들어 갔다.

맨 처음 인용한 속담에서 살펴본 것처럼, 메소포타미아 문명을 만든 수메르인들은 현세적이고 낙천적이었던 데 반해, 이집트인들은 미라와 피라미드 등 현세보다는 사후의 영생과 부활을 중시했다. 인더스 강을 중심으로 번성한 인더스 문명에는 공용 목욕탕뿐만 아니라 집집마다 목욕탕이 있고, 사람들이 사용한 인장에 유난히 소의 모양이 많은데, 이로 미루어 볼 때 물과 소를 숭배하는 인도의 풍습은 이때 생겨난 것이 아닌가 한다

고대 문명은 어느 한순간에 만들어진 것이 아니라 매우 오랜 기간에 걸쳐, 또 다양한 문화를 아우르며 형성되었다. 이집트 문명은 기원전 3000년 무렵부터 마케도니아의 알렉산드로스 왕에게 정복당한 기원전 332년까지 3,000년 넘게 지속되었으며, 메소포타미아 문명도 기원전 3000년 무렵 수립된 수메르 문명부터 아카드 왕국, 아모르인의 바빌로니아 왕국으로 이어지다가 기원전 1530년경 히타이트의 침략을 받아 멸망할 때까지 약 1,500년간 지속되었다.

중국 문명의 경우, 보통 황허 중하류 지역에 만들어진 문명을 뭉뚱그려 '황허 문명'이라 부르지만, 일반적으로 중원中原이라 일컫는 황허 중류의 '하남용산河南龍山 문화' 외에 '산동용산山東龍山 문화', 랴오허 강 유역의 '홍산紅山 문화', 양쯔 강 유역의 '양저良渚 문화' 등 그 내부에 다양한 문화가 공존했다.

2. '발견' 전에 이미 존재한 문명

1492년 이탈리아의 탐험가 콜럼버스가 아메리카 대륙에 도착했다. 이 사건을 서양 역사에서는 '신대륙의 발견'이라 말한다. 그러나 콜럼버스는 죽을 때까지 이곳을 인도라고 여겼고, 그래서 그가 처음 도착한 곳을 지금도 '서인도제도'라 부른다. 이듬해 콜럼버스를 따라 항해한 이탈리아의 아메리고 베스푸치는 1499~1502년 중남미를 탐험하며 이곳이 인도가 아닌 신대륙이라고 확신하고, 1503년 『신세계』라는 소책자를 펴냈다. 1507년 독일의 지리학자 마르틴 발트제밀러가 이곳의 이름을 아메리고의 이름을 따 '아메리카'라고 부르면서 '아메리카'의 역사가 시작되었다.

그런데 이 지역에 처음 도착한 유럽인은 콜럼버스가 아닌 노르만족(일명 '바이킹')이었다. 그들은 콜럼버스보다 500년 전에 북아메리카의 북동 연안에 잠시 머물렀다. 그리고 더 거슬러 올라가면, 기원전 3만 년 무렵 아시아와 아메리카 대륙이 연결돼 있던 때, 인디언들이 아시아에서 알래스카를 지나 아메리카 대륙으로 건너간 것으로 추정된다.● 이들의 후예들은 독자적인 문명을 일구며 살았다.

　라틴아메리카●●는 지역과 문화의 차이를 바탕으로 크게 메소아메리카 문명권과 안데스 문명권으로 구분할 수 있다. 메소아메리카 문명권에는 현재의 과테말라 주변 지역과 유카탄 반도의 마야 문명, 멕시코 중앙고원에서 발생한 아스텍 문명이 포함되며, 안데스 문명권에는 현재의 페루·에콰도르·볼리비아·아르헨티나 북부 지역을 포함한 잉카 문명이 속한다. 마야와 아스텍, 잉카는 이 문명권에 속하는 대표적인 문명이자 마지막까지 남았던 문명일 뿐, 이 문명권이 만들어지기까지 수많은 문명들이 성쇠를 거듭했다.

마야와 아스텍의 '메소아메리카 문명'

메소아메리카 문명권은 기원전 17세기부터 서기 200년까지 이어진 올멕 문명을 바탕으로 멕시코 남부와 과테말라·온두라스 지역에서 전기 마야 문명(325~975)이, 유카탄 반도에서 후기 마야 문명

● 기원전 3만 년경은 빙하기로, 아시아와 아메리카 사이의 베링 해협이 얼어 육로처럼 연결되었을 것이고, 이때 유목 생활을 하던 몽골인이 이동하면서 해협을 건너 아메리카로 왔을 것으로 보인다. 지금까지 아메리카에서 발견된 유골은 3만 년을 넘는 것이 거의 없다고 한다. 기원전 1만 3000년 무렵에 빙하기가 끝나면서 베링 해협은 지금처럼 넓어졌고, 그 후예들은 다른 대륙과 단절된 체 그들만의 독자적인 문화를 만들어 갔다.

●● '라틴아메리카'라는 말은, 북아메리카 지역이 앵글로색슨의 영향을 받아 영어를 사용하는 데 반해, 이 지역은 에스파냐를 비롯한 유럽의 지배를 받으면서 포르투갈어·에스파냐어·프랑스어 등 라틴계 언어를 사용하고 종교적으로 가톨릭을 믿었기 때문에 '앵글로 아메리카'와 문화적으로 구분하여 붙인 이름이다.

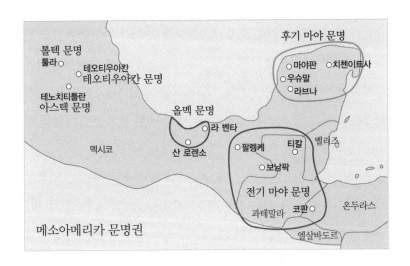

메소아메리카 문명권

(975~16세기 초)이 발달했고, 멕시코 중앙고원에서도 올멕 문명의 영향을 받은 테오티우아칸 문명과 톨텍 문명을 거쳐 아스텍 문명으로 이어졌다.

'마야'라는 명칭은 밀림 속에 넓게 퍼져 건설된 많은 도시국가들을 편의상 통칭하는 말이다. 마야의 도시에는 피라미드 신전과 궁전, 경기장 등의 대형 건축물과 왕과 신의 조각이 있었는데, 금속기나 수레 등이 없는 상황에서 이처럼 거대한 건축물을 남긴 것은 놀라운 일이다. 또한 마야인은 정확한 달력을 만들어 사용한 것으로 유명하다. 이 달력은 여러 나라에서 수천 년간 사용되었다.

위대한 문명을 이끈 마야인은 900년 무렵 도시를 버리고 돌연 북쪽의 유카탄 반도로 이주했다. 이들이 도시를 버린 이유는 명확하지 않으나,

아스텍 유물 〈시페 토텍〉(1500년경). 봄의 신으로 식물 재생과 봄비를 관장한다.

급격한 인구 증가로 인한 토지 부족과 기후 변화를 원인으로 꼽고 있다. 당시 멕시코에서 들어온 톨텍족의 영향을 받아 후기 마야 문명이 형성되었다. 신전 도시인 치첸이차이 등을 중심으로 번성했던 마야 문명은 16세기 초 에스파냐 정복자들이 유카탄 반도에 들어왔을 때 이미 쇠퇴해 사라져 버렸다.

한편 멕시코 중앙고원에는 아스텍 제국 이전에 올멕−테오티우아칸−톨텍 문명이 있었다. 특히 테오티우아칸 문명은 주변 도시국가들을 통합하여 3~6세기 전성기 때에는 인구가 거의 20만 명에 이르렀다고 한다. 흔히 아스텍 문명의 유적으로 알고 있는 '달의 피라미드'와 '해의 피라미드'는 바로 이 문명의 유산이다. 더 되짚어가면 태

해의 피라미드와 달의 피라미드. 테오티우아칸 문명의 대표 유적이다. 오른쪽에 있는 해의 피라미드는 햇볕에 말린 1억 개의 벽돌을 쌓아 만든 것으로, 꼭대기에는 태양신을 모시는 사당이 있다. 달의 피라미드는 달에 제사 지내기 위해 지은 것으로, 양식은 해의 피라미드와 같지만 규모가 더 작고 해의 피라미드보다 약 200년 후에 건립한 것으로 추정된다.

양 중심의 우주관과 피라미드 신전 건축 등은 올멕 문명의 전통으로서, 이 지역에서 성쇠를 거듭한 문명들이 그 전통을 계승한 것이다.

이후 13세기에 북쪽에서 아스텍인들이 멕시코 고원으로 옮겨 와 이곳을 '멕시카Mexica'라 불렀다. '멕시코'란 국명은 여기서 유래했다. 아스텍인들은 1325년 텍스코코 호수의 섬에 마을을 세웠는데, 이것이 바로

톨텍 문명의 유적. 톨텍 문화는 각종 기예와 수준 높은 역법·우주관·종교 체계를 이루어 멕시코 중앙고원 각지의 문화에 많은 영향을 끼쳤다. 북방 수렵민의 침입으로 13세기에 멸망하였으나, 훗날 아스텍 문명의 바탕이 되었다.

나중에 아스텍의 수도가 되는 '테노치티틀란'(멕시코시티)이다. 이 지역은 강우량이 부족해 주변 호수에 인공 섬을 여러 개 만들어 그곳에 농작물을 심고 뗏목을 타고 다니며 농사를 지었으며, 호수 바닥의 진흙을 거름으로 활용하였다. 지혜가 돋보이는 이 농사법을 '치남파' 농법이라고 한다. 이러한 농업 경제를 기반으로 아스텍은 주변 도시국가들과 동맹을 맺거나 그들을 막강한 군사력으로 정복해 인구 수만이 넘는 도시국가 12개를 지배할 정도의 대제국을 이루었다.

아스텍인들도 거대한 피라미드 신전을 지어 태양신을 섬겼다.

태초에 사람들이 살았는데, 옥수수를 먹고 키가 자라 거인이 되었다. 그러나 홍수가 일어나 해마저 삼켜 버려 첫 번째 세상이 끝났다. 다행히 두 사람이 살아남아 두 번째 세상이 시작되었으나 이번에는 거센 바람이 해와 사람들을 날려 버렸다. 세 번째 세상은 불에 의해

태양의 돌. 아스텍족이 태양신과 뱀 따위를 새긴 큰 바위. 아스텍족의 우주관을 보여 주는 종교적 예술품이다.

멸망하였고, 네 번째 세상은 피와 불의 비에 휩쓸렸다. 마지막 우리가 살고 있는 다섯 번째 세상이 시작되었는데, 이곳이 바로 테오티우아칸(신이 태어난 곳)이었다. 해가 없었는데 나나우아 신이 자신의 몸을 불살라 태양을 만들었다. 하지만 해가 움직이지 않았고, 신들이 자신의 심장을 꺼내 바치자 해가 움직이기 시작했다.

아스텍 사람들이 믿었던 천지창조 신화이다. 그들은 이 신화의 내용처럼 세상이 존재하려면 태양이 있어야 하고, 태양의 힘을 얻으려면 심장이 필요하다고 믿어 신전에서 제사를 지낼 때 사람의 심장을 바쳤다. 그것도 산 채로. 신전의 제물로 바쳐진 사람들은 정복전쟁에서 잡혀 온 포로들이었다. 이처럼 아스텍은 정벌 활동으로 제국을 이루고 번영을 누렸지만, 아스텍에 공물을 바치고 신전의 제물로 바쳐졌던 주변 종족들의 불만은 점점 커져 갔다.

천지창조 신화에서도 나오듯이 아스텍인들의 주식은 옥수수였으며, 그 밖에 향신료·호빅·토마토·칠면조·카카오 등을 재배했다. 이 음식들이 이 지역을 지배한 유럽인들을 통

과테말라에서 출토된 톨텍시대 점토판. 태양 숭배를 위한 희생제의에서 사제가 제물의 머리를 자르는 모습이 묘사되어 있다.

해 소개되어 오늘날 우리도 먹게 되었다. 특히 아스텍 사람들은 우리나라처럼 개를 식용 목적으로 길러서 개고기를 먹었다.

잉카의 '안데스 문명'

안데스 문명권은 기원전 2000년 무렵 지금의 페루 북부 산악 지대와 해안 지대에서 원주민들이 신전을 짓기 시작하면서 형성되었다. 크게 봤을 때, 강력한 제국이나 문명이 형성된 세 개의 '문명기'가 있고, 이 문명기 사이에 소규모 도시국가로 분열되어 지역별로 발전한 '중간기'가 있다. 즉, 기원전 900년에 형성되어 700년간 지속된 차빈 문명기－나스카 등 초기 중간기(기원전 200~600)－와리 문명기(~1000)－치무·완까 등의 후기 중간기(~1450)－잉카 문명기(~1533)로 구분된다.

전설에 의하면, 잉카 제국은 13세기 무렵에 만코 카팍이라는 사람이 세웠다고 한다. 만코는 태양의 아들로서 쿠스코에 정착하여 태양신의 신전을 만들었다. 15세기 초 창카족이 쿠스코를 침략하자 만코의 18대손인 파차쿠티 왕이 크게 무찌르고 이 일을 계기로 영토를 넓혀 지금의 에콰도르, 칠레, 아르헨티나 북부 등을 아우르는 잉카 제국

을 세웠다.

이 산간지역에 제국을 건설할 수 있었던 것은 '잉카의 길' 덕분이었다. 태평양 연안과 안데스 산맥을 관통하는 두 개의 길은 총 길이가 2만 킬로미터로 각 지방까지 뻗어 있었다. 이 길을 통해 병력과 군수물자를 신속히 보내고, 공물을 효율적으로 거두고, 지역 간 교류를 촉진해 제국을 유지할 수 있었다.

문자도 없고, 철을 사용할 줄도 모르고, 바퀴도 없었던 잉카에서 이러한 길을 만들었다는 것은 놀라운 일이다. 문자도 없이 어떻게 공물을 거둘 수 있었을까? 잉카에는 각 지역마다 공물을 걷는 관리와 계산을 맡은 관리가 따로 있었다. 이들은 '키푸'라는 매듭문자로 해마다 마을의 인구와 곡물 생산량 등을 기록하고, 그 기록에 따라 나라에 내는 공물의 양을 결정했다.

잉카 사람들은 야마와 알파카, 기니피그 등을 사육하여 그 고기와 털을 얻었고, 감자를 주식으로 삼았다. 감자는 수확한 뒤 밭에 두어 밤에는 얼고 낮에는 녹게 해 바짝 마른 감자, 즉 '추뇨'를 만들어 먹었다. 이것이 나초의 기원이라고 한다.

잉카 문화에서 눈에 띄는 것은 '미라' 제작이다. 잉카에서는 황제가 죽으면 그 시신을 미라로 만들었는데, 그 방법은 이집트의 미라와 비슷했다. 이렇게 만든 미라는 매장하지 않고 따로 안치한 뒤 주기적으로 옷을 갈아입히고 그 옆에 음식을 차려 놓기도 했다. 전투가 있으면 황제의 미라 앞에 모여 결의를 다지고, 죽은 황제에 대한 시를 암송하고 함께 행진하기도 했다.

한편 잉카에는 방방곡곡에 사제와 신전이 있었고, 신전 외에 산이나 돌무더기 등에서도 기도를 했다. 특히 신에게 바치는 제사는 산속에서 치렀으며, 이때 어린아이를 제물로 바쳤다. 혹한의 추위와 희박한 산소 때문에 매장한 아이들은 자연적으로 미라가 되었다.

총칼보다 무서운 분열과 질병

아스텍이나 잉카가 금속 도구나 바퀴 등을 사용하지 않고 거대한 제국을 이루고 문명을 형성한 것만큼이나 이들이 고작 수백 명 남짓한 정복자들에게 힘없이 몰락당한 것 또한 수수께끼이다.

1521년 에스파냐의 정복자 에르난 코르테스는 500여 명의 군대로 아스텍을 정복했다. 물론 대포와 총 등 무기의 위력이 압도적이었지만, '인신 공양' 풍속 등 아스텍의 지배에 불만을 품고 있던 주변 도시국가들의 협력이 큰 힘이 되었다. 에스파냐 군이 현지 주민들의 협력을 이끌어 내는 데에는 코르테스의 외모도 큰 역할을 했다. 아스텍에는 '머리카락은 황금빛이고 얼굴은 하얗고 턱에 휘날리는 수염을 가진 케살코아틀(신왕神王)이 하늘에서 돌아와 지상 세계에 영광을 줄 것'이라는 전설이 전해졌는데, 금발머리에 흰 얼굴, 덥수룩한 턱수염 등 코르테스의 외모가 전설 속 케살코아틀과 일치하여 원주민들이 큰 거부감 없이 동맹에 동의했던 것이다.

에르난 코르테스. 코르테스는 아스텍의 전설 속 왕 케살코아틀과 비슷한 외모 덕에 현지 주민들의 협력을 쉽게 이끌어 냈다.

잉카 제국 역시 에스파냐의 정복자에게 멸망했는데, 1533년 잉카를 멸망시킨 프

에스파냐 정복자들이 아스텍 신전에서 벌인 학살을 묘사한 그림.

란시스코 피사로의 병력은 코르테스 군대보다도 더 적은 150명이었다. 잉카의 멸망은 내부 분열이 가장 큰 원인이었다. 당시 잉카는 13대 왕 아타왈파가 12대 왕인 이복형을 죽이고 권력을 장악하는 내분을 겪고 있었다. 이에 피사로는 아타왈파를 생포한 뒤 반대 세력을 활용하여 패권을 확보하고, 그 몸값으로 엄청난 금은까지 차지한 뒤 왕을 처형했다. 이후 원주민들이 새로운 왕을 세우며 항거했지만 역부족이었다. 그렇게 잉카는 멸망했다.

20세기 초 페루 중남부 안데스 산맥에서 발견된 잉카 도시 마추픽추는 '늙은 봉우리'라는 뜻으로, 산 아래에서는 그 모습이 보이지 않

마추픽추. 페루 잉카 문명의 도시. 산 아래에서는 도시의 모습이 전혀 보이지 않아 '하늘정원'으로 불린다.

는다고 하여 '하늘정원'이라
고도 한다. 아마 에스파냐의
점령 이후 남아 있던 잉카인
들이 이곳으로 와서 새롭게
도시를 만든 것이 아닐까 추
측된다.

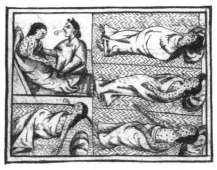
원주민을 죽음으로 몰아넣은 천연두.

　아스텍과 잉카 문명의 몰
락을 재촉한 또 다른 요인으로 천연두를 꼽기도 한다. 천연두는 아메
리카 대륙에는 존재하지 않던, 유럽인들이 퍼뜨린 완전히 새로운 병
이었다. 원주민들에게는 천연두에 대한 면역이 전혀 없었기 때문에
병이 한번 돌자 걷잡을 수 없이 퍼졌다. 코르테스 군대가 아스텍의
수도 테노치티틀란을 공격할 무렵에는 이미 천연두가 원주민들 사
이에 창궐하는 상태였고, 이후 멕시코에서만 1,800만 명이 천연두로
숨졌다고 한다. 반대로 유럽 인구의 15퍼센트를 죽음으로 몰아넣은
매독은 아메리카에서 유럽으로 전해진 질병이었다.

3. 불교는 힌두교를 넘지 못하고

현재 인도 마하라슈트라 주에 있는 푸네대학의 총장이자 『신도 버린 사람들Untouchables』의 저자인 나렌드라 자다브Narendra Jadhav는 '불가촉천민' 출신이다.● '불가촉천민不可觸賤民·untouchable'이란 말 그대로 (다른 신분 사람은) 손가락도 갖다 대서는 안 되는 천민으로, 인도의 신분제도인 카스트 체계에도 포함되지 않는 최하층 신분이다.

불가촉천민 출신으로 인도의 초대 법무장관을 지낸 암베드카르 Bhimrao Ramji Ambedkar(1891~1956)가 앞장서 불가촉천민 차별철폐운동을 펼치고, 1948년 인도 정부도 나서서 법적으로 불가촉천민에 대

● '불가촉천민'이라는 용어는 1901년 인도 통계조사 책임자였던 영국인 허버트 리슬리가 처음 사용한 말로, 개념이 명확하지 않다 하여 1931년 이후 사라지고, 간디가 사용한 '신(비슈누)의 아이들'라는 뜻의 '하리잔'으로 대체되었다. 그러다가 1970년대 불가촉천민 운동 조직이 만들어지면서 '억압받는 자'라는 뜻의 '달리트'라는 말이 더 많이 쓰이게 됐다.

한 차별을 금지하였지만 인도 사회 내에서 이들에 대한 차별이 계속되자, 암베드카르는 약 50만 명의 불가촉천민과 함께 힌두교를 버리고 불교로 개종하였다. 힌두교의 장벽 안에서는 차별을 없앨 수 없다고 판단했기 때문이다.

나렌드라 자다브. 불가촉천민 출신으로 인도중앙은행 총재, 재무장관을 역임하여 '인도의 살아 있는 영웅'으로 칭송받는다.

그렇다면 카스트와 불교는 어떤 관계가 있는 것일까? 인도에서 불교는 카스트를 없앨 수 있는 대안이 될 수 있을까?

피부 색깔의 구분에서 출발한 차별

'카스트caste'란 말은 인종, 종족, 계급 등을 뜻하는 포르투갈어 '카스타casta'에서 유래했다. 1498년 포르투갈의 탐험가 바스코 다 가마Vasco da Gama가 인도에 도착한 뒤 포르투갈과 인도의 교류가 시작되면서 포르투갈 사람들이 인도의 사회 체계를 나름대로 규정하고 부르기 시작한 말이다. 본래 인도 사람들이 사용했던 용어는 '바르나varna'이다. 바르나는 '색깔'을 의미하는 용어로, 기원전 1500~기원전 600년 무렵의 베다 시대에 발생한 인도 고대사회의 위계적 구분을 지칭한다.

인더스 문명을 만들었던 인도 원주민은 문다족과 드라비다족이었지만, 기원전 15세기경 유목민족이던 아리아인들이 인더스 강을 건너 점차 비옥한 갠지스 강으로 이동하여 농경 생활을 하며 인도의 고대사회를 형성하기 시작했다. 이 과정에서 아리아인들이 원주민과

『리그 베다』. 인도에서 가장 오래된 종교 문헌이자, 브라만교의 근본 경전인 4베다 중 첫째 문헌이다.

자신들을 구별하고자 '바르나'라는 용어를 사용한 것으로, 그 구분의 기준이 피부색이었기 때문이다. 아리아인은 신에 대한 제사를 중시했는데, 우리가 아는 『베다 *Veda*』는 그 의례나 찬가를 기록한 것이다. 그래서 이 시기를 '베다 시대'라고 부른다.

베다 가운데 하나인 『리그베다 *Rig-Veda*』에 따르면, "신들이 제물로써 의식을 거행할 때 푸루샤의 각 부분에서 브라만, 크샤트리아, 바이샤, 수드라 등 4계층과 태양, 달, 천계天界, 지계地界가 생겼다"고 한다. 푸루샤는 베다 경전에 나오는 원시 인류(原人)로서, 그 입에서 제사장인 브라만이, 팔에서 무사 계급인 크샤트리아가, 허벅지에서 농업과 상업에 종사하는 바이샤가, 발에서 천민 또는 노예인 수드라가 생겼다고 한다.

이 중 최고 지배자인 브라만은 제사를 주관하는 제사장으로서, 모든 사상과 행위를 제사로써 해결했다. 그러나 시간이 흐르며 농업과 상업으로 얻은 이윤을 제사와 의례에 낭비하는 등 브라만의 사치와 도덕적 타락이 깊어지자 베다 신앙을 중심으로 하는 브라만교에 대한 비판이 일기 시작했다.

불교가 힌두교를 넘지 못한 까닭

브라만의 전횡을 비판하며 생겨난 것이 바로 불교이다. 기원전 6세기 중엽 석가족의 왕국인 카필라 왕국의 왕자로 태어난 고타마 싯다르타는, 29세에 왕자의 지위를 버리고 출가하여 35세에 깨달음을 얻어 80세에 열반에 들 때까지 석가모니(석가족의 깨달은 자)로서 자신이 깨달은 바를 사람들에게 전하였다.

석가모니가 깨달은 것은 무엇이었을까? 석가모니는 인간이 늙고 병들고 죽는 모습을 보고, 그 원인은 '생生'에 있다고 생각했다. 즉, 인간은 태어났기 때문에 노병사老病死의 고통을 겪게 된다는 것이다. 그럼 인간은 왜 태어나는가? 우리를 둘러싼 객관세계는 끊임없이 변하는데 인간은 변하지 않으려고 하기 때문에 '집착'이 생기고, 그 집착에 따른 행동과 행위가 '업業'이 되며, 그 업에 따른 인과응보로 인해 '윤회'하는 '고통', 즉 생生을 겪게 된다고 보았다. 따라서 고통에서 벗어나려면 좋은 '업'을 쌓고, 스스로 수행하여 석가모니의 가르침을 따라 깨달아야 한다.

불교는 제물을 바치는 브라만교의 제사를 부정한 것은 물론이고, 절대자의 존재를 인정하지 않고 누구나 부처, 즉 깨달은 자가 될 수 있다고 하였다. 이 점에서 모든 인간은 평등하다고 본 것이다. 현재 사람마다 신분이 다른 이유는 그 출생 때문이 아니라 자신이 행한 전생의 행위, 즉 업 때문이다. 실제로 석가모니 생존 당

아버지 숫도다나의 무릎에 누워 있는 아기 붓다. 기원전 1~2세기 마우리아 왕조 때의 유물.

불교의 우주론. 불교는 인간의 업에 따른 인과응보로 인해 '윤회'하는 고통, 즉 생을 겪게 된다고 보았다.

시 불교 교단은 브라만부터 바이샤나 수드라에 이르기까지 카스트에 관계없이, 더 나아가 전통적인 차별 대상인 여성까지도 승려로 받아들였다.

새로운 사상으로 불교가 등장힐 수 있었던 배경에는 당시 인도 사회에서 일어나고 있던 변화가 있었다. 우선, 여러 소국으로 나뉘어져 있던 인도에서 정복전쟁이 점차 활발해지며 정치와 군사를 담당하고 있던 크샤트리아의 사회적 지위가 높아졌다. 이와 함께 갠지스 강을 중심으로 2년 3모작을 하게 되면서, 여기서 생산된 많은 잉여 생산물을 교환하는 과정에서 상업이 발달하여 '장자長者'라고 불리는 상인들이 크게 활약하였다. 하지만 아무리 권력과 돈을 가진 크샤트리아나 바이샤 상인이라도 해도 카스트라는 신분의 벽을 넘지는 못했다. 그런 그들이 카스트, 근본적으로 브라만교를 부정하는 불교를 지지한 것은 당연했다. 장자들은 승려들이 머물 사원을 지어 주고, 각국의 왕들은 앞다투어 석가모니를 초청했다.

물론 불교는 인도에서 국교로서 자리 잡지는 못했지만, 인도를 넘어 다른 나라에까지 영향을 끼쳤다. 기원전 2세기 인도 최초의 통일 왕조인 마우리아 왕조의 제3대 아소카 왕은 불교에 귀의하여 불법佛

法으로 나라를 다스린다고 공포하였으며, 기원전 3~2세경 서남아시아에 있었던 그리스계 왕국 박트리아와 인도 남쪽의 실론 섬(현 스리랑카)에 승려를 보내어 불교를 전파했다. 이로써 중앙아시아와 동남아에 불교가 전파되기 시작했다.

아소카 왕의 돌기둥. 아소카 왕이 정복지 곳곳에 세운 돌기둥의 머리 부분으로 지혜와 용기의 상징인 사자가 조각되어 있다.

2세기 무렵 생존한 것으로 알려진 인도 쿠샨 왕조의 제3대 카니슈카 왕도 불교를 진흥시켜 중앙아시아를 거쳐 중국, 티베트, 우리나라 등으로 전파시켰다. 그러나 이 시기의 불교는 이전의 불교와는 달랐다. '대승불교大乘佛教'는 부처를 신의 화신 또는 절대적 지존으로 여기고 사람들을 부처의 세계로 인도하는 구세주인 '보살'을 두어 나뿐만 아니라 전체 인류의 구원, 즉 중생 구제를 목적으로 하는 새로운 경향의 불교였다.

이렇게 몇 차례 인도에서 불교가 흥기하긴 했지만, 굽타 왕조에 접어들어 힌두교가 크게 유행했다. 힌두교Hinduism의 '힌두Hindū'는 인더스 강의 산스크리트 명칭 '신두Sindhu'에서 나온 말로, '인도'라는 뜻이다. 따라서 인도의 토착 신앙에 브라만교가 합쳐진 종교가 바로 힌두교이다.

오랜 세월 동안 여러 종교의 영향을 받으며 형성된 힌두교는 브라만교의 윤리와 관습을 거부하지 않았다. 따라서 브라만교 속에서 만들어진 카스트 제도도 부정하지 않았다. 종교와 윤리적 법에 복종하

힌두교의 여러 신들. 힌두교는 인도에서 고대부터 전해 내려오는 바라문교가 복잡한 민간신앙을 섭취하여 발전한 종교로, 다양한 신화·전설·관습을 포함하고 있다. 위쪽부터 피괴의 신 시바, 행운과 번영을 가져다준다는 가네샤, 보수·유지의 신 비슈누.

인도의 힌두교 사원.

고, 정직하게 경제적 이익을 추구하며, 사회적·육체적 즐거움을 향유하고, 영혼의 구원을 목적으로 한 힌두교는, 종교적 활동뿐 아니라 인도인들의 일상생활을 규정하며 카스트 제도를 더욱 강화시키는 역할을 했다.

암베드카르가 불가촉천민의 차별 철폐를 위해 불교로 개종한 것도, 힌두교는 브라만교의 전통을 계승하고 있는 종교였기 때문이다. 그렇다면 오늘날까지도 왜 인도 사람들은 불교보다 힌두교를 더 많이 믿는 것일까?

사실 불교의 중심 이론이라 할 수 있는 업과 윤회사상은 불교의 독창적인 사상이 아닌 인도 전통 사상으로, 불교가 평등을 주장하긴 했지만 업과 윤회사상은 결국 카스트 제도를 인정하는 논리가 되어 신분제 폐지로 이어지지 못했다. 또한 앞서 언급한 대로 대승불교가 등장하면서 부처가 신과 같은 존재로 인식되면서 전통 사상에 흡수될 여지가 커졌고, 힌두교가 세력이 커지면서 부처마저 힌두교의 다신교 전통 속에 흡수되었다.

이렇게 볼 때 불교로의 개종이 곧 카스트 제도의 폐지로 이어지기는 어렵겠지만, 석가모니가 불교를 만들었을 당시의 문제의식을 다시 한 번 일깨우는 계기가 된 것만은 분명하다.

불교가 골품제를 강화시켰다?

우리나라에도 카스트 같은 신분제도가 있었다. 그 대표적인 사례가 신라의 '골품제骨品制'이다. 골품제는 왕족의 신분인 성골聖骨과 부모 중 한쪽이 왕족인 진골眞骨의 골제骨制와, 그 이하 6~1까지의 두품頭品으로 이루어졌다. 성골은 왕위에 오를 수 있었고, 진골은 어떤 관등이나 관직에든 진출할 수 있었다. 그러나 두품 가운데 최고 신분인 6두품은 아무리 공을 많이 쌓아도 17관등 중 6관등까지만 오를 수 있었다. 이러한 폐쇄성으로 인해 골품제는 종종 인도의 카스트제도에 비견된다.

신라는 삼국 중 불교를 가장 적

관 등		골 품				공복
등급	관등명	진골	6두품	5두품	4두품	
1	이벌찬					자색
2	이 찬					
3	잡 찬					
4	파진찬					
5	대아찬					
6	아 찬					비색
7	일길찬					
8	사 찬					
9	급벌찬					
10	대나마					청색
11	나 마					
12	대 사					황색
13	사 지					
14	길 사					
15	대 오					
16	소 오					
17	조 위					

신라의 골품제.

극적으로 수용하여 왕을 비롯한 지배층에서 더 적극적으로 불교를
신봉했으며, 불교식 왕명王名을 사용하는 등 불교를 왕권을 정당화하
는 논리로 삼았다. 즉, 불교를 적극 받아들였으나, 그로 인해 골품제
가 쇠퇴한 것이 아니라 더욱 강화되는 측면이 있었다. 인도에서처럼
업과 윤회사상이 골품제를 옹호하는 논리로 작용했기 때문이다.

결국 본래의 뜻이 아무리 높다 할지라도 그것을 믿는 사람의 마음가
짐에 따라 얼마든지 다르게 수용될 수 있는 것이 종교인 것이다.

4. 유교가 동아시아를 장악하다

TV를 비롯한 여러 매체에서 '한류韓流'란 단어를 한 번쯤은 들어 봤을 것이다. 중국, 일본에서 시작된 한류는 동남아를 넘어 이집트, 남미까지 확산되고 있다. 물론 한류의 중심지는 아시아권, 그중에서도 동아시아이다. 이 지역에서 한국의 대중문화, 특히한국 드라마가 인기를 끄는 이유는 무엇보다 드라마가 다루고 있는 부모와 자식, 시어머니와 며느리 등 가족 내의 갈등과 남녀 문

공자. 중국 춘추시대의 정치사상가로 본명은 공구孔丘. 자는 중니仲尼이다. 공자의 철학은 동아시아 전 문명권에 깊은 영향을 끼쳤다.

제 등 전통적 사고방식과 서구적 사고방식의 충돌에 공감하기 때문일 것이다. 이처럼 동아시아 사회를 하나로 묶어 주는 전통적 사고방식의 밑바탕에는 '유교'가 자리 잡고 있다.

유교儒教, 중국의 국교가 되다

유학은 공자孔子(기원전 552~기원전 479) 이래로 크게 주자학朱子學 이전과 이후로 나뉘는데, 이전을 고전古典유학, 이후를 신新유학이라고 한다. 고전유학은 공자의 가르침을 핵심으로 하는 유학이고, 신유학은 송나라의 주자朱子(1130~1200)가 철학적으로 해석한 유학을 가리킨다.

공자는 춘추시대이 혼란한 상황 속에서 주周 대의 예법을 회복해야 한다고 생각하고, 가족 윤리인 효에 기초한 덕치의 실현을 주장하였다. 즉, 윗사람이 깨끗하고 곧아야 아랫사람을 올곧게 할 수 있고, 올바른 윗사람이 바로 '군자'이며, 군자는 인仁의 품성을 갖추어야 한다는 것이다. 또한 인에 도달하려면 정신적으로는 충忠과 서恕를 수양하고 실천적으로는 극기복례克己復禮의 도道를 수양해야 하는 데, 그 구체적인 수양 방법이 바로 학습(學而時習之)이라고 역설하였다. 한 마디로, 수신제가修身齊家 치국평천하治國平天下하라는 것이다.

맹자는 공자가 인이라 부른 덕성을 인간의 본성이라 보고 성선설을 주장했다.

이 학통을 이어받은 맹자孟子는 성선설性善說을 주장하며, 이미 인간의 본성에 충서의 마음이 있으니 본성으로 돌아가면 인에 도달할 수 있다고 하였다. 반면 순자荀子는 성악설性惡說을 주장하여 예禮로써 인간의 행위를 규제해야 한다(교육)고 주장했는데, 예는 단순한 예법이 아니라 관습을 포함한 법 체제를 뜻한다.

공맹의 유학은 이후 한漢나라 무제武帝 때(기

원전 141~기원전 87 재위) 제도권으로 들어가면서 빛을 발하게 되었다. 법가法家를 채택했던 최초의 통일국가 진秦이 15년밖에 지속되지 못하고 멸망하자, 뒤이은 한은 이를 교훈으로 삼아 강력한 법에 의한 규제보다 자발적 충성을 유도하고자 하였다. 이에 동중서董仲舒는 '천인합일론天人合一論'을 주장하여 황제의 지배에 정통성을 부여했다. 즉, 우주의 주재자인 상제上帝에게 천명을 받은 천자가 하늘의 뜻에 따라 천하를 지배한다는 것이다.

공자와 그의 제자들. 중국 목판화.

나아가 천자는 인간사뿐 아니라 자연현상의 운행까지도 책임지기 때문에, 천자가 정치를 그르치면 하늘이 재해를 내려 이를 경고한다고 하였다. 동중서董仲舒는 한무제의 명령으로 유교를 국학國學으로 삼아 유학의 고전인 『시경詩經』, 『서경書經』, 『주역周易』, 『예기禮記』, 『춘추春秋』 5경經을 전문적으로 교수할 오경박사五經博士를 두고, 이를 학습한 자를 관리로 선출했다. 이로써 유교는 2천 년간 중국의 황제 지배 체제를 지탱해 주는 지배 이데올로기로 자리 잡았다.

성리학, 차별을 논하다

유교의 대변화가 일어난 것은 송나라 때이다. 일찍이 공자의 제자인

자로子路가 "죽은 다음에는 어떤 세상이 있습니까?" 하고 묻자, 공자는 "살아서의 일도 다 모르는데 죽은 후의 일을 어찌 알겠느냐?"라고 답하였다. 이처럼 유교는 학문을 통해 현실 정치의 문제를 해결하고자 정치와 윤리의 문제에 집중하였다. 그러나 이후 도교와 불교가 성행하고 우주론이 전파되면서 유교도 개인과 우주의 관계를 설명해야 할 필요성이 생겨났다. 이에 우주론이 담긴 새로운 유교가 등장하였다. 주자로 존칭되는 주희朱熹가 집대성했다 하여 주자학, 또는 성리학이라고 불리는 이것이 바로 신유교이다.

주자의 우주론은 우주는 이理와 기氣로 구성되어 있다고 보는 이기론이다. 이는 의미의 세계이고 기는 현상의 세계인데, 우주 만물을

만드는 기가 모이고 흩어지는 데 작용하는 원리나 법칙이 바로 이라는 것이다. 기에는 차이가 있어 만물이 똑같지 않지만, 만물은 하늘의 이를 받아 태어나므로 역시 이를 가진다고 한다. 따라서 천지에 가장 뛰어난 기를 가지고 태어난 인간의 본성은 인仁·의義·예禮·지智·신信이며, 이 본성이 다른 사물과 상호 작용하면서 희喜·노怒·애哀·구懼·애愛·오惡·욕慾 7정情이 나타나고, 정의 욕구가 커지면 본성이 다치므로 본성을 유지하려면 항상 공부와 수양을 해야 한다는 것이다.

송나라의 유학자인 주희, 곧 주자는 성리학을 집대성하여 중국 사상계에 큰 영향을 미쳤다.

또한 성리학은 사람마다 타고난 기가 다르기 때문에 그 기의 맑고 탁함에 따라 임금과 신

하, 아버지와 아들, 남편과 아내의 차별이 있다고 하였다. 예컨대 조선의 성리학자 퇴계 이황李滉은 기에 따른 사람의 신분을 상지上智, 중지中智, 하지下智로 구분하였다. 이렇게 다양한 기의 인간들이 사회에서 조화를 이루며 살려면 '예禮'를 지켜야 한다. 예는 이가 현실로 나타나는 것으로서 관료제적 통치질서, 신분제적 사회질서, 가부장제적인 종법질서 속에서 각자 자기 지위에 합당한 차별적인 '예'를 지켜야 한다. 군신유의, 부자유친, 부부유별, 장유유서 등 삼강오륜을 비롯한 윤리도덕을 절대화함으로써 성리학은 황제 체제를 정점으로 하는 사회질서의 유지를 사상적으로 뒷받침하는 역할을 하였다. 이처럼 사상에 변화가 생기면서 성리학자들은 기존의 오경五經 중심에서 벗어나 사서四書, 즉 『대학大學』, 『중용中庸』, 『논어論語』, 『맹자孟子』를 주요 경전으로 삼게 되었다.

성리학이 가진 차별의 논리는 남녀에 대한 인식의 차이를 더욱 크게 만들었다. 유교를 국교화한 동중서는 부부 관계를 음양으로 해석했다. 남자는 양(하늘), 여자는 음(땅)이므로 "남편에게 악행이 있어도 처가 떠날 수 없는 것은 땅이 하늘을 떠날 수 없는 것과 같은 이치"라고 했다. 이렇듯 유교가 기본적으로 남녀 또는 부부의 차별을 인정한 데다가, 성리학적 이념이 정착되면서 '정절'이 강조되었다. "부인에게는 다른 일이 없다. 오직 정

열녀문. 16세기 중엽 이후 국가 차원에서 여성의 정절을 장려할 목적으로 열녀문을 세우기 시작하였다.

문묘는 공자의 위패를 모신 사당이다. 왼쪽은 조선 문묘인 성균관 대성전, 오른쪽은 베트남의 하노이 문묘이다.

절과 믿음으로 절도를 삼을 뿐이다." 여성은 가족 내에서 혈연으로 맺어진 친족 체계를 확고히 하는 존재로 인식되었다. 16세기 중엽 이후 나타난 정절 숭배 경향으로 『여계女誡』, 『여논어女論語』, 『내훈內訓』, 『여범女範』의 '여사서女四書'가 간행되는 등 국가적 차원에서 정절이 장려되었다. 이로써 여성의 재가가 금지되고, 열녀를 포상하는 사회적 분위기가 정착되었다.

성리학은 원나라 때부터 중국의 정치·사회에서 압도적인 권위를 갖게 되었고, 우리나라에는 고려 말에 전해져 조선의 통치 이념으로 자리 잡았으며, 다시 일본에 전파되어 도쿠가와 막부 시기 이후 관학官學이 되었다. 중국을 비롯한 우리나라, 일본, 나아가 베트남에도 공자의 사당인 '문묘'가 세워졌다. 이렇게 성리학은 동아시아의 지배 이념으로 사회윤리가 되었다.

사대부, 새로운 지배 계층의 등장

유교가 중국을 중심으로 한 동아시아의 지배 이념이 되면서 유교 경전에 대한 지식이 관료 선발의 기준이 되었다. 황제나 국왕 중심의 권력 집중화에 필요한 관료를 선출하고자 수·당 대부터 '과거제'가 됐지만 큰 실효를 거두지 못하다가, 송나라에 와서 체계적인 제도로 확립되었다. 송나라를 건국한 태조 조광윤은 왕이 관료 선발에 직접 참여하는 '전시제殿試制'를 만들었다. '전시'란 궁궐에서 치르는 시험으로, 과거시험의 마지막 관문이었다. 군주가 시제 및 합격 등위를 직접 결정하므로 여기서 뽑힌 합격자들은 황제와 돈독한 관계를 형성할 가능성이 높았다. 전시가 만들어짐으로써 지방 예비시험인 해시解試와 중앙 예부가 주관하는 본 시험인 성시省試와 더불어 해시-성시-전시의 3단계 과거제도의 틀이 비로소 갖추어졌다. 또한 답안지에 수험자의 이름을 봉하는 봉미법, 답안 내용을 일괄적으로 필사하여 필체를 구별할 수 없도록 하는 등록법을 시행하여 응시자의 사회적 지위나 신분이 합격에 영향을 미칠 수 없게 하였다. 그 결과, 송대 과거 급제자들 중 3대 이내에 관료를 배출한 적이 없었던 출신이 반 이상을 차지하였다고 한다.

이로써 유교적 교양과 도덕적 능력을 갖추고 '과거'에 합격해 관료가 된 '사대부'라는 새로운 지배 계층이 성립되었다. 과거제도는 실력으로 인재를 선발하는 제도로서 많은 사람에게 기회를 제공했으나, 현실적으로 경제적 능력을 갖춘 자가 아니면 응시하기 어려웠다. 이들 사대부는 대부분 지주로서 경제적 능력도 갖춘 신분이었다.

과거제도는 교육제도에도 영향을 끼쳤다. 중앙 최고의 관학인 국자감은 관료의 자제들만 입학할 수 있었으나, 태학으로 개편되면서 일반민에게도 개방되어 정원이 늘었다. 뿐만 아니라 지방에도 주학

州學, 현학縣學 등 관학이 세워져 일반민을 대상으로 하는 교육이 확대되었다. 그 결과 예비시험의 응시자가 20배나 증가했으나, 과거 합격자는 2~3배 증가하는 것에 그쳤다.

그러다 보니 태학을 비롯한 관학의 교육이 과거를 위한 고시 과목에만 치중하여 유생들의 도덕·인성 교육에 소홀해지는 부작용이 나타났다. 이러한 과거와 관학의 폐단을 비판하며 출현한 것이 '서원'이다. 성리학을 체계화한 주희는 1180년에 백록동서원을 재건하여 새로운 기풍을 수립하였다.

주희는 기존 교육과정에 남아 있던 도교적·불교적 성격을 완전히 걷어 내고, '성인'이 되는 것을 목표로 반反과거적 순수 학문과 자기 수양을 지향하였고, 도덕·지식·생활 면에서 지켜야 할 규칙('백록동 규칙')을 학생들에게 제시하였다. 또한 성현을 숭배하여 그들의 뜻을 계승하고 예절을 익히는 과정으로서 제의를 중시하여 교육과 제의를 결합시켰다. 백록동서원 이후 비공식적 교육기관이었던 서원은 학전學田과 봉급을 받는 교관, 학관, 강당, 기숙사 등을 겸비한 지방 교육기관으로 변하였다. 서원을 통해 학문 연구 풍토가 조성됨으로써 과거시험을 통과한 이들 외에 학문 연구자들의 새로운 무리, 즉 학파가 형성되었다.

조선시대 최초의 서원인 백운동서원은 바로 주희의 백록동서원을 모델로 만든 것이며, 이황의 상소로 국가의 지원을 받는 최초의 사액賜額서원인 소수서원이 되었다. 이로써 각 지방에 많은 서원이 세워져 학파를 형성했으나, 점차 정치 세력이 여론을 형성하는 장으로 변질되면서 붕당의 근거지로 전락하고 말았다.

근대화의 물결 속에서 유교, 구체적으로 '공자'는 때로는 극복의 대상으로, 때로는 자긍의 대상으로 끊임없이 쟁점이 되어 왔다. 1910~20년대 서양의 신문화를 학습한 중국의 천두슈陳獨秀, 리다자오李大釗, 후스胡適, 루쉰魯迅 등은 공자로 대표되는 전통적 예교禮教 문화를 악의 근원으로 지목하고 이에 대한 전면적인 비판을 전개하였다. 반면 량치차오梁啟超 등은 유학으로 대표되는 고유 문명으로 중국을 구제하고 유럽을 초월하여 세계를 구제하자고 주장하였다. 이후 1930년대 장제스의 국민당은 '공자탄신기념일'을 제정하는 등 전통 사상을 매개로 국민을 통합 또는 동원하려는 운동을 전개하였고, 1966년 문화대혁명은 봉건 문화·자본주의 문화의 일소를 추구하며 전면적으로 공자를 부정하였다.

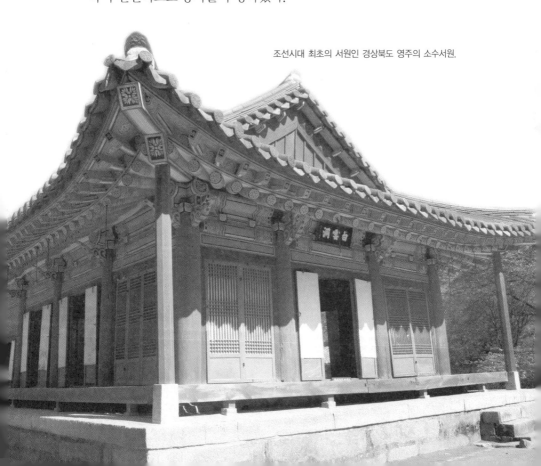

조선시대 최초의 서원인 경상북도 영주의 소수서원.

이러한 교차는 여전히 공자가 중국 사람들에게 가장 익숙한 존재로 큰 영향을 미치고 있음을 의미한다. 오늘날 중국에서는 공자를 재평가하는 움직임이 활발하다. 세계 무대에서 미국과 어깨를 겨루는 선진국으로 도약하려는 중국은 중국인의 정체성 확립의 요체로 공자를 활용하고 있다. 중국뿐 아니라 동아시아에서 공자로 대표되는 유교는 전통의 지속이 아니라, 전통을 바탕으로 새로운 현대사회를 만들어 가는 토대가 되고 있다.

2부

제국의 탄생

5. 영원한 라이벌, 아테네와 스파르타

"우리 국법은 이웃 나라 법들을 모방한 것이 아닙니다. 사실상 우리는 다른 것을 모방하기보다 우리가 다른 사람에게 모범이 되고 있습니다. 국법의 이름은 민주주의입니다. 왜냐하면 소수가 아니라 다수가 국가의 일을 관리하기 때문입니다. …… 공직 선발 기준에 관해 말하자면, 중요한 것은 그가 어느 특정한 등급에 속하는지가 아니라 개인적인 장점입니다. …… 어떤 사람이 신분이 애매하다고 해서 공적인 생활에 참여하지 못하는 것은 아닙니다. 우리는 공적인 생활에 자유롭게 참여합니다. 이 자유는 일상 업무에서 서로 상대를 의심하는 것으로부터의 자유입니다."

민주주의에 대한 강한 자부심이 느껴지는 이 글은, 기원전 5세기 아테네의 전성기를 이끈 페리클레스의 연설문이다. 당시 그리스는 아테네를 비롯한 다수의 '폴리스polis', 곧 도시국가들로 묶여 있었다.

그런데, 많은 폴리스들 가운데 유독 아테네에서 민주주의가 발전한 까닭은 무엇일까?

아테네의 '30년 민주주의'

그리스의 폴리스들은 거의 비슷한 정치적 변화와 발전을 겪었다. 기원전 12세기부터 시작된 또 다른 그리스 민족인 도리아인의 남하로 그리스 반도 남쪽까지 밀려간 사람들은 겨우 부족 단위의 공동체를 이루어 농경 생활을 했다. 그러다가 기원전 8세기 무렵, 부족들이 뭉치고 흩어지는 과정을 통해 도시국가를 형성했다.

애초에 폴리스의 정치제도는 왕정이었으나, 농업을 기반으로 한 경제구조에서 등장한 대토지 소유자들이 권력을 장악하면서 귀족정이 성립되었다. 그런데 이후 농토가 부족해지자 그리스인들은 해외 영토 개척에 눈을 돌리게 됐고, 이 과정에서 상공업이 발달하며 상공업자와 농민이 손을 잡고 귀족정에 반발하기 시작했다. 자비로 중무장을 할 수 있었던 상공업자들은 정치에 참여할 수 있는 권한을 강하게 요구했다.

아테네의 아크로폴리스. '아크로폴리스'는 그리스 도시국가 중심지에 자리 잡은 높은 언덕을 뜻한다. 아크로폴리스 위에는 도시국가의 수호신 등을 모시는 여러 신전이 세워져 신앙의 중심지가 되었다.

이렇게 평민과 귀족 간의 갈등이 깊어지자, 터무니없는 약속과 선동으로 대중의 지지를 획득한 다음에 법률과 약속을 무시하고 비합법적으로 권력을 장악하는 참주僭主가 등장했다. 그러나 이미 경제력을 갖춘 평민들은 참주정을 무너뜨리고 민주정을 탄생시켰다.

아테네도 이와 비슷한 정치적 변화를 겪었다. 귀족정에 반기를 들고 집정관 겸 조정자로 선정된 솔론은 인신을 담보로 한 채무 관행을 금지시켜 빈농이 노예로 전락하는 것을 막고, 토지 수확량을 기준으로 전 시민을 4등급으로 나누어 그에 따라 국정 참여 권리를 차등 있게 배분하는 이른바 '솔론의 개혁'을 시행했다.

그러나 이러한 개혁은 평민과 귀족 양쪽에서 모두 지지를 얻지 못했다. 이후 참주인 페이시스트라토스가 등장해 개혁을 이어 나갔으나, 권력 세습을 꾀하면서 몰락했다. 기원전 510년 반反 참주에 앞장섰던 클레이스테네스는 페이시스트라토스의 후계자인 제2대 참주 히피아스를 몰아내고, 각종 정치제도를 개혁했다. '클레이스테네스의 개혁'이라는 불리는 개혁의 뼈대는 추첨으로 500인의 협의회를 구성하여 아테네의 모든 시민이 거의 제한 없이 정치 참여의 기회를 보장받도록 하는 것이었다. 이로써 아테네 민주정의 기초가 마련되었다.

이렇게 발전하던 민주정을 더욱 강화시키는 계기가 된 것이 바로 기원전 490년부터 11년간에 걸쳐 치러진 '페르시아전쟁'이다. 다른 그리스 도시국가들과 연합하여 페르시아 제국의 원정대를 막아 낸 아테네는 이 전쟁으로 밖으로는 그리스의 주도 세력이 되고, 안으로는 민주주의를 강화시켰다.

그리스 병사. 그리스에서는 전투에 필요한 병기, 갑옷 등을 개인이 마련해야 했으므로 부유한 이들만 전쟁에 나갈 수 있었다.

페르시아전쟁의 성패를 좌우한 살라미스 해전●에서 보면 알 수 있듯이 아테네는 해군력이 매우 강했다. 그런데 이 막강한 군사력 뒤에는 아테네 특유의 사회적 배경이 자리하고 있었다. 당시 그리스에서는 전투에 필요한 병기며 말과 마구, 갑옷 등을 개인이 직접 마련해야 했다. 그래서 부유한 귀족층이나 상공업자들이 전쟁에 나갈 수 있었다. 페르시아전쟁 때 돈이 없어 전쟁에 참가할 수 없는 하층민들은 수병水兵으로 고용되었는데, 그들은 이렇게 병사로 근무하며 군사화되고 정치화됐다.

또한 시민들이 생업에 종사하느라 공적인 업무를 기피하자, 아테네에서는 공무에 참여하는 이들에게 보수를 지급하는 '수당제'를 마련했다. 이 제도는 하층민을 정치에 참여하도록 이끄는 유인책이 되

● 기원전 480년 페르시아의 크세르크세스 1세가 이끄는 대규모 해군 함대가 그리스 군을 공격했다. 이때 페르시아 군대의 배는 800척이 넘었고, 그리스 연합군의 배는 370여 척에 불과했다. 그러나 그리스 연합군 사령관 테미스토클레스는 살라미스 섬 근처에 있는 좁은 해협으로 페르시아 함대를 유인하여 맹공을 퍼부었다. 그 결과, 그리스 군은 40척의 배를 잃고 300척이 넘는 페르시아 배를 침몰시키는 대승을 거두었다. 살라미스 해전은 역사에 기록된 최초의 대규모 해전이었다.

었다.

　페르시아전쟁 후 페르시아의 위협이 사라지자 해외 교역이 더욱 활발해지고, 더 많은 수의 노예가 그리스에 들어왔다. 이 노예들은 그리스 시민의 고유 활동 분야인 정치와 군사 부문을 제외한 거의 모든 생활 영역에 배치되었다. 그 덕분에 그리스 시민들은 힘든 노동을 노예에게 맡기고 정치에 참여할 수 있는 여유가 생겼다. 이로써 아테네는 모든 시민이 정치에 참여할 수 있는 민주주의의 전성기를 맞이했다.

　그러나 아테네의 민주정은 여러 가지 면에서 오늘날의 민주주의와는 달랐다. 여성은 전적으로 배제되었고, 20세 이상 아테네 출신 남성 시민에게만 참정권이 주어졌다. 페리클레스 시대에 아테네의 총 인구는 31만 5천 명으로, 이 가운데 12만 5천 명이 노예, 4만 명이 외국인이었다. 이들을 제외한 15만 아테네 시민 중 선거권이 있는 사람은 많아야 6~7만 명 정도였다. 나머지 절반은 아테네 시민이면서도 정치적 권한이 없었던 것이다.

　아테네의 민주정을 지탱하던 공직 추첨제는 기원전 5세기 초에 만들어졌고, 공무에 참여하는 자에게 보수를 지급하는 수당제는 페리클레스에 의해 시행되다가 펠로폰네소스전쟁(기원전 431~기원전 404)에서 아테네가 스파르타에 패하면서 막을 내렸다. 따라서 아테네의 민주주의 역사는 기원전 800년 무렵부터 아테네가 마케도니아의 지배에 들어가는 기

페리클레스 흉상과 그의 이름이 새겨진 도편 조각. 페리클레스는 고대 아테네 민주정치의 기초를 마련하여 아테네의 최성기를 이끌었다.

원전 336년 무렵까지, 약 500년에 이르는 도시국가 아테네의 역사에서 고작 30년 남짓에 불과하다. 그러므로 아테네의 민주주의는 이후 서구 정치체제를 옹호하는 이들이 과대 포장한 측면이 없지 않다.

이러한 한계에도 불구하고 아테네의 민주주의를 높이 평가하는 이유는 그것이 대의민주주의(간접민주주의)가 아닌 직접민주주의였으며, 모든 행정관을 추첨으로 선발하고 모든 공직의 임기를 1년으로 제한하고 다수결의 원칙을 철저하게 고수하는 등 전체 시민의 정치 역량을 보장하고 시민들의 의견을 최대한 반영하는 실질적 제도로 운영되었기 때문이다.

무엇보다 아테네 민주주의는 사상의 자유를 보장했고, 그 결과 우

아테네에서 70킬로미터쯤 떨어진 수니온 곶에 자리한 포세이돈 신전.
대표적인 도리아식 신전으로 측면과 정면의 수평·수직의
비례와 조화가 아름답다.

라파엘로의 〈아테네 학당〉. 그리스인들이 만들어낸 철학과 사상은 이후 인류 문명에 커다란 영향을 미쳤다.

주의 본질과 진리 문제, 인생의 의미 등 인간이 생각할 수 있는 모든 문제에 대한 해답을 구하는 철학을 만들어 냈다. 아테네를 비롯한 폴리스는 사라졌지만, 그들이 만들어 낸 철학과 사상의 문화는 오늘날에도 여전히 유효하다.

'경제적 평등' 위에 세워진 스파르타의 군국주의

그리스 본토 남부를 이루는 펠로폰네소스 반도에 위치한 스파르타(고대 정식 명칭은 '라케다이몬')는 동시대의 다른 폴리스들과 달리 강력한 군국주의를 표방했다. 스파르타는 그 종족 구성부터 아테네와 달랐다. 본토박이 원주민들이 연합하여 성립한 아테네와 달리, 스파르타는 북쪽에서 들어온 도리아인들의 촌락이 결합하여 생겨난 폴리스였다. 기원전 8세기에 스파르타는 라코니아의 동남부 평원을 장악하고, 이어 서남부의 비옥한 메시니아 평원을 정복해 대형 폴리스로 발전했다.

이 과정에서 스파르타는 피정복민인 메시니아인을 '헤일로타이', 곧 노예 및 예속 농민으로 삼았다. 그리고 피정복민 일부와 대부분의 도리아 주민들은 토지를 보유하되 국정 참여 권리가 유보된 '주변 사람들'('페리오이코이')이 되었다. 토지를 소유하고 국정에 참여할 수 있는 권리를 갖는 완전한 시민권자는 소수의 '스파르티아테스'뿐이었다.

이 같은 계급 구조 속에서 피정복민인 메세니아인들이 필사적으로 반란을 일으켰다. 스파르타의 지배층은 반란을 진압하면서 자신들보다 수가 많은 예속민의 반란에 대응할 수 있는 군사 체제의 필요성을 절감했다. 그래서 모든 시민을 무장시키고 훈련시키고자, 시민들에게 똑같이 땅을 나누어 주고 그 땅을 경작할 헤일로타이도 배분해 주었다. 스파르타 시민들은 군사훈련을 받을 때 각자 일정량의 식량을 들고 와야 했는데, 공동식사에 참여하는 것은 시민 자격을 유지하는 절대 조건이었다. 그러려면 식량이 산출되는 할당지가 있어야 했으므로, 할당지의 유지 또한 스파르타 시민의 자격 요건이었다.

스파르타 전사. 스파르타는 영역이 광대하고 비옥하여 식량의 자급자족이 가능하였다. 스파르타 남자는 집단 생활을 하면서 군사훈련과 육체 단련에 열중했다.

스파르타의 강력한 전사는 어떻게 만들어졌을까? 스파르타의 '전사 양성 프로젝트'는 출생과 동시에 시작되었다. 스파르타인들은 아이가 태어나면 곧바로 원로에게 보여 아이의 건강 상태를 점검했다. 그래서 건강하지 않은 아이는 타이케투스 산에 갖다 버렸다. 건강한 아이는 7세가 되면 '아고게'라는 단체 생활을 시작하며 군사훈련을 받았다. 그리고 20~30세에는 병영 생활을 하며 전투에 참가했다. 30세가 넘으면 결혼을 하고 가정을 꾸릴 수 있었지만, 앞서 언급한 대로 공동식사에 참여해야 했기 때문에 결혼 생활 또한 병영 생활의 연속이었다. 스파르타 시민이 결혼하는 이유는 건강한 자식을 낳는 데 있었다.

이러한 엄격한 분위기 속에서 스파르타 시민들은 불만이 없었을까? 스파르타에는 아테네와 같은 정치적 민주주의는 없었지만, 그 대신에 경제적 평등(할당지)이 보장되었기 때문에 아테네보다도 더 오래 폴리스를 유지할 수 있었을 것으로 추측된다.

헬레니즘은 세계화된 그리스 문화

이렇듯 전혀 다른 체제를 가진 폴리스들이 공존하기란 쉽지 않았다. 페르시아전쟁 후 팽창하는 아테네에 대한 스파르타의 견제는 결국 기원전 431년 펠로폰네소스전쟁으로 이어졌다.

아테네를 중심으로 한 '델로스 동맹'과 스파르타를 중심으로 한 '펠로폰네소스 동맹'이 거의 30년간 산발적 전투를 벌인 이 전쟁은 아테네의 내부 분열로 말미암아 스파르타의 승리로 끝이 났다. 이후 오랜 전쟁으로 국력이 쇠약해진 그리스 도시국가들은 정치적으로도

완전히 무력한 상태에 놓였다. 이때 그리스에 속하지만 변방 산악 지방에 있어 문화적으로 야만족 취급을 받던 마케도니아의 필리포스 2세가 그리스 도시국가들의 쇠퇴를 간파하고 정복에 나섰다.

마케도니아는 기원전 338년 결정적 승리를 거둔 후 스파르타를 제외한 그리스 전체를 지배했다. 이로써 고대 그리스의 도시국가는 역사의 뒤안길로 사라지게 되었다.

아버지 필리포스의 뒤를 이어 20세의 나이에 왕위에 오른 알렉산드로스는 기원전 334년에 페르시아 원정에 나선 후 12년이라는 짧은 기간에 인더스 강에서 나일 강에 이르는 광대한 영토를 정복했다. 그러나 기원전 323년 바빌로니아에서 말라리아에 걸려 33세의 젊은 나이에 세상을 떠나고 말았다. 알렉산드로스 사후, 마케도니아 제국은 이집트의 프톨레마이오스, 메소포타미아의 셀레우코스, 마케도니아의 안티고노스로 3분되어 전쟁과 분열을 거듭했다.

알렉산드로스가 이룬 대제국이 세계 역사에 끼친 영향은, 그리스

문화를 아시아에까지 전달
해 그리스 문화와 동방의
문화가 융합된 새로운 문화,
즉 '헬레니즘Hellenism'●을 창출
한 것이다. 이는 알렉산드로스
의 동서 융합정책으로 더욱 촉진
되었다. 알렉산드로스는 정복한
지역의 정치체제를 인정하고 이

알렉산드로스 대왕. 알렉산드로스는 그리스·페르시
아·인도에 이르는 대제국을 건설하여 그리스 문화와
동방의 문화를 융합시킨 새로운 헬레니즘 문화를 이
룩하였다.

를 계승했다. 이집트에서는 파라오가 되기를 주저하지 않았고, 페르
시아에서는 전통적인 샤(페르시아의 왕)의 직위를 물려받았다고 주장
했다. 뿐만 아니라 점령지의 시민들을 관료로 등용했으며, 그리스 병
사와 동방 여성을 결혼시키고, 이민을 권장하는 정책을 폈다.

그러나 알렉산드로스가 꿈꾼 그리스와 페르시아인이 뒤섞인 지배
층은 만들어지지 않았다. 정치적으로나 문화적으로 지배층은 소수
의 그리스인이었고, 이들이 중심이 되어 그리스 문화에 아시아의 여
러 요소들을 섞었을 뿐, 결국 광대한 세계 제국을 지배하는 문화는
그리스 문화였다. 헬레니즘은 결국 동서 문화의 융합이 아닌, 세계화
한 그리스 문화였던 것이다.

● 마케도니아 제국의 부흥기 때부터 마케도니아가 로마의 지배에 들어가기까지 그리
스의 고유 문화와 동방 문화가 융합되어 성립한 그리스 문화. 그리스인들이 스스로
자신들을 '헬레니스Hellenes'라 부른 데에서 유래된 말이다. 19세기 독일 역사가 드
로이젠이 그리스와 동방의 두 문화가 융합되어 나타난 새로운 문화를 '헬레니즘'이
라 이름 붙였다.

6. 만리장성에 쌓아올린 중화사상

'장성에 오르지 않으면 대장부가 아니다.' 마오쩌둥의 글이 새겨진 비석.

보하이 만의 산해관山海關에서 중앙아시아의 가욕관嘉峪關에 이르기까지 약 2,700킬로미터, 중간에 갈라져 나온 성벽까지 모두 합하면 약 6,400킬로미터에 달하는 인류 역사상 가장 긴 성. 세계 7대 불가사의 중 하나이자, 달에서 볼 수 있는 지구상의 유일한 인공 구조물.

바로 만리장성萬里長城이다. 실제로 달에서는 보이지 않는다고 하지만, 만리장성에 대한 중국인의 자부심은 대단하다. 만리장성의 팔달령八達嶺에는 '부도장성 비호한不到長城 非好漢', 즉 '장성에 오르지 않으면 대장부가 아니다'라고 쓴 마오쩌둥毛澤東의 비석이 서 있다. 만리장성에 대한 중국인들의 자부심은 어디에서 비롯된 것일까?

가장 오랫동안 쌓은, 가장 긴 성벽

만리장성을 쌓은 사람은 중국을 최초로 통일한 진시황으로 알려져
있지만, 기원전 8~기원전 3세기 전국시대부터 북쪽 변방에 하나 둘
씩 축조된 성벽들을 진시황이 연결하고 증축한 것이다. 만리장성이
오늘날의 모습을 갖춘 것이 15~16세기 명나라 때이니 무려 2,000년
이 넘는 오랜 세월에 걸쳐 지어진 것이다.

　기원전 221년 전국을 통일한 진왕秦王 정政은 왕의 칭호를 '황제'
로 바꾸고, 자신을 왕조의 처음을 뜻하는 '시황제始皇帝'라 칭하였다.
시황제는 전국에 군현郡縣을 설치하고, 지역마다 다르게 사용하던 도

만리장성. 총 6,400킬로미터에 이르는 인류가 쌓은 긴 성이다.

진시황. 중국 최초의 중앙 집권적 통일제국을 건설한 전제군주. 분열된 중국을 통일하고 황제 제도와 군현제를 닦음으로써 이후 2천 년 중국 왕조의 기본 틀을 만들었다.

량형과 화폐를 통일하여 단일한 경제 체제의 기반을 마련했다. 또 문자도 단일하게 조정하여 문서 행정의 효율성을 높이는 등 중앙집권 체제의 모습을 갖추었다. 진시황은 특히 전국의 도로망을 정비하고 수레의 규격을 일정하게 하여 통일 제국 내의 물자 유통을 원활하게 했다. 그리고 전국을 통일한 여세를 몰아 몽념蒙恬을 시켜 하남河南(황허가 크게 구부러져 흐르는 곳 아래쪽의 넓은 목초지로 '오르도스'라고도 한다.)을 점령하고, 이곳의 흉노족을 북쪽으로 몰아낸 뒤 그곳에 장성을 쌓았다.(도사道士 노생盧生이 시황제에게 아뢰길 "도참설에 의하면 진나라를 망치는 자는 호胡라 하였습니다." 하자, 시황제는 이 '호'가 북쪽 흉노를 가리킨다고 생각해 장성을 쌓았다고 한다.)

앞에서 언급했듯이, 이 장성은 전국시대에 진秦·조趙·연燕 등이 상호 방어와 북방 유목민족의 침략에 대비하려고 각각 쌓았던 것을 진시황 때 연결하고 증축한 것이다. 그리하여 린타오臨兆에서부터 랴오둥遼東에 이르는 1만여 리에 달하는 장성을 쌓아 '만리장성'이라 부르게 되었다. 그러나 이 과정에서 30만 명의 병사와 수백 만 명의 농민이 동원되며 백성들의 원성이 높아만 갔다.

진시황의 명으로 장성 축조의 감독을 맡았던 몽념은, 진시황 사후

권력을 잡은 승상 이사李斯와 환관 조고
趙高에게 자결하라는 명을 받았다. 몽념
은 "내가 하늘에 무슨 죄를 지어 죄 없
이 죽는단 말인가?"라고 한탄했으나,
"임조에서 공사를 일으켜 요동까지 이
어지는 장성이 1만여 리가 되었으니, 그
가운데는 지맥地脈을 끊은 것이 없을 수
없겠다. 이것이 바로 나의 죄다."라며
사약을 마셨다.

이에 대해 사마천은 "산을 깎고 골짜
기를 메워 길을 내었으니 진실로 백성
의 노고다. 천하의 민심이 안정되지 않
고 부상자가 치료받지 못했는데, 명장
이 되어 백성의 위급함을 떨치고 노인
과 아이들을 돌보고 백성의 화합에 힘

진시황릉의 병마용兵馬俑.

쓸 것을 간언하지 않고 공사를 일으켰으니 형제가 죽임을 당하는 것
이 마땅하지 않은가. 어찌 지맥을 탓하는가."라고 평하였다.

시대에 따라 변한 장성의 중요성

역사상 무리한 토목공사는 늘 왕조의 멸망으로 이어졌다. 만리장성
은 최초의 통일 제국을 이룩한 진시황의 힘을 만방에 과시하는 역할
을 했으나, 동시에 그가 꿈꾼 불로장생을 단축시킨 결정적인 원인이
되었다.

둔황 막고굴 제323굴 북벽의 〈장건출사서역도〉. 장건은 중국 한나라 때의 여행가이자 외교관으로 실크로드 개척에 커다란 공헌을 했다.

그러나 진나라에 이어 중국을 통일한 한나라 때 만리장성은 더욱 확장되었다. 삶의 터전을 빼앗긴 흉노는 빈번하게 장성을 넘어 공격해 와 한나라의 큰 걱정거리가 되었고, 결국 기원전 198년 한나라 고조高祖는 흉노와 평화조약을 맺었다. 공주를 흉노의 우두머리인 선우單于에게 시집보내고, 관시關市를 열어 매년 비단과 옷감, 곡물 등을 보내 주는 대신 장성을 경계로 서로 침략하지 않는다는 흉노 측의 조건을 받아들인 것이다. 이름만 평화조약이었지, 중국 쪽으로 봐선 항복이나 다름없었다.

이러한 굴욕적인 관계는 무제武帝의 등장으로 새로운 국면을 맞았다. 한무제는 대외팽창 정책을 실시하여 흉노를 내쫓고 하남을 차지하였다. 또 일찍이 흉노에게 쫓겨 북쪽으로 도망간 월지국月支國과 동맹을 맺어 흉노를 협공하고자 장건張騫을 사신으로 파견했는데,

13년 만에 수도 장안으로 돌아온 장건은 월지국과 동맹을 맺는 데는 실패했으나 서역西域(중국인이 중국의 서쪽 지역을 뭉뚱그려 가리키는 호칭)에 대한 많은 정보를 가져왔고, 이는 서역의 여러 나라들과 교류하고 외교 관계를 맺는 계기가 되었다. 흉노를 정벌하고 서역에까지 세력을 펼친 한무제는 영토의 서쪽 끝인 둔황敦煌 바깥쪽의 옥문관玉門關까지 장성을 연장하여 2만 리나 되는 역사상 가장 긴 장성을 구축하였다.

한나라 멸망 후 위魏·촉蜀·오吳의 삼국시대를 지나 남북조南北朝의 분열기에도 만리장성은 여전히 중요한 역할을 하였다. 당시 중국 북쪽에는 북위北魏·동위東魏·북제北齊·북주北周 등 북방민족이 세운 나라들이 여럿 있었는데, 이들도 장성 이북의 돌궐突厥·유연柔然 등 몽골의 유목민족을 막고자 장성을 쌓았다. 이후 남북조의 분열을 통일한 수나라 역시 돌궐이나 거란 등을 방어하고자, 당나라는 흉노의 침략에 맞서 장성을 계속 보수·유지하였다. 이처럼 만리장성은 북방 유목민의 침략을 막아 내는 장벽 역할을 충실히 담당했다.

그런데 장성 북쪽에 몽골족이 융성하면서 상황이 변하였다. 송나라나 여진족의 금나라도 몽골족의 침입을 막고자 장성을 대대적으로 보수했으나, 동서양을 가리지 않고 파죽지세의 정복 활동을 펼친 칭기즈칸 군대를 막아 내기에는 역부족이었다. 몽골족은 장성을 넘어 중원을 차지하고 원나라를 세웠다. 동서를 포괄하는 대제국을 건설한 원나라에게 장성은 오히려 상호 교류와 통합에 방해가 될 뿐이었다.

원나라의 멸망 후 수립된 한족漢族의 명나라는 몽골 침략의 교훈을 되새기며 북방민족의 침략에 대비하여 대대적인 만리장성 보수

건륭제. 주변 민족과 적대하지 않고 사상과 종교 활동을 보장하는 포용책을 펼쳐 청나라의 전성기를 이룩했다.

공사에 착수했다. 명나라는 동쪽의 압록강에서 서쪽의 가욕관까지 1만 3,000리에 달하는 장성을 건설했다. 만리장성을 대표하는 팔달령을 비롯해, 오늘날 벽돌로 된 만리장성의 모습은 명나라 때 보수한 결과물이다.

이러한 노력에도 불구하고 명나라는 다시 북방민족인 만주족의 침략을 받았다. 만주족은 명나라를 멸망시키고 중원에 청나라를 세웠다. 그러나 청나라는 명과 달리 몽골·위구르·티베트 등 주변 민족들과 적대하지 않고 사상과 종교의 활동을 보장하는 회유·포용정책을 펼쳤다. 이제 중국에서 만리장성의 군사적 중요성은 크게 줄어들었다. 청의 제6대 황제 건륭제乾隆帝는 티베트 라싸에 있는 포탈라 궁의 모형을 황실의 여름별장이 있는 청더承德에 세우는 등 티베트의 라마교까지 수용하는 모습을 보였다.

이처럼 만리장성은 진나라 때부터 명나라 때까지 북방민족의 침략을 방어하는 역할을 했다. 그러나 북방민족이 중원을 차지한 원과 청대에 이르러서는 그 중요성이 감소했다. 한 마디로, 중국 역사에서 만리장성은 북방민족 대 한족, 유목민 대 농경민을 구별하는 경계선 역할을 했다고 할 수 있다.

"오직 중국만이 천하를 다스릴 수 있다"

그러나 만리장성이 단순히 북방민족의 침략을 방어하는 역할만 했다고 보기는 어렵다. 중국의 중심을 이루는 한족이 북방민족과 끊임없이 경계 짓기를 한 것은, 외침에 맞서 영토를 지키는 차원을 넘어서 그들이 주변 민족과 어떻게 관계를 맺었는지와도 밀접한 관련이 있기 때문이다.

만리장성을 쌓은 직접적인 이유는 흉노 때문이었으나, 한나라 때 북쪽의 흉노 외에도 남쪽의 남월南越, 동북쪽의 고조선, 서역의 여러 국가들이 출현하여 한나라를 압박하고 있었다. 일찍이 중국은 이 주변 민족들을 '동이東夷', '서융西戎', '남만南蠻', '북적北狄'이라 부르며 오랑캐라고 무시했으나, 이들이 국가를 형성하며 한나라에 위협적인 세력으로 커 가자 이들과의 관계를 새롭게 정립해야 했다.

이에 한나라 황제는 주변 국가 왕들에게 왕王, 후侯, 군君, 장長 등의 작위를 주어 한나라의 외신外臣으로 삼고, 그 지역을 외번外藩으로 만들었다. 물론 외교적 마찰이 생기거나 주변 국가가 중원을 공격할 때면 무력으로 대응하였다. 실제로 한무제는 남월과 고조선을 정벌하고 각각 9군과 4군을 설치해 지배했다. 이처럼 한나라는 군사적 우월함으로 주변 국가를 정복하는 '제이책制夷策'과 함께 화친과 교류로써 이민족을 포섭하는 '기미책羈縻策'을 적절히 사용했다.

한나라를 세운 고조는 수도 장안을 중심으로 중앙 지역은 군현제를 써서 직접 지배하고, 변방 지역은 제후들에게 통치하도록 하여 이들을 내신內臣, 그 지역을 내번內藩으로 삼았다. 여기에 주변 국가들을 외신과 외번으로 삼음으로써 한나라는 황제를 정점으로 황제가

베이징올림픽 개막식에서 오성홍기를 들고 등장한 소수 민족 어린이들. 그러나 이들은 소수민족 복장을 한 한족 어린이들이었다.

임명한 제후가 다스리는 내번과 내신, 독자적 통치를 행하며 복속의 표시로 조공을 행하는 외번과 외신 지역으로 구성된 새로운 국제 질서를 마련했다.

이러한 국세 실서 확립의 이념적 원천은 유학儒學의 '천명天命사상'이었다. 유학의 정치 이론에 따르면 하늘에서 천명을 받은 천자天子가 천하를 통치할 수 있는데, 천명을 내리는 하늘은 중국의 하늘이고 천명을 받을 수 있는 조건과 자격을 갖춘 유덕자有德者도 중국 민족의 덕목을 갖춘 자, 즉 한족漢族에 한정되었다. 이는 곧 오직 중국 민족만이 천자가 되어 천하를 통치할 수 있다는 의미였다. 이것이 바로 '중화中華사상'이다.

천명사상은 중국 역대 왕조의 통치 이념으로 계승·정착되었다. 원나라와 청나라를 비롯한 비非한족들도 중원을 차지함으로써 정통성을 계승했다고 해석하고 중화사상을 통치 이념으로 삼았다.

중국의 역대 왕조들이 끊임없이 만리장성을 보수·중수하며 유지한 데에는 이처럼 단순히 북방민족의 침략을 방어하는 목적을 뛰어넘어, 주변 민족 및 국가들과 자신을 구별 짓는 중화사상이 깊숙이 자리하고 있었던 것이다.

오늘날 중국은 '다민족 통일국가'를 주장한다. 비록 중국은 한족과 55개의 소수민족으로 구성된 다민족국가이지만, 모두 중화인민공화국의 국민이라는 것이다. 이는 전통적인 중화사상을 극복하려는 자세 같지만, 최근에 일어난 티베트와 위구르의 반발을 보면 한족과 소수민족 간의 갈등은 도리어 깊어지고 있음을 알 수 있다.●

실제로 신장新疆 위구르 자치구에 대한 서북 개발과 조선족이 많이 거주하는 동북 지역(랴오닝 성·지린 성)에 대한 '동북공정東北工程'으로 대표되는 중국 정부의 소수민족 정책은, 소수민족의 독자성을 약화시키는 데 초점을 맞추고 있다. 소수민족의 정체성을 버리고 '중국'에 동화되라는 것인데, 중국 정부가 내세우는 '중국'이란 다름 아닌 중국 전체 인구의 90퍼센트 이상을 차지하는 한족이다. 이렇게 보면 중국 정부가 외치는 '다민족 통일국가'론은 외양만 바꾼 중화 사상이라 하겠다.

● 1651년 청나라 황제 세조는 티베트의 5대 달라이 라마와 동맹을 맺었다. 청 황제는 달라이 라마의 티베트 통치권을 인정해 주는 대신 만주와 중국의 정당한 통치자로 인정받았다. 하지만 1949년 마오쩌둥 정부는 티베트를 점령했고, 티베트 사람들은 '해방' 투쟁을 벌였다. 중국 정부는 티베트에 대한 소유권을 주장하며 티베트인들을 중국인으로 개조하려고 노력했다. 이 과정에서 무력이 사용되었고, 제14대 달라이 라마가 티베트인들을 이끌고 티베트를 탈출해 인도 정부의 도움을 받아 망명정부를 세우기에 이르렀다. 중국 정부가 티베트 문제에 강경한 태도를 보이는 것은, 티베트의 독립을 보장해 주면 중국 내 다른 소수민족들의 독립 요구도 커질 것이기 때문이다. 중국 정부는 소수민족들을 동화시키려고 그 거주지에 한족을 이주시키고, 적극적인 서남 개발을 추진하고 있다. 위구르족에 대한 정책도 그 연장선상에 있다.

7. 역사상 가장 넓은 영토를
호령한 노마드, 몽골

세계에서 가장 큰 건축물이라는 만리장성은 흉노로 대표되는 '노마드'를 방어하기 위한 것이었고, 로마 제국은 '노마드' 게르만족에 의해 멸망했다. 역사상 가장 넓은 영토를 차지했던 몽골 제국도 바로이 '노마드' 국가였다.

'유목민'을 뜻하는 '노마드nomad'는 최근 가장 '뜬' 말 중 하나이다. 휴대전화와 노트북을 넘어 스마트폰, 넷북 등으로 대표되는 현대인을 '디지털 노마드Digital Nomad'라 부르며, 심지어 오스트랄로피테쿠스가 나무에서 내려온 뒤부터 인류의 삶은 '이동'을 지향하는 노마드였다는 주장도 있다. 이주와 약탈, 야만 등 부정적 이미지로 점철됐던 노마드가 오늘날 새롭게 재평가되고 있는 것이다.

말이 만든 노마드, 그리고 길

가을의 풍요를 상징하는 '천고마비天高馬肥'는 본래 '추고마비秋高馬

肥'였다. 중국 역사상 최고의 시성詩聖으로 꼽히는 두보杜甫의 조부 두심언杜審言도 손자만큼이나 시를 잘 지었다. 그는 흉노를 방어하러 북쪽 변방으로 떠나는 친구에게 시 한 편을 적어 주었다.

> 구름은 조용한데 요사스런 별이 떨어지고 (雲淨妖星落)
> 가을 하늘은 높고 변방의 말은 살이 찌네 (秋高塞馬肥)
> 말 안장에 의지하여 영웅의 검이 춤을 추고 (據鞍雄劍動)
> 붓을 휘두르니 격문이 날아오네. (搖筆羽書飛)

봄부터 여름까지 초원에서 풀을 먹은 말은 가을에 살이 오르고, 겨울이 되어 식량이 부족해진 흉노족은 이 살진 말을 타고 중국 변방을 공격했다. 그러므로 가을부터 중국의 병사들은 경계를 더욱 강화해야 했다. 이러한 변방의 상황을 두심언은 '추고새마비秋高塞馬肥'로 표현한 것이다. 여기서 '말'은 곧 흉노, 즉 유목민이다.

인류는 기원전 2000년경부터 수레를 끄는 데 말을 이용했고, 기원전 1500년 무렵부터는 말을 타고 다녔다고 한다. 기원전 1000년경

진시황릉 옆에서 출토된 구리로 만든 마차와 말.

재갈과 고삐 등 말을 타는 데 필요한 여러 마구를 개발하면서 인류의 이동 반경은 획기적으로 넓어졌다. 말을 자유롭게 이용할 수 있게 되면서 무거운 짐을 실어 나르고, 먼 곳까지

고구려 무용총 벽화 〈수렵도〉. 달리는 말 위에서 화살을 당기는 모습이 역동적이다. 말을 자유롭게 이용하면서 인류의 행동 반경은 획기적으로 늘어났다.

가서 물건을 사고 팔 수 있게 되었을 뿐 아니라, 농사는 물론 사냥이나 전쟁의 양상도 이전과 달라졌다. 특히 유목민은 걸음마보다 말 타기를 먼저 배운다고 할 정도로 말은 그들에게 생명과도 같은 존재가 되었다.

돌궐족의 명장 톤유쿠크의 비문에는 "성을 쌓고 사는 자는 반드시 망할 것이고, 끊임없이 이동하는 자만이 살아남을 것이다."라고 적혀 있다. 이처럼 이주, 이동은 유목민의 가장 큰 특징으로, 이 이동을 가능하게 한 것이 바로 말이었다.

말을 이용한 유목민의 이동 속도는 중국과 같은 농경문화 또는 정주定住국가와 맞설 수 있는 가장 큰 경쟁력으로, 유목민의 기마 군단은 증기기관이 발명되기 전까지 기동력의 상징이었다. 이 기동력에 더하여 말을 탄 채 뒤로 몸을 돌려 활을 쏘는 기술(파르티아식 활쏘기)까지 습득한 기마 군단은 주변 국가에게 두려움의 존재일 수밖에 없었다.

속도와 활쏘기로 무장한 유목민을 막아 내려면 좋은 말이 꼭 있어야 했다. 그래서 당나라 때까지 중국에서는 '견마絹馬무역'이 성행했다. 유목민들에게 필요한 비단과 중국이 필요로 하는 말을 서로 맞교환한 것이다. 특히 흉노와 한나라, 위구르와 당나라 사이에 견마무역이 활발했는데, 이때부터 천리마나 한혈마汗血馬 등 뛰어난 말들의 이름이 사람들의 입에 오르내리기 시작했다.

　말이 있었기에 유목민이 활동한 '초원비단길'도 생겨날 수 있었다. 이 길은 말과 비단을 비롯한 교역품이 오가는 길로 활기를 띠면서, 몽골 고원의 오르혼 강에서 중국의 장안과 베이징을 거쳐 동남해안의 항저우나 광저우까지 연결되었다.

　유목민의 기동성과 전투력을 세계에 알린 몽골은 유럽과 아시아를 아우르는 대제국을 건설했고, 13세기 중반부터 약 100년간 몽골 제국 치하의 유라시아 대륙은 평화를 누렸다. 몽골 제국의 막강한 군사력이 만들어 낸 이 평화를 '타타르(유럽인들이 몽골을 지칭한 말)의 평화'라고 한다.

　이로써 초원비단길은 어떤 장애나 방해도 없이 중국과 중앙아시아는 물론, 유럽·서아시아·인도·동남아시아·고려와 일본에 이르는 전대미문의 거대한 교역 및 교류권을 형성하게 되었다. 상인뿐 아니라 각국의 사절단이나 여행자, 종교인들도 이 길을 이용했으며, 정부에서 발급하는 증빙서인 '파이자'만 소유하면 제국 내 어디에서나 신변의 안전을 보장받을 수 있었다.

　이 길을 통해 음식 문화도 전파되었다. 패

한혈마. 중국 서역 지방에서 산출되던 명마. 돌을 밟으면 자국이 나고, 피와 같은 땀을 흘리며, 하루에 천 리를 달렸다고 한다.

스트푸드의 대명사인 햄버거도 몽골 음식에서 기원한다. 독일의 함부르크 일대에서 활동하던 상인들이 몽골에서 가져온 음식을 '타타르 스테이크'라며 먹기 시작했다. 이 타타르 스테이크를 함부르크 지역의 한 영주가 더 맛있게 만들어 보라고 했고, 그래서 한 요리사가 타타르 스테이크를 잘게 다져 둥글게 빚어서 불에 구운 것이 '함부르크Hamburg 스테이크'였다. 이것이 햄버거Hamburger 스테이크로 발전했다. 오늘날의 햄버거는 1904년 미국의 세인트루이스 세계박람회장에서 너무 바빴던 한 요리사가 함부르크 스테이크를 각종 채소와 빵 사이에 끼운 것에서 비롯되었다고 한다.

칭기즈 칸부터 쿠빌라이 칸까지

몽골은 원래 종족명이 아니라 지역명이었는데, 제국을 건설하면서 국가명이 되었다. 12세기 중엽, 몽골 초원 일대에는 여러 부족들이

어우러져 살고 있었다. 그중 한 부족장에게서 '쇠로 만든 사람', 즉 테무친이 태어났다. 테무친鐵木眞은 경쟁 부족인 타타르에게 아버지가 살해되고 부족민들이 뿔뿔이 흩어지자, 굶주림과 추위, 생명의 위협을 극복하면서 정말 '쇠로 만든 사람'으로 성장했다. 그리고 마침내 주변 부족들을 하나씩 복종시켜 1206년 부족 수장들의 회합인 쿠릴타이에서 '칭기즈 칸', 즉 '강력한

칭기즈칸. 바이칼 호 근처에서 태어나 1206년 몽골제국의 칸에 올랐다. 1215년 금나라의 수도 베이징에 입성했으며 1219년에는 서역 정벌을 떠나 인더스 강변까지 진출했다.

왕'으로 추대되었다. 몽골 제국이 세워진 것이다.

몽골 제국이 수립되자, 1209년 남쪽의 서하西夏는 몽골의 공격에 굴복하여 조공을 바쳤고, 금金은 수도(현재의 베이징)을 버리고 남방으로 옮겨 갔다. 몽골은 황허 이북 지역을 차지하게 되었다. 이어서 칭기즈 칸은 1218년 중앙아시아의 호라즘 왕국을 정복하고, 1224년까지 페르시아, 남러시아, 볼가 강 유역을 차례로 차지하였다. 1226년 호라즘에서 귀

성을 공격하는 몽골 군대. 칭기즈 칸이 이끄는 몽골 군대는 기동력이 뛰어난 기병을 앞세워 짧은 기간에 거대한 제국을 건설했다.

환한 칭기즈 칸은 서하를 멸망시켰다. 그런데 1227년 금에 대한 공격을 재개할 무렵에 그만 병사하고 말았다.

칭기즈 칸이 20년이라는 짧은 기간에 거대한 제국을 건설할 수 있었던 원동력은, 앞서 노마드의 특징에서 언급한 말을 이용한 기동력이 첫 손가락에 꼽힌다. 가벼운 차림새의 날쌘 기병들은 탁월한 전투력을 보유했고, 칭기즈 칸의 지도력 또한 탁월했다. 여기에 특유의 정보 수집력도 한몫을 차지했다. 칭기즈 칸은 "가장 낮은 데를 보는

자가 가장 넓은 데를 어루만질 수 있다."며 일반 병사들과 같은 게르(몽골의 이동식 집)에서 자고 똑같은 음식을 먹었다고 한다. 그러니 듣고 보지 못하는 것이 없었을 터이다.

칭기즈 칸은 또한 부족 군대를 해체시키고 10호, 100호, 1000호 단위로 다시 구성한 '천호제千戶制'(다른 말로 '천인대千人隊')라는 새로운 사회 단위 겸 군대 단위를 만들었다. 그리고 낯선 지역을 공격하기 전에는 반드시 정보를 구했는데, 그 정보의 주된 출처는 이슬람 상인들이었다. 비단길을 오가며 장사를 하는 상인들로선 강력한 제국의 보호를 받으며 안전하게 장사를 하는 편이 좋았기 때문이다. 이후 몽골 제국에서 이슬람 상인들은 몽골인 다음가는 '색목인色目人'('여러 종류의 사람들'이란 뜻) 계층으로, 관료나 사신 등으로 크게 활약했다.

칭기즈 칸이 죽고 1229년 그의 셋째아들인 오고타이가 제2대 칸으로 즉위했다. 그는 금을 멸망시킨 이듬해(1235)에 수도를 카라코룸으로 옮기고, 새 수도를 근거지로 1231년부터 시작된 고려 원정과 유럽 정벌을 마무리짓기로 했다. 당시 칭기즈 칸의 맏손자인 바투는 모스크바와 블라디미르·키예프를 차례로 점령하고, 신성로마 제국과 폴란드의 연합군을 격퇴하면서 서유럽으로 말머리를 돌리고 있었

각국 사신을 만나는 오고타이. 오고타이는 칭기즈 칸의 셋째아들로 제2대 칸에 올랐다.

다. 그런데 오고타이 칸의 사망 소식이 전해져 바투는 본국으로 돌아와야 했다.

　이후 3대 칸 구육도 일찍이 병사했다. 4대 칸 몽케는 서아시아와 남송을 정복 대상으로 정하고, 동생 훌라구와 쿠빌라이를 각각 원정군 사령관으로 임명했다. 훌라구는 1258년 500년간 지속된 아바스 왕조를 멸망시켰고, 쿠빌라이는 티베트 일대를 정복한 뒤 남송을 압박했다. 그러던 중 몽케 칸이 사망하였다.

　일찍이 칭기즈 칸은 죽기 전 자식들에게 영토를 나누어 주었는데, 큰아들은 일찍 죽어 손자인 바투에게 러시아 남부 영토를, 둘째 차가타이에게는 호라즘 왕국의 땅을, 셋째 오고타이에게는 나이만 왕국의 영토인 타림 분지 일대를, 막내 툴루이에게 몽골 본국을 분배했다.

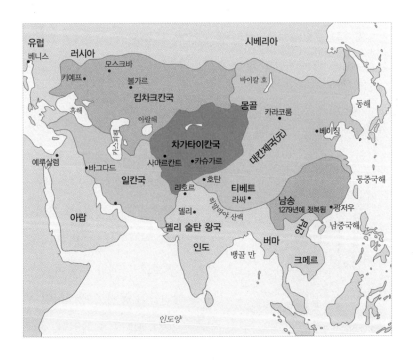

그런데 이후 권력투쟁이 빈번히 일어나서, 4대 칸 몽케 사후에 5대 칸의 자리를 놓고 쿠빌라이와 아리크부카가 첨예하게 대립했고 결국 5대 칸으로 쿠빌라이가 즉위했다.

그러자 몽골 제국을 형성하고 있던 오고타이 칸국과 중앙아시아의 차가타이 칸국(1227), 러시아 일대의 킵차크 칸국(1243), 지금의 이란 지역을 중심으로 한 서아시아의 일 칸국(1259)이 사실상 독립국으로 분리되었다. 이에 쿠빌라이는 중국에 정착하기로 결심하고, 1271년 나라 이름을 '원元'으로 바꾸었다. 1279년 남송南宋을 멸망시키고 명실상부한 중국의 왕조가 되었다.

마르코 폴로가 만난 쿠빌라이 칸

본래 제국의 건설보다 통치가 더 어려운 법이다. 몽골은 넓은 제국을 효율적으로 통치하고자 '역참제驛站制'를 실시하였다. 1235년 2대 칸 오고타이가 카라코룸을 새 수도로 건설하면서 이곳에서 각지를 잇는 교통로를 건설하고, 40킬로미터마다 요충지에 '참站'을 두어 전령이나 사신이 쉬고 말을 먹이게 했다.

베네치아 상인 마르코 폴로.

초기의 역참은 군사용으로 군대의 원활한 왕래를 위해 건설한 것이었지만, 몽골 제국이 안정되면서 이 역참과 교통로로 조세와 현물이 운반되고, 상인들이 동서로 왕래하며 무역하는 동서 교통로가 되었다. 중국

사막을 건너는 마르코 폴로 일행. 마르코 폴로는 동방 여행을 떠나 중국 각지를 여행하고 원나라에서 관직에 올라 17년을 살았다.

안에만 무려 1,500여 개의 역참이 만들어져, 수도 카라코룸에서 유럽까지 보름이면 도착할 정도가 되었다. 이 길을 따라 교황 인노켄티우스 4세의 사절 카르피니, 프랑스 루이 9세의 명령을 받은 프란체스코회 선교사 뤼브뤼크도 몽골의 수도를 방문했으며, 유명한 베네치아의 상인 마르코 폴로Marco Polo도 이 길로 중국에 들어왔다.

당시 마르코 폴로의 아버지와 삼촌은 동방무역에 종사하고 있었다. 그들은 몽골에 갔다가 쿠빌라이를 만나 로마 교황청에 사신으로 파견되었는데, 교황을 만난 뒤 사제와 함께 원나라로 돌아가는 길에 마르코 폴로도 따라나선 것이다.

1271년 여정에 오른 마르코 폴로 일행은 일 칸국을 거쳐 파미르 고원, 타림 분지를 지나 카슈가르, 호탄, 체르첸으로 이어지는 타클

라마칸 사막의 남쪽 오아시스 도시를 거쳐 여행을 떠난 지 3년 반 만에 원나라의 여름수도 상도上都에 도착해 황제 쿠빌라이를 만났다.

마르코 폴로는 황제의 신임을 얻어 지방관으로 각지를 돌아다니며 17년간 원나라에서 살았다. 그러다가 일 칸국 아르곤 왕에게 시집가는 공주의 여행 안내자로 선발되어, 푸젠 성의 취안저우를 출발해 해로로 자바, 말레이, 실론, 말라바르를 거쳐 1295년 마침내 베네치아로 돌아

『동방견문록』. 마르코 폴로가 1271년부터 1295년까지 동방을 여행한 체험담을 루스티첼로가 기록한 여행기이다.

왔다. 이후 마르코 폴로는 베네치아와 제노바 사이의 전쟁에 참전했다가 포로가 되어 제노바 감옥에 갇혔는데, 1298년 함께 갇혀 있던 작가 루스티첼로Rustichello에게 자신의 경험을 구술해 그것을 책으로 엮은 것이 바로 『동방견문록』(원제는 'Description of World')이다.

이 책은 서양에서 『성경』 다음으로 많이 읽힌 베스트셀러로, 허풍쟁이의 거짓말이라는 비판도 있었지만 당시 유럽인들에게 동양에 대한 관심을 불러일으키기에 충분했다. 『동방견문록』은 마르코 폴로의 개인적 느낌보다는 그가 방문했던 여러 지역과 동·식물, 사람들에 관한 이야기로 구성된 백과사전 같은 책이다. 중세 유럽에 나온 세계지도가 대부분 이 책을 참고해서 제작되었으며, 콜럼버스와 바스코 다 가마도 이 책을 보고 나서 동쪽의 나라들을 찾아 항해할 결심을 했다고 한다.

다만 『동방견문록』에는 중국을 대표하는 차나 만리장성, 한자 등에 대한 언급이 전혀 없어서 마르코 폴로가 실제로 원나라에 간 적이 없다는 주장도 있지만, 원나라 지폐에 관한 기록이나 귀향 때 함께 배를 탔던 사신의 이름 등이 명확하게 일치하는 것으로 보아 허구는 아닌 듯하다.

고려 '쌍화점'의 정체

만두집에 만두 사러 갔더니만
회회아비 내 손목을 쥐더이다.
이 소문이 가게 밖에 나며 들며 하면
다로러거디러 조그마한 새끼 광대 네 말이라 하리라
더러둥셩 다리러디러 다리러디러 다로러거디러 다로러
그 잠자리에 나도 자러 가리라
위 위 다로러 거디러 다로러
그 잔 데 같이 지저분한 곳 없다.

고려가요 「쌍화점雙花店」의 한 부분이다. 여기서 '쌍화'는 몽골인들이 즐겨 먹던 '만두'를 가리키는 말이다. 이를 통해서 당시 고려에 만두 가게가 있었으며, 그 가게를 회회아비, 즉 이슬람 사람이 운영했음을 알 수 있다. 대제국을 건설했던 몽골의 힘이 고려에도 미쳤던 것이다.

비록 40년간 항쟁을 벌인 끝에 몽골에 정복당하진 않았지만, 고려

는 몽골의 영향권 아래 놓이게 되었다. 고려의 왕은 원나라 황제의 딸과 결혼해 그 사위가 되어야 했고, 100여 년 동안 7명의 원나라 공주가 고려의 왕비가 되면서 고려에는 많은 몽골인과 색복인이 들어왔고, 이들을 통해 몽골어와 몽골식 풍습이 유행

고려 공민왕 부부의 초상. 고려는 원의 영향권 아래 놓이면서 원나라 공주를 왕비로 맞아들여야 했다. 공민왕의 부인 노국대장공주도 원나라의 공주였다.

하였다. 만두뿐만 아니라 오늘날 우리가 즐겨 마시는 소주 또한 몽골 군이 마시던 '아락주'에서 비롯되었다. 쿠빌라이가 일본을 정복하러 가는 길에 고려에 머물 때 몽골 군을 위해 개성·안동·제주 등지에서 아락주를 빚게 했는데, 그것이 소주의 기원이다. 오늘날에도 개성에서는 소주를 아락주라 부른다.

당시 제주도는 원나라의 목마장牧馬場이 되어 2~3만 필의 말을 길러 원나라에 바쳤고, 매사냥을 즐긴 몽골에 매를 바치려고 매사냥과 매 사육을 담당하는 '응방鷹坊'이라는 기구까지 설치했다. 말과 매뿐 아니라 여성을 조공으로 바치는 '공녀貢女' 제도까지 있었다.

이렇듯 몽골 제국은 유라시아의 인적·물적 교류뿐 아니라 문화의 전파·융합에도 기여했으니, 그 영향은 오늘날 우리에게까지 미치고 있다.

동서 교류의 길, 실크로드

고속도로를 달리다 보면 전에 못보던 새로운 노선 표시가 눈에 띤다. "AH1 이스탄불 ○○○km" "AH6 모스크바 ○○○km". 아시안 하이웨이의 이정표이다. 한국과 중국, 일본, 러시아, 인도, 이란 등 아시아 지역 32개국을 연결하는 아시안 하이웨이가 2005년 7월부터 발효되어 국내 통과 노선에 아시안 하이웨이 노선 표시를 한 것이다. 평양도 못 가는 마당에 이스탄불이며 모스크바라니, 실감이 나지 않을 수 있다. 그러나 동양과 서양이 지역의 경계를 넘어 교류하고 소통했던 과거를 생각해 보면, 동북아시아의 끝에 있는 우리가 남북 분단의 현실 공간을 넘어 아시아와 유럽까지 가는 길은 익숙하고 오래된 길이기도 하다. 고선지와 혜초는 이미 그 길을 갔던 사람들이다. 그렇게 볼 때 아시안 하이웨이는 지구 북반구를 관통하는 오래된 미래의 길이다.

아시안 하이웨이 노선을 표기한 표지판.

　　동양과 서양이라는 이분법적인 구

분이 있기 이전, 빙하기가 끝나고 지구 북반구의 여러 곳에 살던 사람들이 물산과 문화를 생산하고 유통하면서 자연스럽게 길이 만들어졌다. 그 가운데 가장 오래되고 긴 길이 지금 아시안 하이웨이의 모티브가 된 실크로드이다. 실크로드라는 말도 19세기 말 독일의 지리학자 리히트호펜Ferdinand von Richthofen이 처음 사용한 것이니, 실크로드라는 명칭이 사용되기 이전부터 길은 있었던 셈이다.

아주 오랜 옛날, 지구 북반구에 살던 여러 민족들이 문명을 탄생시키고 더 넓은 공간으로 삶의 무대를 확대해 나가는 과정에서 소통과 교류의 길이 열렸다. 오랜 세월에 걸쳐 그 길을 통해 많은 사람과 물산이 유통되면서 길은 경제적·문화적 이익을 가져다주었고, 길의 확보는 부와 권력의 문제와 직결되었다. 유라시아 북반구에 있던 여러 문명국가들은 이미 기원전 5~6세기경부터 영역권을 확보하고 길을 열어 가는 권력에 주목하였다. 서남아시아에서는 기원전 6세기에 페르시아가 서투르키스탄에서 소아시아 반도에 이르는 영역을 지배하였고, 기원전 4세기 무렵에는 알렉산드로스가 지중해 동부에서 인더스 강까지 지배하며 하나의 문화권을 형성하였다. 그리고 동쪽에는 황허 유역을 끼고 발달한 중국 문화권이 형성되어 있었다. 이 동과 서의 문화권을 처음 연결한 길이 실크로드이다.

연결의 road

동서 문화를 연결한 실크로드는 하나의 대로가 아니었다. 죽음의 사막이라는 타클라마칸 사막을 놓고 북쪽 오아시스를 연결하는 오아시스 북도와 남쪽 오아시스를 잇는 오아시스 남도, 톈산 산맥 북쪽을 오가는 길이 있었는데, 이를 '오아시스의 길'이라 한다. 그 위로 몽골 초원부터 카자흐 초원을 통과하여 러시아 초원을 통해 유럽으로 이어지는 '초원의 길'이 펼쳐져 있고, 중국 앞바다와 인도양, 아라비아 해를 잇는 '바다의 길'도 있었다.

초기에 개척된 오아시스의 길은 타클라마칸 사막과 파미르 고원, 톈산 산맥을 뚫고 오가던 유목민족에 의해 만들어졌다. 기원전 6세기 스키타이를 시작으로 기원전 5세기 흉노, 그 뒤를 이어 돌궐(투르크)과 위구르가 이 길을 교역과 정복의 주요 통로로 활용하였다.

중국은 농경민족인 한족이 중원을 장악하고 확대하는 과정에서 주변의 유목민족과 부딪히며 서쪽 길에 주목하기 시작했고, 그 서쪽

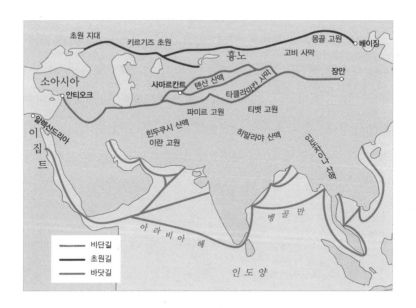

실크로드의 서쪽 관문이었던 옥문관.

길을 개척한 이가 장건 張騫이다. 당시 중국의 가장 큰 고민이었던 흉노에 대해 한나라의 무제는 무력 공격을 감행하는 한편, 서역의 월지국과 군사 동맹을 맺어 흉노를 공략하고자 하였다. 이때 한무제가 월지국에 파견한 사신이 바로 장건이다. 기원전 139년, 한무제의 명을 받은 장건은 100여 명의 무리를 거느리고 수도 장안을 떠나 서부 사막 지대로 향했다. 장건은 월지국과 동맹을 맺는 데는 실패하였지만, 그의 여행을 계기로 중앙아시아나 서방 각지와 국교가 열리게 되었다.

이렇게 서역으로 통하는 길이 열리자 중국은 서역에 대한 지배, 길에 대한 지배권을 강화할 기회를 잡았다. 기원전 60년, 한나라는 흉노를 하서 지역에서 축출하고 4군을 설치하였다. 『한서漢書』「서역전西域傳」에는 중국의 서쪽 관문이었던 옥문관玉門關·양관陽關을 기점으로 하여 그곳에서부터 서쪽으로 향하는 길, 즉 실크로드에 대한 기록이 남아 있다. 이후 역대 왕조의 정사正史에는 항상 「서역전」이 포함되었다.

이후 타 문화에 개방적인 정책을 피며 중화 세계를 확장하던 당나라는 안서도호부安西都護府라는 관청을 두고, 서투르크를 멸망시켜 본격적으로 서역을 장악하기 시작했다. 파미르 고원 너머 오늘날 아프카니스탄 지역까지 당의 힘이 미치면서 실크로드를 통한 동서 교류가 활기를 띠었다. 당시 당의 수도 장안은 인근 신라와 일본은 물론이고, 투르크와 베트남, 이란 등지에서 몰려든 상인과 유학생들로 한때 인구가 100만 명에 이른 거대한 국제도시였다. 장안을 대표하던 시장인 동시東市와 서시西市에는 언제나 진귀한 볼거리와 서역의 특산품이 넘쳐났다. 이로써 실크로드는 중국의 수도 장안에서 시작되어 중앙아시아 초원 지대를 거쳐 콘스탄티노플·로마로 이어지는, 유목 문화와 정주 문화, 서남아시아 문화권과 중국 문화권을 '연결하는 길'이 되었다.

그러나 751년 고선지가 이끌던 당의 군대가 탈라스 강변에서 벌어진 이슬람 군대와의 전투에서 패하면서 중국의 서역 지배권도 축

막고굴. 둔황 간쑤 성에 위치한 불교 유적. 산비탈에 벌집처럼 1천여 개의 석굴이 뚫려 있다. 막고굴은 실크로드를 통해 전래된 불교가 둔황에서 꽃피운 결과물로, 1천 년 동안 수많은 승려·화가·석공·도공들이 드나들며 작품을 남겼다.

소되었다. 이후 투르크계의 이슬람 세력이 실크로드에서 주도권을 행사했고, 10~13세기경에는 북방의 거란족(요나라)과 여진족(금나라)이 중원을 장악하면서 중국이 실크로드를 안정적으로 확보하는 게 어려워졌다.

이렇듯 육로가 불안정해지면서 바닷길이 열렸다. 새로운 바닷길을 여는 데 중심적인 역할을 한 이들은 아랍인들이었다. 본래 우수한 항해술을 지닌 아랍인들에게 중국에서 전해진 나침반은 날개를 달아 준 격이었다. 그들은 말라카 해협을 거쳐 아랍과 중국을 잇는 바닷길을 개척했고, 중국을 거쳐 고려에까지 들어와 물건을 사고 팔았다. 『고려사』에는 아랍 상인이 고려의 수도 개경 가까이의 벽란도를 방문하여 고려 상인과 무역을 한 사실이 기록되어 있다.

이슬람 사람으로 추정되는 신라 괘릉의 석상. 움푹 들어간 쌍꺼풀 눈, 매부리코에 팔자수염 등 서역인의 얼굴을 하고 있다. 서역 사람들이 여러 경로를 통해 한반도까지 찾아와 활발히 교류했음을 보여 주는 유물이다.

한편 대제국을 건설한 몽골족의 원나라 시기에는 실크로드가 다시 활기를 띠기 시작하였다. 원나라는 실크로드로 군사를 파견하여 아랍 지역을 정복하는 등 정복 활동에 실크로드를 적극 활용했다. 그리하여 원나라의 수도인 카라코룸과 베이징은 유라시아 각지에서 몰려든 대상과 사신들로 북적거렸다. 마르코 폴로와 모로코 출신의 이슬람 여행가 이븐 바투타도 그 무리에 속했다.

하지만 원나라가 멸망한 뒤로 실크로드는 다시 급

속히 쇠락했다. 원나라 뒤를 이어 중국을 지배한 명나라는 실크로드에 대한 지배권을 확보하지 못했다. 소아시아를 중심으로 일어난 이슬람 국가인 오스만투르크가 실크로드 지역으로까지 세력권을 넓혔기 때문이다. 15세기 초, 명나라의 영락제는 환관인 정화鄭和의 대선단을 일곱 차례나 해외로 보내어, 아시아는 물론이고 아프리카 등

이븐 바투타. 모로코 출신의 중세 이슬람 여행가로 이집트, 시리아를 거쳐 메카로 성지순례를 하였고 이라크, 페르시아, 중앙아시아, 인도 등을 여행하였다.

지 30여 국에 명의 이름을 알리고 교역의 물꼬를 텄다. 그러나 1433년의 마지막 원정을 끝으로 문신들의 강력한 반대로 중국의 원양 무역은 더 이상 발전하지 못한 채 막을 내렸다.

동서 교류의 길이 다시 열린 것은 그로부터 100년 후, 유럽의 국가들이 오스만투르크에 맞서 새 항로와 무역 시장 개척에 나서면서부터이다. 유럽 각국의 배들은 세계를 돌며 새로운 대륙을 '발견'하고 공격적인 무역 활동으로 '대항해 시대'를 열었다. 이어 산업과 자본에 의한 서양 자본주의 주도의 역사가 시작되면서 동서의 교류는 지역의 경계를 무너뜨리며 새로운 차원의 길을 열게 되었다.

교역의 Road

실크로드라는 말에서 알 수 있듯 동서 교류의 가장 오래된 길의 상징물은 실크 즉, 비단이다. 비단은 주로 중국에서 서역으로 유통되었으

며, 비단을 서방에까지 알린 존재는 월지와 흉노였다. 월지는 타림 분지 호탄에서 나는 '옥'을 중국에 팔고 그 대가로 비단을 받아 서방에 판매하여, 중국에서는 '옥의 나라'로 서방에서는 '비단의 나라'로 불렸다. 흉노 또한 군사력을 바탕으로 한나라를 위협해 많은 비단을 공물로 받거나 중국이 필요로 하는 날쌘 말과 교환하여(견마무역) 얻은 비단을 서방에 판매하였다. 비단은 중앙아시아와 러시아 초원, 서아시아 등 광범위한 지역에서 유통되있으며 멀리 로마에까지 전해졌다.

비단에 대한 수요가 커질수록 중국 왕조는 양잠 기술의 누설을 경계하였고, 다른 나라들은 그 기술을 전수받고자 하였다. 호탄의 왕은 양잠 기술을 알아내려고 중국 황제의 딸과 혼인할 것을 청하고, 결혼할 때 공주에게 호탄에는 뽕나무가 없으니 중국에서 뽕나무와 누에씨를 가져와 직접 옷을 만들어 입으라고 하였다. 이에 공주가 뽕나무와 누에씨를 숨겨서 시집와 호탄에서도 뽕나무 재배와 양잠이 시작되었다고 한다. 이렇게 중앙아시아에 전파된 비단 제조 기술은 7세기에는 페르시아·인도로 전해졌고, 비잔틴 제국에서도 누에와 비단 생산 기술을 획득하여 비단을 유럽에 수출해 막대한 이익을 남겼다.

비단이 서역과 유럽에서도 생산되자 8세기 중엽에 이르러 중국 교역의 대표 품목은 비단에서 '도자기'로 바뀌었다. 차茶가 널리 보급되어 다기의 수요가 늘면서 당나라에서는 청자와 당삼채(세 가지 빛깔의 잿물을 써서 만든 도자기)가 만들어졌고, 송나라 때에는 주요 항구에 도자기 수출 업무를 담당하는 '시박사'를 둘 정도였다. 원나라

때에는 이슬람 지역에서 수입한 코발트 안료
를 이용해 청화백자를 만들어 이를 다시 이슬
람 지역과 유럽으로 수출했다.

　중국에서 유럽으로 전파된 또 하나의 기술
은 '제지술'이다. 종이는 일찍이 후한 화제 원흥
원년(105)에 환관 채륜蔡倫이 발명했다. 제지법이
서역에 전해진 계기는 751년 벌어진 탈라스
전투였다. 아랍어 문헌에 의하면, 종이는 탈
라스 전투 때 포로로 잡힌 중국인 제지 장인

낙타를 탄 서역 상인을 묘사한 당삼채.

을 통해 사마르칸트에 전해졌다. 이후 제지법이 발달하여 사마르칸
트 사람들의 주요 상품이 되었다고 한다. 종이의 사용은 이슬람 사회
에서 지식을 기록하고 전달·확산하는 매체가 되었으며, 이슬람 상
인들은 '수표'라는 금융 거래 형태를 창출하기도 하였다. 제지법은
다시 이슬람 세계에서 유럽으로 전파되어 12세기 이후 유럽에서도
종이를 생산하기 시작했으며, 이후 금속활자의 발명으로 지식과 정
보의 보급에 날개를 달아 주었다.

　반대로 서역에서 중국으로 전해진 것도 있다. 그 대표적인 것이 유
리이다. 대롱 불기로 화려하고 다채롭게 대량생산한 로마 유리와 그
제조법이 세계 각지로 전파되었고, 로마의 분열 이후에는 사산조 페
르시아가 유리의 중심지로 부상하였다. 로마 유리와 페르시아 유리
는 실크로드를 따라 인도 등을 거쳐 중국에 전해졌고, 우리나라 신라
에까지 이르렀다. 황남대총 남분에서 출토된 봉수형 유리병(국보 105

호)은 로마 유리제품이며, 송림사 5층 전탑에서 나온 유리 사리장치(보물 325호)는 고리 모양 무늬가 있는 페르시아 유리 제품으로, 신라 또한 실크로드의 한 자락을 차지하고 있었음을 알 수 있다.

황남대총에서 출토된 봉수형 유리병과 송림사 5층 전탑에서 출토된 유리 사리장치.

유리와 도자기는 깨지기 쉬운 물품이라 육상의 실크로드로는 대량 운반이 어려워 바닷길을 주로 이용하였는데, 그래서 바닷길을 '도자기의 길'이라고도 부른다.

5세기부터 왕성한 동서 교역의 주 담당자는 소그드인이었다. 이들은 오늘날 우즈베키스탄 일대에 살고 있는 사람들로, 일찍이 사마르칸트·부하라 등 도시국가를 건설하였으며 중국에서는 이들을 서호西胡, 상호商胡 등으로 불렀다. 각지로 퍼져 나간 소그드인들은 공동체를 형성하여 본토에서 온 상인들에게 중요한 거래 상대가 되기도 하고, 현지 사회와의 접촉·교섭을 중개하는 중개자가 되기도 하였다. 9세기 이후에는 돌궐의 융성과 이슬람 세력의 확대로 위구르 상인이 등장하였으며, 이들은 13세기 몽골 제국이 성립하면서 그들의 파트너로 활동하여 동서 교역의 담당자가 되었다.

실크로드는 물적 교류뿐만 아니라 학문과 종교의 교류가 이루어진 길이도 하다. 이 길을 통해 송나라의 연단술煉丹術, 화약 제조법 등이 아랍과 유럽으로 전파되어 연금술과 화학의 발전을 가져왔고, 이슬람 세계에서 발달한 수학과 천문학 등은 동양 지식인들에게 전해졌다.

또 불교를 비롯한 조로아스터교, 마니교, 경교 등의 종교도 이 길을 따라 전파되었다. 특히 불교는 오늘날까지 동아시아 사회에 큰 영향을 끼치고 있다. 기원전 6세기에 성립된 불교는 기원전 3세기 스리랑카 등으로 전파되었고, 중앙아시아 쪽으로는 기원전후 쿠샨왕조 때 본격적으로 전파되었다. 이 시기 인도 불교는 대승불교의 탄생과 함께 불상의 출현이라는 변화를 겪고 있었는데, 이 변화는 중앙아시아의 문화적 요소가 결합되면서 나타난 것으로 불교의 전파를 더욱 가속시켰다. 2001년 탈레반이 폭파시킨 아프가니스탄의 바미안 대불과 수백 개의 석굴, 동쪽으로 쿠차의 키질 석굴, 투루판의 베제클리크 석굴, 둔황의 막고굴로 이어져 중국으로 들어오면 천제산 석굴, 윈강 석굴 등으로 연결된다. 실크로드를 통해 불교가 어떻게 전파됐는지를 보여 주는 이 석굴들은, 이 길을 오가던 상인·승려 등이 안전한 여행을 기원하며 잠시 숨을 돌렸던 곳이다. 현장, 법현, 그리고 신라의 혜초 등의 구법승려들도 이 길을 통해 인도로 향했다. 한편 이 석굴들에는 인도에서는 볼 수 없는 거대 석불들이 자리 잡고 있어 대승불교의 전파와 함께 인도와 다른 중국, 나아가 동아시아 불교의 모습을 보여 준다.

윈강 석굴의 석불(위)과 키질 석굴(아래). 윈강 석굴은 중국 산시 성의 사암砂岩 낭떠러지에 조영된 중국에서 가장 큰 석굴사원이다. 총 길이가 1킬로미터에 이른다.

음식의 road

여행의 또 다른 묘미는 '먹거리'이다. 음식을 통해 그 지역의 산물과 사람들의 성격도 짐작해 볼 수 있다. 오랜 기간 교역의 길로서 다양한 지역과 문화를 연결하던 실크로드를 따라 음식도 교류되었다. 실크로드의 음식으로 오늘날까지 세계인의 사랑을 받는 것이 바로 '국수'이다.

메소포타미아 지역에서 처음 재배된 밀은 한나라 때 장건이 실크로드를 개척하는 과정에서 중국에 본격적으로 전파된 것으로 본다. 포도·석류·오이 등도 장건이 가지고 들어왔으며, 오이를 호과胡瓜라고 하듯이 호산(마늘)·호마(참깨)·호도(호두)·호초(후추) 등 '호胡' 자가 붙은 것은 모두 서역에서 들어온 것이다. 화려한 호풍胡風 가운데 서역의 영향을 받은 대표적인 음식이 밀가루 음식이다. 주로 빵의 형태로 즐겼던 밀가루 음식인 호식胡食의 도입으로 중국의 음식 문화는 더욱 풍부해졌다.

서역의 밀가루 음식은 한족의 전통 요리법인 찜이나 탕 요리와 만나 새롭게 변형되었다. 가루를 내어 구워 먹는 빵 문화를 낳았던 밀이 중원의 탕 문화를 만나 끓는 물에 조리하기 적합하게 변모하였으니, 그것이 바로 국수이다. 중국에서는 국수를 '수인병水引餠' 즉, 물에서 잡아 늘린 밀가루 음식이라고 하였다. 이렇게 보면 국수는 건식 재료와 중국의 습식 조리법이 만난 동서의 합작품이라고 할 수 있다. 중원의 한족들은 중국을 국수의 왕국으로 만들었고, 그 국수를 아시아를 대표하는 음식으로 발전시켰다. 특히 송나라 때 이르러 개방적이고 상업적인 도시문화가 발달하면서 국수는 대중 음식으로 자리를 잡게 되었다. 북송의 도읍지이자 중국 국수 문화가 완성된 허난성 카이펑開封에는 수많은 국수 가게들이 즐비하였다고 한다.

북방식 면 요리는 송나라가 금나라에 쫓겨 남쪽으로 간 이후 남쪽의 풍부한 쌀을 이용한 쌀국수로 발전하였고, 중국 남쪽 끝에서 미얀마·라오스·태국·캄보디아·베트남으로 이어지는 메콩 강을 따라 쌀 곡창지대로 전파되어 나갔다. 태국이나 베트남에서 많이 머는 쌀국수는 이러한 여정의 결과였고, 이후 동남아시아의 넓은 지역에 쌀국수 문화권이 형성되었다.

중국 국수 문화의 전파 경로는 그들의 문명이 미쳤던 장소와 일치한다. 우리나라 역시 압출식 국수틀을 가마솥에 걸고 만드는 메밀국수, 냉면 등과 칼로 썬 밀국수인 칼국수 등 우리 식의 국수 요리를 개발했다. 한반도뿐만 아니라 아시아에서 가늘고 긴 국수는 장수와 연관되어 생일이나 회갑연, 결혼식 때 먹는 음식으로 널리 사랑을 받았다. 일본에서는 승려들이 중국의 국수 문화를 수용하는 중요 통로가 되었는데, 이후 에도시대에 이르러 소바(메밀국수)가 패스트푸드로서 정착되었다.

한편 유럽에서 독보적인 국수 문화를 갖고 있는 이탈리아의 국수(파스타)는 실크로드와 어떤 연관이 있을까? 마르코 폴로가 13세기 중국에 왔다가 유럽으로 전파했다는 설도 있지만, 이탈리아 최초의 건조 국수는 1154년 문헌에 나타나는 '잇트리야'라는 이슬람의 건조 국수라고 한다. 파스타는 이탈리아 남부 시칠리아에서 가장 먼저 나타났다. 시칠리아는 지중해 동서에 위치하여 여러 민족의 패권 다툼이 끊이지 않았던 곳으로, 827년에는 튀니지의 아랍인들에게 점령당하여 200여 년 간 이슬람 문화의 영향을 받게 되었다. 아랍인들은 8세기경부터 실크로드의 주요 길목인 신장 위구르 자치구 인근의 중앙아시아에서 당나라와 접촉·충돌하였는데, 그 과정에서 중국의 국수가 아랍 세계에 전해지고 아랍인들이 지중해와 이베리아 반도로 진출하면서 국수도 전파된 것으로 보인다. 앞서 언급한 중국의 제지 기술이 아랍을 통해 유럽으로 전파된 것과 같은 경우라고 하겠다.

이탈리아에 전해진 국수는 독창적으로 발전을 거듭하였다. 17세기에 나폴리를 중심으로 스파게티나 마카로니 같은 건조 파스타가 대량으로 생산 보급되면서 파스타는 도시의 중소 상인·노동자·서민들의 각광을 받는 대중 음식으로 꽃을 피웠고, 파스타를 파는 간이 음식점까지 등장하였다.

수천 년 동안 수많은 사람들의 손을 거쳐 탄생한 국수는 어떤 재료와도 잘 어울리며 멋진 음식을 만들어 낸다. 국수는 사람과 사람, 문명과 문명을 잇는 음식으로 국수 한 그릇에는 시대와 공간을 넘어 동서양 사람들의 발자취가 담겨 있다. 국수가 만들어지고 전파되었던 길은 동서 교류의 또 하나의 증거이자 세계 문화 형성의 코드이다.

8. '한 손에 칼, 한 손에 코란'

이슬람교는 전 세계 13억 인구가 믿는 종교로서, 유엔에 가입된 이슬람 국가만 55개국에 이른다. 이처럼 거대한 '이슬람 문화권'이 형성된 것은, 이슬람 제국이 메카와 메디나에서 일어나 아랍 세계를 통일하고 100년도 안 되는 짧은 기간에 이베리아 반도에서 아프리카 북부, 중앙아시아, 동남아시아에 이르는 대제국을 이루었기 때문이다. 이러한 이슬람 제국의 성립을 흔히 "한 손에 칼, 한 손에 코란"이라는 표현을 들어 무슬림의 호전성과 강압적 전파 때문이라고 설명한다. 신도 수 13억 명을 헤아리는 이슬람의 진정한 위력은 어디에서 비롯되었을까?

무함마드부터 투르크까지, 이슬람의 확산

유목 생활을 하는 부족사회 단계였던 아라비아 반도에서 6세기 이후 메카와 메디나 등의 도시가 만들어지기 시작했다. 비잔티움 제국과 사산조 페르시아의 전쟁으로 기존의 동서 교역로가 차단되어, 지중해에서 홍해를 통해 아라비아 반도를 돌아 동양으로 가는 새로운 길이 개척되면서 홍해 연안의 메카가 주요 무역 중개지로 성장했다.

천사 가브리엘의 인도를 받는 무함마드를 묘사한 페르시아 삽화.

메카의 대상隊商이었던 무함마드는 메카 교외의 헤라 산에서 명상을 하던 중 천사 가브리엘의 계시를 받았다. 이에 무함마드는 '알라 최후의 예언자'로서 알라의 뜻에 '복종'(이슬람)하겠다고 외쳤고, 이로써 이슬람교가 탄생했다.

최후의 예언자. 이 말은 곧 이전에도 예언자가 있었다는 뜻이니, 이브를 비롯해 성서에 등장하는 노아·아브라함·모세·예수가 모두 예언자들이었으며, 무함마드도 이들과 같은 존재이되 '마지막' 예언자라는 것이다. 따라서 이슬람교와 기독교의 뿌리는 같다고 할 수 있다. 다만, 절대자 하나님을 아랍어로 '알라'라 하고, 성서가 아닌 알라의 계시를 담은 『코란』을 추종하는 것이다.

이슬람교는 알라 외의 다른 신을 섬기는 것을 용서하지 않는 유일신 사상이다. 이슬람교 성립 당시 아라비아는 부족별로 다양한 신을 섬기고 있었으므로, 이 신들을 부정하고 혈연보다 신앙적 일체감을 강조하는 무함마드의 주장이 받아들여질 리 없었다. 박해를 받던 무

메카로 향하는 무함마드. 메카는 무함마드가 신의 계시를 받은 곳으로 이슬람 세계의 으뜸가는 성지이다.

함마드는 결국 622년에 메카를 떠나 북쪽의 메디나로 이주했는데, 이를 '히즈라Hijrh'(위대한 도망, 이주)라고 하며 이 해를 이슬람 원년으로 삼고 있다.

메디나에서 세력을 키운 무함마드는 630년 메카 탈환을 위한 '지하드Jihad'(성전聖戰)를 단행했고, 632년 시리아 원정 중 사망했다. 이때는 이미 아라비아 반도를 이슬람교로 통일한 뒤였다.

무함마드 사후 이슬람 사회는 후계자 칼리프●를 선출해 사회를 운영했다. 칼리프는 종교 지도자일 뿐만 아니라 정치·행정 지도자이기도 했다. 정교일치政敎一致라는 이슬람 사회의 특징을 단적으로 보여 주는 제도가 바로 칼리프이다. 제1대 아부(632~634), 제2대 오마르(634~644), 제3대 오스만(644~656), 제4대 알리(656~661)까지는 선거로 선출했는데, 이 시기를 '정통 칼리프 시대'(632~661)라 한다. 1대부터 3대까지는 무함마

● 무함마드의 계승자·후계자를 일컬으며, 이슬람교를 수호하고 이슬람 사회를 통치하는 지도자를 의미한다. 칼리프는 무함마드가 갖고 있던 권한을 그대로 이어받아 수행하였다. 군사령관이자 종교 지도자로서 종교의식을 이끌고, 금요일에는 설교도 했다. 칼리프 제도는 아랍 국가를 넘어 이슬람을 신봉하는 모든 국가로 확대되어, 이슬람 국가들의 동질화 현상을 가져왔다. 그러나 오스만투르크 제국이 멸망하고 터키 공화국이 창설되면서 1924년 완전히 폐지되었다.

드 가문 밖의 사람이었고, 4
대 알리는 무함마드의 사촌
이자 사위였다. 이때 알리를
추종하는 집단이 '시아파'(분
파)를 형성하고, 이에 대립하
여 '수니파'(정통)가 형성되
었다.●●

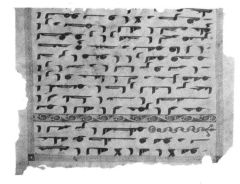

『코란』. 이슬람교의 경전으로, 무함마드가 유일신 알라의 계시를 받은 뒤부터 632년 죽을 때까지 받은 계시를 집대성한 것이다.

이후 시리아의 관리였던
무아위야가 알리의 칼리프

계승에 반대하여 그를 암살하고 칼리프가 된 후 옴미야드(우마이야)
왕조가 개창되고, 칼리프는 세습되었다. 옴미야드 왕조(650~750)는
인더스 강에서 북아프리카를 거쳐 이베리아 반도에 이르는 제국을
건설하였다. 711년에는 이베리아 반도의 피레네 산맥을 넘어 프랑
크 왕국에까지 침입했으나, 프랑크 왕국의 궁재(일종의 재상) 카를 마
르텔에게 격퇴당했다.

이슬람 제국이 이렇게 급속히 영토를 확장할 수 있었던 것은 무슬
림의 호전성 때문이 아니라, 피정복민에 대한 관대한 정책 덕이었다.
무슬림은 피정복민을 억지로 개종시키지 않았다. 다만 고유의 문화나

●● '시아'란 '알리를 따르는 무리'에서 나온 말로, 무함마드의 혈통을 이어받은 자에
게 이슬람의 지도권이 있다고 믿으며, 『코란』에 대한 주석이나 보충 설명을 반대
한다. 반면 '수니'는 '예언자와 그 전통에 따르는 무리'라는 뜻으로, 혈통과 관계없
이 합법적인 후계자를 칼리프로 인정하며 경전에 대한 확대 해석을 인정한다. 오
늘날 수니파가 무슬림의 90퍼센트를 차지한다.

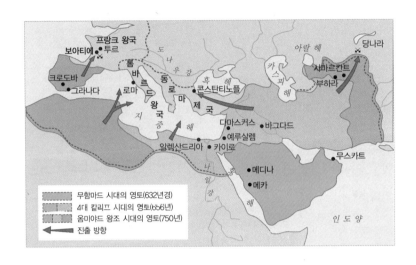

관습, 종교 등을 유지하는 대가로 무슬림보다 많은 세금만을 요구했다. 예컨대 이집트 알렉산드리아를 정복했을 때 남자 60만 명을 포로로 잡았으나 이 포로를 분배하지 않고 그들에게 토지세를 부과하였다고 한다. 그러자 시간이 지나면서 피정복민들이 자발적으로 이슬람교로 개종하기 시작했다. 이에 이슬람 제국 정부는 세금을 감면받으려고 대거 개종하는 것을 막고자 '개종금지백서'를 발효하기까지 했다. 이슬람교의 확산보다는 국가 수입의 증대를 더 바란 것이다.

8세기 중엽 옴미야드 왕조는 쇠퇴하고, 740년 제4대 칼리프 알리의 증손인 아불 아바스가 수도를 바그다드로 옮겨 아바스 왕조를 개창했다. 옴미야드 왕조가 아랍을 중심으로 삼았다면, 아바스 왕조는 아랍계와 비아랍계 무슬림을 차별 없이 평등하게 대우하여 융화를 꾀했다. 수도 바그다드는 동서 교역의 중심지로, 동서 문화를 융합시키는 역할을 했다. 구체적으로 살펴보면 이때 그리스의 화학과 의학 등 자연과학을 받아들였으며, 인도에서 숫자 영(0)의 개념을 받아들여 아라비아숫자를 창안했다. 900년 무렵에 시작되어 15세기 말에 완성된 『아라비안나이트』는 아라비아뿐만 아니라 인도·페르시아·이집트 등 이슬람 지역의 설화를 집대성한 것으로, 당시 이슬람 세계가 얼마나 광범위했는지 짐작하게 한다.

그런데 756년 옴미야드 왕조의 일족이 에스파냐 코르도바를 수도로 후옴미야드 왕조를 개창하고, 10세기 초에는 칼리프를 칭하면서 이슬람 세계는 동서로 분열되었다. 여기에 1055년 투르크(돌궐족)가 바그다드에 들어와 실권을 장악하고 칼리프에게서 '술탄'● 칭호를 받으면서 이슬람 세계의 지배권은 아라비아인에서 투르크인에게 넘어갔다. 하지만 투르크가 이슬람교로 개종함으로써 오히려 이슬람 세계가 확대되었다고 볼 수 있다.

다섯 가지 의무와 여섯 가지 믿음

이슬람교는 무함마드를 통해 계시된 알라의 종교로, 믿음이 무엇보다 중요하며 믿는 만큼 행동하라는 정교일치의 종교이다. 여기서 말하는 믿음이란

파티마fatima의 손. 파티마는 무함마드의 딸이다. 파티마의 펼친 손은 '신의 손'과 이슬람교의 다섯 가지 근본 교리를 뜻한다.

● '술탄'은 이슬람 세계에서 군주를 일컫는 말로, 원래 이슬람교의 최고 지도자인 칼리프에게 권력을 위임받아 제국을 통치하던 자의 칭호이다. 이때 셀주크 왕조의 군주가 칼리프에게 '술탄'의 칭호를 수여받았다. 그러나 칼리프의 권력이 실추되자 각지의 지배자들이 이 칭호를 쓰면서 무수한 술탄이 출현했다. 술탄은 특히 오스만 제국을 다스리던 지배자의 칭호로서, 칼리프 직까지 겸하여 말 그대로 제국의 정치와 종교를 관할하는 제왕이었으나, 터키 공화국이 설립되며 술탄제는 폐지되었다. 다만 중동의 오만과 동남아시아의 브루나이에서는 아직도 왕을 술탄이라 부른다.

유일신 알라의 존재에 대한 믿음, 천사나 사탄·정령 등 보이지 않는 존재에 대한 믿음, 『코란』에 대한 믿음, 예언자에 대한 믿음, 심판의 날에 대한 믿음, 알라의 뜻대로 이루어진다는 믿음 등 여섯 가지이다. 이 믿음을 실천하려면 신앙 고백과 하루 다섯 차례의 예배, 라마단 기간 한 달 동안의 단식, 평생에 한 번 메카 순례의 의무를 다해야 한다. 이러한 이슬람의 실천과 신앙 체계를 '오주육신五柱六信', 즉 다섯 가지 의무와 여섯 가지 믿음이라 한다.

29일간의 라마단 행사가 끝날 때 행하는 행진. 이슬람교도는 이 기간 일출에서 일몰까지 의무적으로 금식하고, 날마다 다섯 번의 기도를 드린다. 라마단은 신자에게 부여된 다섯 가지 의무 가운데 하나이다.

술탄 아흐메드 모스크. 터키를 대표하는 이슬람 사원으로 '블루 모스크'라는 이름으로 더 잘 알려졌다. 우뚝 서 있는 첨탑 6개는 술탄의 권력을 상징하며, 이슬람교도가 지키는 1일 5회의 기도를 뜻하기도 한다.

하루 다섯 차례 예배와 성지순례가 의무로 규정된 이슬람에서 예배 장소인 모스크는 이슬람 문화의 집합체라 할 수 있다. '모스크 mosque'는 꿇어 엎드려 경배하는 곳이라는 의미의 아랍어 '마스지드'가 영어로 변형된 것이다.

중앙의 둥근 지붕인 돔과 뾰족하게 솟은 첨탑 '미나렛'은 모스크의 대표적인 건축양식이다. 무함마드 시절에는 무함마드의 집이 예배 장소로 사용되었는데, 당시에는 그냥 사람이 지붕 위에 올라가 예배 시간을 알렸다고 한다.(지금은 첨탑이 하루 다섯 차례의 예배 시간을 알리는 공간이자, 이방인들에게 모스크의 위치를 알려 주는 기능을 한다.) 이슬람 제국의 형성 과정에서 주변의 비잔티움이나 페르시아

미흐라브. 메카의 방향을 알려주는 아치형 장식물이다. 우상숭배를 철저히 금하기 때문에 『코란』의 구절 외에는 아무 장식도 하지 않는다.

문화의 영향을 받아 이러한 모스크 양식이 탄생했다. 돔 끝은 보통 초승달로 장식하는데, 초승달은 샛별과 함께 이슬람의 대표적인 상징으로 '진리의 시작'을 의미한다.

화려한 외부와 달리 모스크의 내부는 매우 단순하다 바닥에 양탄자기 깔려 있고, 한쪽 벽면에 아치형으로 움푹 파인 '미흐라브'가 있는데, 이는 예배를 보는 방향인 메카의 방향을 나타낸다. 그 오른쪽에 계단 형식의 설교대가 있다. 모스크 안에는 이물異物이나 동물상의 조각 또는 그림이 없다. 자칫 우상숭배로 흐르지 못하도록 철저히 금지시켰기 때문이다. 그 대신에 아랍어로 『코란』의 구절을 쓰거나 복잡한 기하학적 문양, 즉 '아라베스크'로 장식하였다.

이슬람교에는 성직자 제도가 없다. 이것이 기독교나 불교 등 다른 종교와 구별되는 중요한 차이점 중 하나이다. 인간의 영혼과 육신은 전적으로 알라의 소유이므로, 인간은 알라에게 직접 회개하고 호소하며 구원을 청해야 한다. 무슬림은 알라와 직접 관계를 맺고, 알라의 말씀만을 믿고 따르면 된다. 그러려면 알라의 말씀인 『코란』의 내용을 믿고 실천해야 한다. 『코란』은 경전이자, 무슬림의 생활 지침서인 것이다.

'히잡'은 여성 권리의 상징

이슬람 사회에 대한 대표적인 편견 가운데 하나가 일부다처제와 '히
잡'이라는 머리쓰개를 쓴 여성으로 대표되는 남녀 차별인데, 두 제도
또한 『코란』에 근거한 생활 방식이다.

> 만일 너희가 고아들을 공평하게 대해 줄 수 없을 것 같은 두려움이 있
> 다면 결혼을 할 것이니 너희가 마음에 드는 여인으로 둘, 셋 또는 넷
> 을 취할 것이다. 그러나 그녀들을 공평하게 대해 줄 수 없을 것 같은
> 두려움이 있다면 한 여인이나 아니면 너희 오른손이 소유한 것(노비)
> 을 취할 것이다. 그것이 너희가 부정을 범하지 아니할 최선의 길이다.

이슬람 제국 초기에 전투를 거듭하며 수많은 과부와 고아들이 생
겨나자, 그들을 구제하는 효과적인 방법으로 능력 있는 남자가 여러
아내를 맞아들이는 제도가 채택된 것이다. 이는 유목민들의 풍습인
'형사취수兄死娶嫂'제와 유사하다. 형이 죽으면 그 가족을 동생이 책
임지는 제도(반대의 경우도 가능하다.)인데, 여성이 생계를 꾸리기 어
려운 유목 사회의 특성상 남편을 잃은 형수나 제수를 그 남자 형제가
부양한 것이다.

여기에는 생계 구호 외에 다른 목적도 있었다. 상속권을 가진 형수
가 다른 집안의 사람과 재혼함으로써 가계의 재산이 다른 집안으로
가는 것을 막는 것인데, 이 밖에 친족 공동체의 유대를 강화하려는
목적도 있었다. 아라비아 지역은 본디 유목 생활을 했으므로, 이들의
전통적인 풍습에서 일부다처제가 기인했다고 볼 수 있다. 오늘날에

도 이슬람권의 일부 부족에서 처가 사망하면 처제나 처형과 결혼하거나, 형제가 사망하면 형수나 제수를 아내로 맞이하는 제도가 성행하는 것으로 보아, 유목 생활의 전통에서 유지된 풍습을 『코란』에서 제도화한 것이라 할 수 있다.

그런데 일부다처제를 유지하려면 공동 거주와 공정 부양, 공평 상속 등의 공평성이 전제되어야 한다. 또한 이슬람 사회에서 남자는 결혼할 때 지참금('마흐르')을 지불해야 하는데, 그 돈은 오로지 신부의 소유이다. 여기에다 남편의 의무인 부양 생계비('나파까')까지 지불하려면 어지간한 경제력으로는 여러 명의 부인을 감당하기 어렵다.

이처럼 이슬람 사회에서 여성은 보호의 대상으로 인식되었고, 일부다처제 풍습도 그 연장선상에서 이해해야 한다. 최근 서구 국가들에서 문제가 된 히잡도 우리가 흔히 생각하듯 '억압'보다는 '보호'의 측면이 강하다.

> 밖으로 나타내는 것 이외에 유혹하는 어떤 것도 보여서는 아니 되니라. 즉 가슴을 가리는 수건을 써서 남편과 그의 부모, 자기 부모, 자기 자식, 자기 형제, 형제의 자식, 소유한 하녀, 성욕을 갖지 못한 하인, 그리고 성에 대해 알지 못하는 어린이 이외의 자에게는 아름다운 곳을 드러내지 않도록 해야 되니라.

히잡은 여성의 순결과 정숙함을 보호하고 남성을 타락시키는 빌미를 없애며, 그 여성의 가문의 명예를 지키는 방어 조치로, 여성 차별의 요소가 없는 것은 아니다.

히잡을 쓴 이슬람 여성. 이슬람 여성들은 머리와 상반신을 가리는 쓰개를 착용해야 한다. 쓰개는 지역마다 그 형태와 색상 등이 다양하다.

1979년 2월 이슬람 시아파 지도자 호메이니의 주도로 부패한 팔레비 왕조를 축출하는 데 성공한 이슬람혁명, 곧 '이란혁명'은 문화적으로 이슬람 문화의 정체성과 정통성을 강조하는 '이슬람운동'을 확산시켰는데, 이 운동의 상징으로 여성들은 히잡을 착용했다. 이란의 여성들은 히잡을 여성의 정치적·경제적 권한을 확보하는 여성운동의 도구로 활용했고, 이에 자극받아 이집트에서도 자발적인 히잡착용이 확대되었다. 이웃한 사우디아라비아에서도 히잡 착용이 여성의 이동의 자유는 물론이고, 사회 활동의 영역을 확보해 주는 역할을 하고 있다. 따라서 히잡의 착용을 서구적 시각에서 여성의 권리와자유를 제약하는 것으로 단정짓기 어렵다.

히잡의 모양과 색깔은 지역과 종교적 성향, 연령, 취미 등에 따라다르다. 사우디아라비아를 중심으로 걸프 지역의 여성은 검은색 히잡을 쓰고 온몸을 가리지만, 북아프리카의 여성들은 흰색이나 다양한 색의 히잡을 좋아하고 얼굴을 내놓는 두건 형태의 히잡을 쓰거나 아예 히잡을 쓰지 않기도 한다. 이처럼 이슬람 사회의 상징물이 된 히잡도 사회적 변화에 따라 그 형태나 색깔, 심지어 그것을 착용하는 관습 자체까지 얼마든지 바뀔 수 있다.

이슬람의 선물, 커피

오늘날 이슬람 사회가 우리에게 준 가장 큰 선물은 무엇일까? 가장 널리, 가장 많은 사람들에게 영향을 준 것은 다름 아닌 커피 문화이다.

세계적으로 유명한 커피 브랜드 '모카'는 예멘의 항구 이름이다. 본래 커피의 원산지 에티오피아에서는 커피를 민간요법 처방으로 사용했다고 한다. 그러다 15세기 중반에 커피가 기호식품으로 이슬람 세계에 퍼지기 시작했다. 예멘의 한 수도사가 에티오피아 지방을 여행하다가 병에 걸렸을 때 원주민이 주는 커피 가루를 먹고 회복되었는데, 이 수도사를 통해 예멘 지방에 처음 커피가 알려졌다고 한다. 수도사들은 설교를 들을 때나 병상 중 밀려드는 잠을 쫓으려고 커피를 즐겨 마셨다. 그러다가 1511년 성지 메카에서 성지순례자들에게

커피를 끓여 나누어 마시는 오스만 제국 사람들. 교리상 술을 마실 수 없는 이슬람 세계에서는 일찍부터 커피 등의 차 문화가 발달하였다.

커피를 팔았는데, 그 이후 곳곳에 커피점이 성행했다.

이슬람 사회에서 커피가 빠른 속도로 퍼져 나간 이유는, 음주를 금하는 이슬람에서 커피가 술을 대신할 음료로 각광받았기 때문이다. 고려 시대에 불교가 융성하며 승려들의 음료 문화가 귀족 문화로 전파되어 차 문화가 발달한 것과 마찬가지다. 커피는 유럽에 전파되어 '악마의 음료'라는 별명을 얻기도 했다.

커피가 무슬림의 기호식품으로 자리 잡으면서 커피와 관련한 관습도 생겨났다. 대표적인 것이 '커피 점占'이다. 커피 원두를 아무리 잘게 빻아도 물에 타면 앙금이 생기기 마련인데, 커피를 마시고 커피 잔을 받침에 뒤집어 놓고 몇 분 기다리면 앙금이 커피 잔을 따라 여러 가지 형태로 흘러내린다. 그 모양을 보고 점을 치는 것이다. 이슬람에서 점은 금기이지만, 커피 점은 일반인들 사이에 오늘날까지도 크게 유행하고 있다.

9. 인도와 중국 사이, 크메르 제국

넓게는 캄보디아, 좁게는 앙코르 문명을 대변하는 앙코르 와트. '앙코르'는 원래 산스크리트어로 도시, 왕궁, 수도를 의미하는 '나가라'가 노코르Nokor - 옹코르Ongkor - 앙코르Angkor로 변한 것이다. '와트Wat'는 타이어로 사원이나 절을 뜻한다. 즉, 앙코르 와트는 '수도의 사원' 또는 '도읍의 사원'이라는 뜻이다. 캄보디아는 인구의 90퍼센트가 크메르인으로, 독자적인 크메르어를 사용한다. 앙코르 와트 또한 크메르 제국의 전성기 문화를 보여 주는 유적이다. 그런데 이 유적의 이름에 왜 타이어가 포함되어 있고, 그 뿌리는 인도의 산스크리트어일까?

캄보디아에 건설된 크메르 제국

캄보디아는 라오스, 베트남과 함께 인도차이나에 속한다. 물론 '인도차이나'라는 말은 프랑스가 이 지역을 식민지로 삼으면서 사용한 용어지만, 지리적으로 인도와 중국 사이에 있는 캄보디아가 두 문화의 영향을 받았음을 보여 주는 말이기도 하다.

1세기 무렵 인도의 카운디냐라는 브라만 청년이 크메르족의 소마 공주와 결혼하여 이 지역 최초의 국가인 푸난('부남扶南')을 건설했다.

'푸난'이란 산스크리트어로 '산의 왕'이라는 뜻으로, 힌두교에서 신성시하는 신들이 사는 메루 산을 가리킨다.

브라만 청년과 크메르 공주가 등장하는 건국 설화에서 보듯이, 푸난은 인도에서 이주해 온 세력과 토착 세력이 결합하여 세운 나라였다. 여기서 일찍이 이 지역이 인도 문화(힌두문화)에 바탕을 두고 있었음을 짐작할 수 있다. 이 시기를 '푸난 시대'라 한다.

이후 6세기 초 메콩 강 중류 지역의 농경 지대를 기반으로 첸라 왕국(진납眞臘)이 세워져 푸난 왕국을 무너뜨리고 영토를 현재의 베트남 남부에서 중국 남부까지 확장했다. 802년까지 이어진 이 시기를 '첸라 시대'라 한다. 첸라 왕국은 8세기 무렵 인도네시아 자바의 사일렌드라 왕국의 지배를 받았는데, 사일렌드라 왕국은 8~9세기 자바 지역에서 세력을 떨친 왕조로 불교를 숭상했다. 왕조 대대로 불교 건축물을 남겼으며, 특히 9세기 전반에 세운 '보로부두르'는 동남아 일대에서 가장 뛰어난 불교 건축물로 손꼽힌다.

보로부두르. 인도네시아 자바 섬의 불교 유적으로 8세기 샤일렌드라 왕조 시대에 건립된 것으로 추정된다.

　802년 자바에 인질로 끌려갔다 돌아온 첸라의 자야바르만 2세는 자바의 지배에서 벗어나 수도를 앙코르 지역으로 옮기고 크메르 제국을 개창했다. 크메르 제국은 1431년 타이의 샴족이 침입하여 수도를 프놈펜으로 옮기기 전까지, 앙코르 지역에 수많은 건축물을 세우며 번창했다. 이 시기를 '앙코르 시대' 또는 '크메르 제국기'라고 부른다.

　이러한 역사적 흐름 속에서 종교적인 변화도 일어났다. 기본적으로 이 지역은 인도와 자바 문화의 영향을 많이 받았기 때문에, 힌두교는 물론이고 불교도 알려져 있었다. 실제로 캄보디아 일대에서는 힌두문화와 불교문화가 혼재된 모습을 볼 수 있다. 6세기 무렵의 자료에 관세음보살에 대한 기록이 있는 것으로 보아 대승불교가 유포되었을 것으로 보인다. 7~8세기 중국의 구법승 의정義淨의 동남아시아 여행기인 『남해기귀내법전南海寄歸內法傳』 권1에는 "옛날에 부남국이라고 불렀던 나라가 있는데 이곳 사람들은 천신을 모셨으며 뒤에 불교가 왕성해졌다. 현재는 나쁜 왕이 불교를 멸망시키고 승려도 없다. 지금은 불교 이외의 여러 가지 종교가 성행하고 있다."라는 기록이 있다.

왕성했던 대승불교는 15세기 타이 샴족의 공격을 받으면서 쇠퇴의 길로 들어섰다. 상좌부불교上座部佛敎●를 제외한 힌두사상도 함께 쇠퇴했다. '앙코르 와트'는 이때 불교 사원으로 사용되며 붙여진 이름이다. 지금도 캄보디아는 국민의 90퍼센트가 불교를 믿는 불교국가인데, 이 또한 타이의 영향이다.

힌두 세계관과 불교 세계관

앙코르 와트는 12세기 크메르 제국의 수르야바르만 2세(재위 1145~1150)가 약 30년에 걸쳐 축조한 건축물로, 브라흐마·시바와 함께 힌두교의 3대 신으로 꼽히는 비슈누께 봉헌할 목적으로 건설되었다. 수르야바르만 2세는 전前 왕인 자야바르만 6세의 적통이 아니라 외손자로서 왕위를 찬탈한 것이었다. 그는 "지상에 부활하여 세계의 악을 몰아내고 정의를 회복시키는" 천신天神 비슈누와 자신을 동일시하였다. 이런 맥락에서 앙코르 와트를 수르야바르만 2세의 무덤으로 보는 것이 일반적이다.

이 견해를 뒷받침하는 가장 강력한 근거는 사원이 향하고 있는 방

● 석가모니 당시의 불교를 '원시불교' 또는 '근본불교'라 하는데, 석가가 죽은 해를 기원으로 하는 불멸佛滅 100년 후 계율의 적용 등을 놓고 장로 승려 중심의 상좌부上座部와 젊은 승려 중심의 대중부大衆部로 나뉘면서 18~20개의 부파가 생겨났다. 이를 '부파불교'라 한다. 그러다가 기원전·후 새로운 불교운동으로 등장한 것이 '대승불교'이다. 대승불교가 등장하면서 다른 상좌부불교 등을 소승불교라 칭했는데, 이 명칭은 타당하지 않다. 상좌부불교는 수행과 공덕으로 스스로 부처가 되는 것을 목표로 하며, 대승불교는 자신뿐 아니라 남도 구제해야 한다는 이타적 성격이 강하다.

향이다. 앙코르 와트는 다른 불교 사원들처럼 동쪽이 아닌 서쪽을 향하고 있는데, 힌두교에서는 해가 지는 서쪽에 사후 세계가 있다고 보았다. 또한 힌두교의 장례법은 무덤의 부조를 왼쪽에서 오른쪽으로 배열하는 것을 원칙으로 삼는데, 이 사원의 부조 배열도 그러하다. 이런 점들 때문에 앙코르 와트를 수르야바르만 2세의 사후 세계를 위해 지어진 건축물, 즉 왕의 무덤이라고 보는 것이다.

앙코르 와트는 총 길이가 5.4킬로미터에 달하는 해자로 둘러싸여 있으며, 3중의 회랑이 둘러져 있고, 가운데 5개의 탑이 있다. 이러한 구조는 크메르인들의 세계관을 담고 있다. 중앙의 높은 탑은 우주의

앙코르 와트. 크메르 제국의 수르야바르만 2세가 비슈누 신께 봉헌하기 위해 건조한 사원이다.

중심인 메루 산, 즉 수미산須彌山(고대 인도의 우주관에서 세계의 중심에 있다는 상상의 산)을 상징하고, 주변의 4개 탑은 그 주변의 봉우리를, 3중 회랑은 세상 끝에 둘러쳐진 산을, 해자는 바다를 상징한다.

이 같은 힌두의 세계관을 표현한 사원의 효시는 인드라바르만 1세가 건축한 시바 신전인 바콩 사원이다. 바콩 사원의 5층 피라미드 위의 탑은 세계의 중심인 메루 산을 의미하고, 사원을 감싼 회랑은 메루 산맥, 해자는 바다를 상징한다. 그 아들 야소바르만 1세도 프놈바켕이라는 시바 신전을 세웠다. 이 사원도 마찬가지로 메루 산을 상징하는 중앙 탑과 그 봉우리를 상징하는 동서남북 4개의 탑, 산맥인 회랑, 바다인 해자의 구조로 되어 있다. 이 구조가 더욱 발전된 것이 바로 앙코르 와트이다.

앙코르 와트에서 힌두의 세계관을 잘 보여 주는 것이 3중 회랑에

프놈 바켕. 중앙 탑과 동서남북 4개의 탑으로 이루어져 힌두의 세계관을 표현하고 있다. 시바 신의 신전으로 9세기 말경에 지어진 것으로 추측된다.

빈틈없이 새겨진 부조이다. 사원의 서쪽 출입구 쪽에서 왼편에서 오른편으로 펼쳐지는 부조에는, 『마하바라타 *Mahābhārata*』(고대 인도의 대서사시)에 나오는 쿠르 평원의 전투 장면, 수르야바르만 2세의 행진 장면, 천국과 지옥, 천지창조에 관한 우유 바다 젓기(유해교반乳海攪拌) 그림,● 비슈누와 아수라 신의 전투 및 크리슈나와 아수라바나 신의 전투, 『라마야나 *Rāmāyana*』(고대 인도의 대서사시)에 나오는 라마 군과 악마 라바나 군이 벌인 랑카 전투 장면 등이 새겨져 있다.

한편 크메르 제국의 최전성기를 이룩한 왕은 자야바르만 7세로, 본래 왕위 계승자가 아니었던 그는 1181년 참파(베트남)를 몰아내고 왕위에 올랐다. 이러한 정통성 문제로 고심하던 그는 힌두교를 버리고 대승불교를 국교로 삼아 자신을 관음보살의 화신이자 신왕神王이라 주장했다. 그리고 그 상징으로 바욘 사원을 건설했다. 수미산을 상징하는 이 사원의 중앙 탑 주변에는 54개의 (동서남북을 향한 각 면에 부조가 새겨진) 사면四面 불상이 세워졌다. 현재는 37개만 남아 있는 이 불상의 얼굴은 스스로 관음보살을 칭했던 자야바르만 7세의 얼굴이다. 무엇보다 이 사원에는 앙코르 와트처럼 회랑에 부조가 있는데, 그 내용이 참파와의 전쟁을 비롯해 크메르인

바욘 사원의 사면四面 불상. '크메르의 미소'라 일컬어지는 불상의 얼굴은 관음보살을 칭했던 자야바르만 7세의 얼굴이다.

유해교반. 고대 힌두교의 천지창조 신화 이야기를 담고 있다. 92명의 악마(왼쪽)와 88명의 신(오른쪽)이 바수키(뱀)를 잡고 천년 동안 우유바다를 휘저어 불사의 약을 비롯해 많은 생명이 탄생했다.

의 일상과 왕실 생활 등 12세기 크메르 역사를 알려 주는 귀중한 자료이다. 특히 이 부조에는 중국인의 모습이 많이 등장하는데 일찍이 이 지역에서 화교가 활동하고 있었음을 알 수 있으며, 이들에 의해 대승불교가 자리잡게 된 것이 아닐까 한다.

앙코르 지역의 사원들은 앙코르 와트 북쪽에 위치한 반테이 스레이를 제외하고 모두 국가신전으로, 신전인 동시에 신왕의 무덤 성격

● 고대 힌두교의 천지창조 신화이다. 태초에 신들의 생명은 유한했는데, 신들은 무한한 생명을 얻고자 악마와 동맹을 맺고 생명의 원천인 우유 바다를 휘저으려 했다. 그래서 만다라 산을 대지에 뽑내고 바수키(뱀)로 산을 묶어 저어보았지만 바수키가 산을 지탱하지 못하자, 비슈누 신이 거북으로 변해 바수키를 받쳐 주었다. 그렇게 92명의 악마와 88명의 신들이 합심하여 1000년 동안 우유 바다를 저은 결과 탄생한 것이 생명수인 암리타와 생명체인 압사라이다. 악마가 암리타를 탈취하자 신들이 쟁탈전을 벌여 결국 암리타를 빼앗고 영생을 얻지만, 이후로 악마와 신들이 끝없이 싸우게 되었다고 한다.

도 가지고 있는 것이 특징이다. '신왕'이란 왕이 신과 같은 존재, 즉 '데바라자'(지성至聖의 왕)이다.

이 지역에 있는 사원은 대부분 힌두 사원이다. 힌두 사원답게 인도 문화의 영향을 많이 받았지만, 힌두 문화를 인도와는 다른 크메르만의 문화로 만들었다. 사원 출입구의 기둥 위를 화려하게 장식하는 구조를 '린텔'이라고 하는데, 이는 오직 앙코르 지역에서만 볼 수 있다. 또 입구에서 신전으로 가는 신도神道(코즈웨이) 양 옆에 보통 '나가'가 조성되어 있다.

나가는 머리가 여섯 달린 뱀으로 물과 바다, 풍요, 생명과 관련되어 있다. 건국 설화에서 브라만 청년이 나가의 딸과 혼인을 하고, 나가가 새 땅을 주는 것으로 볼 때, 크메르인의 전통신앙은 '뱀 신앙'이었음을 알 수 있다. 이 또한 인도나 중국과는 다른 크메르만의 문화로 꼽을 수 있다. 주 생활 터전이 습지나 저수지였던 크메르에서, 해를 끼치던 뱀을 경외시하던 풍습이 자연스럽게 뱀 신앙으로 이어졌을 것이다.

지리적으로 베트남과 타이 등에 둘러싸여 있고, 일찍이 인도와 중

프랑스 기메 박물관에 소장된 린텔. 린텔은 사원 출입구 기둥 위를 장식하는 구조물로 앙코르 지역에서만 볼 수 있다.

국의 영향을 받았던 캄보디아는, 주변 나라의 문화를 수용하는 한편 이를 자신들의 전통사상과 문화와 결합시켜 독자적인 크메르 문명을 만들었다. 그들은 주변 지역을 아우르는 제국을 건설해 그 문화를 지켜 갔고, 앙코르 와트를 비롯한 앙코르 지역의 사원들은 바로 이 문명과 제국의 보고寶庫인 것이다.

타이의 불교, 아소카 왕부터 선덕여왕까지

오늘날 타이에는 절이 인구 2000명당 한 개꼴인 3만 3천여 개나 있다. 절은 우리처럼 산이나 외곽이 아니라 마을 한복판에, 시내 중심에 위치해 있다. 절로 상징되는 불교는 말 그대로 타이 사람들의 생활의 일부인 것이다. 힌두교 중심의 크메르 문명이 불교 중심으로 바뀌게 된 것은, 15세기 타이의 샴족이 크메르 제국을 정복하면서부터이다. 샴족은 자신들이 믿고 있던 상좌부불교를 이 지역에 전파시켰다. 그렇다면 타이에는 언제 어떻게 불교가 전해졌을까?

인도에서 발생한 불교는 마우리아 왕조의 아소카 왕에 의해 해외로 전파되었다. 기원전 3세기 무렵에 아소카 왕은 실론(현 스리랑카)에 승려들을 파견하여 불교를 전했는데, 이때 타이 지역에도 전해졌을 것으로 본다.

타이 중부 지역에서는 6세기 무렵 드바라바티 왕국이 형성되고, 치앙마이를 중심으로 한 북부 지역에서는 8세기 무렵에 하리푼자야 왕국이 세워졌다. 그러나 11세기에 이웃한 크메르 제국이 팽창하면서 모두 크메르에 굴복하였고, 당시 크메르 제국의 쟈야바르만 7세는 자신을 관음보살의 화신으로 내세우며 대승불교를 신봉하고 있

티이이 불교 사원. 타이의 절은 산속이 아니라 마을 한복판에 있다.

었으므로, 그 영향으로 타이 지역에도 대승불교가 전래되었다.

그런데 12세기경 오늘날 미얀마 지역에 세워진 버강 왕국이 이 일내의 패권을 장악하였다. 당시 버강 왕국의 왕은 상좌부불교를 적극 포교하여, 그 영향권 아래 있던 타이 북부 지역 치앙마이와 난창(현 라오스)에 상좌부 불교가 전파되었다.

타이에 상좌부불교가 자리 잡는 데 크게 공헌한 이는 타이족이 세운 첫 번째 통일왕조인 수코타이의 람캄행 왕(재위 1279~1298)이다. 직접 군대를 이끌고 정복 활동에 나섰던 람캄행 왕은, 남부를 정벌하던 중 이곳에서 포교 활동을 하던 실론의 승려를 데리고 와 불교 종단의 최고 지도자로 삼고 불교 포교에 힘썼다. 이때부터 타이는 상좌부불교 국가가 되었다. 비문을 보면 "… 람캄행 왕은 모든 타이인의 임금이고 모든 타이인에게 공덕과 참된 불교의 가르침을 알게 한 스승이다."라고 기록되어 있다.

수코타이 왕조 말기의 리타이 왕은 '마하 탐마라차 1세'라고 불렸다. '마하 탐마라차'는 '마하 남마라자'라는 팔리어에서 파생된 말로 담마라자는 '다르마', 즉 불법佛法에 따라 통치하는 법왕法王을 가리킨다. 즉 '마하 탐마라차'는 '불법에 입각한 위대한 왕'이라는 뜻이다. 여기서 불교를 왕권의 이념으로 활용했음을 알 수 있다.

이처럼 불교를 이념으로 한 왕권은 아유타야 왕조 시대로 접어들며 제도화되었다. 당시 법전에는 "군주는 열 가지 왕의 법도에 머물러 있어야 하며 항상 오계五戒를 지키고 불교 절일節日에는 팔계八戒를 지켜야 한다. 그는 모든 존재에게 자비를 베풀어야 하고, 법전을 공부하기 위해 끊임없이 노력해야 한다."고 하여 불교적 왕권, 즉 '담마라자'를 명시하고 있다.

일찍이 불교를 수용했던 중국이나 우리나라 삼국시대에도 왕을 부처와 일치시키는 '왕즉불王卽佛' 사상이 왕권을 나타내거나 강화시키는 이념으로 작용했다. 중국 북위 시대에 만들어진 원강 석굴에 새겨진 거대한 5개의 마애불은 북위의 역대 다섯 황제를 상징했으며, 신라의 진흥왕은 아들들의 이름을 동륜·금륜이라 하여 인도 신화에 나오는 이상적인 제왕인 전륜성왕轉輪聖王을 본보기로 삼았다. 또한 신라 26대 왕 진평왕의 이름은 '백정'이고 부인은 '마야'로, 이는 석가모니의 부모 이름과 같다. 따라서 둘 사이에서 태어난 선덕여왕은 석가모니와 같은 존재가 되는데, 이를 '진종설眞種說'이라 한다. 즉 신라 왕실이 석가모니의 종족이라고 주장하며 여왕의 권력을 강화시키는 이념으로 삼았다.

오늘날 타이에서 국왕과 불교는 여전히 이 나라 사람들의 정신적 지주이자 구심점이다. 타이의 국기는 적·백·청 3색으로 되어 있는데, 흰색은 불교의 삼보(불·법·승), 적색은 피(민족), 청색은 지도자(국왕)를 의미한다. 한 마디로, 타이 민족과 국가는 불교와 국왕을 바탕으로 성립되고 유지된다는 것이다.

베트남 한복판에 있는 공자 사당

캄보디아와 타이가 인도 문화의 영향을 받은 반면, 베트남은 중국 문화의 영향을 받았다. 베트남 하노이에 있는 '문묘文廟'가 그 대표적인 유적이다. 베트남에 중국의 성인聖人 공자를 모시는 사당인 문묘가 1072년 세워진 이래, 1075년에는 과거제도를 시행하고, 그 이듬해에는 유학 교육기관인 국자감까지 설립하여 인재를 양성했다. 문묘와 국자감은 베트남이 유교를 정치 이념으로 삼았던 나라였음을 보여 주는 유적이다.

이렇게 된 데에는 지리적인 요인이 가장 크다. 중국과 국경을 접하고 있는 베트남은 기원전 179년 남월국南越國이 어우락甌貉國을 정복한 해부터 938년까지 중국의 지배를 받았고, 1406년부터 1428년까지는 명나라의 지배를 받았다. 이처럼 장기간 지배를 받으면서 자연스럽게 중국의 유교문화를 수용하게 되었다.

물론 베트남 지역 사람들이 처음부터 유교를 적극 수용한 것은 아니다. 당시 베트남은 이미 불교를 국교로 삼고 있었다. 우리나라처럼 국토의 3면이 바다로 둘러싸인 베트남은, 바닷길로 중국에 가는 길목에 위치하고 있어 인도 승려가 중국에 입국할 때 이곳을 지나가는 일이 잦았다. 일부 승려들은 베트남에서 불경을 한자로 번역하기도 했다. 그러다가 불교가 남중국 지역에 전파된 후한 시대에 베트남에도 불교가 들어왔다. 딩丁(968~980)·레黎 왕조(980~1009)에 국사國師 승통承統이나 승록僧錄 등의 승직僧職이 있는 것으로 보아 승려들이 나랏일에도 참여했고, 그 지위가 상당히 높았음을 알 수 있다. 불교는 점차 일반인들의 신앙으로 생활 속에 뿌리내렸다.

베트남의 통치자들은 지배 이념 및 수단으로서 유교를 선호했다. 그러나 이미 깊이 뿌리내리고 있던 불교에 밀려 유교는 크게 세를 불리지 못했다. 그러다가 몽골을 상대로 항쟁하던 시기에 유학자들이 외교 방면에서 눈부신 활약을 하며 유교가 베트남의 중심 사상으로 자리 잡았다.

리李·쩐陳 왕조(1225~1400)에서는 관리들을 모아 놓고 "효와 충성을 다하되 만약 불효, 불충하면 죽음을 달게 받겠다"라는 맹세문을 읽는 의식까지 치렀다. 유교의 충효사상을 국가 통치 이념으로 삼았던 것이다.

이후 허우레後黎 왕조(1428~1789)에서는 국자감을 부활시키고, 과거제도를 더욱 체계화하여 1442년부터 실시된 과거 시험에서는 진사에 합격한 자들의 명예를 높이고자 진사제명비進士題名碑를 문묘에

베트남 하노이의 문묘.

세웠다. 지금도 하노이의 문묘에 가면 다양한 모습의 거북 등에 세워진 82개의 진사제명비를 볼 수 있다.

이처럼 베트남에서 유교가 과거제도나 교육제도 등에 적극 수용되었지만, 베트남이 유교를 이념적으로 수용한 뒤 이를 제도적으로 활용한 것은 아닌 듯하다. 다만 오랫동안 중국의 지배를 받고 조공을 바치면서 자연스럽게 중국의 제도를 접하고 이를 현실에 반영한 것 같다.

이처럼 인도차이나 반도에 위치한 나라들은 '인도차이나Indochina'라는 지명대로 인도 문화와 중국 문화의 영향을 받으며 발전했다. 따라서 이들의 문화에는 두 나라의 문화가 겹쳐 있고, 다양한 사상과 종교가 중첩되어 나타나는 특징이 있다. 캄보디아의 앙코르에는 힌

하노이 문묘의 진사제명비. 거북이 등 위에 시험 합격자들의 명예를 높이고자 이름을 새겨 넣은 비석을 세웠다. 거북은 '지혜', '지식'의 상징이라고 한다.

두교를 중심으로 불교가 겹쳐지고, 불교가 중심인 타이에는 소승불교를 중심으로 대승불교가 겹쳐진다. 불교도가 70퍼센트에 이르는 베트남에서는 유교의 영향을 어렵지 않게 찾을 수 있다. 이렇게 중첩된 문화가 고유의 전통문화 및 지리와 결합하면서 독특한 문화를 만들어 낸 것이다.

10. 로마의 콜로세움과 빵

현대 영화사의 걸작으로 손꼽히는 영화 〈벤허〉(1959)는 박진감 넘치는 전차 경주 장면으로 유명하다. 영화 〈글래디에이터〉(2000)에 나오는 목숨을 건 검투사들의 전투 장면은 또 어떠한가. 두 영화 모두 수많은 군중들이 환호하는 콜로세움을 배경으로 하고 있다.

로마의 상징물이 된 콜로세움은, 고대 로마 시대의 유적지로 잘 알려진 포로 로마노 지역의 동쪽 저지대에 세워진 원형경기장이다. 돌과 콘크리트로 된 이 경기장은 높이가 48미터, 둘레 500미터로 무려 5만 명을 수용할 수 있는 로마 시대 최대의 건축물이다. 72년, 자살한 네로에 이어 황위에 오른 베스파시아누스 황제 때 착공되어 80년 티투스 황제 때 완공되었다. 당시 완공 기념행사로 100일에 걸쳐 투기鬪技 경기가 열렸다고 한다. 고대 시대의 명칭은 '플라비우스 투기장'이었다. '콜로세움'으로 불리게 된 것은 경기장이 위치한 네로 황제의 황금궁전 자리에 네로의 거대한 조각상인 콜로서스가 있었기 때문이다.

 이후에도 여러 황제를 거치며 개축과 증축이 이루어져 608년까지 500년 넘게 경기장으로 쓰였다. 이 거대한 콜로세움은 고대 로마의 황제와 시민들에게 어떤 의미가 있었을까?

공화정에서 제정으로, 도시국가에서 제국으로

고대 로마 하면 네로 같은 황제가 떠오르지만, 로마가 처음부터 제정국帝政國이었던 것은 아니다. 로마도 처음에는 아테네 같은 도시국가로 출발했다. 다만 그리스와 달리 투표로 선출된 복수의 주권자가 통치하는 공화정共和政을 수립했다.

 초기 공화정은 행정의 최고 책임자로 2명의 집정관을 두고, 귀족들로 구성된 입법기관인 원로원이 권력을 행사하는 정치체제였다. 그런데 기원전 5세기 이후 평민으로 구성된 중장보병重裝步兵의 밀

이탈리아 로마의 콜로세움. 직경의 긴 쪽은 188미터, 짧은 쪽은 156미터,
둘레는 527미터의 타원형이고, 외벽은 높이 48미터의 4층 규모이다.
플라비우스 왕조인 베스파시아누스 황제가 착공하여
그의 아들 티투스 황제 때에 완성하였다.

집대형이 전쟁에서 큰 역할을 하면서 평민들의 신분 투쟁이 전개되었다. 이들은 주로 투구와 갑옷, 병기 등을 자비로 마련하여 전투에 참가하는 중소 농민들이었다.

기원전 494년 디아나 신전이 있는 로마 교외의 성산聖山 아벤티누스에 집결한 평민들은 평민의 정치 참여와 사회적 처우 개선을 요구했다. 그 결과 만들어진 것이 호민관護民官 제도이다. 호민관은 평민 가운데서 선출하는 관직명으로, 호민관을 의장으로 하는 평민회가 창설되었다. 더 나아가 평민들은 성문법 제정을 요구했다. 그리하여 기원전 449년 로마 최초의 성문법인 '12표법'●이 제정되었다.

이후 귀족과 평민 간의 혼인이 인정되고, 집정관 가운데 한 명은 반드시 평민층에서 뽑도록 정해졌다.(당시 호민관의 이름을 따 '리키니우스법'이라 한다.) 또 평민회도 입법권을 가지게 되어 평민회의 결의를 원로원의 승인 절차 없이 곧바로 법률로 인정받게 됨으로써('호르텐시우스법') 200년간 이어진 로마의 '신분 투쟁'은 종결되고 공화정이 완성되었다.

공화정 체제가 완성된 기원전 3세기 무렵, 로마는 이탈리아 반도를 통일하고 지중해로 진출할 기회를 엿보고 있었다. 그리하여 북아프리카의 튀니스 만 연안에 있는 카르타고('포에니')를 상대로 세 차례에 걸친 전쟁('포에니전쟁')을 치른 끝에 승리하여 지중해 패권을 장악하고, 기원전 146년에는 마케도니아, 기원전 64년에는 시리아

● 이 법을 영구히 보존하고 모든 사람 앞에 공표한다는 뜻으로, 12개의 표에 법 조항을 새겨 광장에 세웠기 때문에 이런 이름이 붙었다. 비록 광장에 세워졌던 동판은 갈리아인의 침입 때 없어졌지만, 그 내용의 일부가 여러 책 속에 기록되어 전해진다.

로마와 이방인 간의 전투. 로마는 끊임 없는 정복 활동을 통해 제국의 영역을 점점 넓혀 갔다. 계속되는 전쟁과 그로 인한 전리품의 유입은 여러 가지 문제를 양산하며 로마 공화정 체제를 뒤흔들었다.

까지 정복했다.

그러나 로마의 정복 활동이 활발해지면서 농사를 짓는 농민들이 전쟁에 동원되느라 농지가 황폐해지고, 여기에다 정복지에서 값싼 곡물이 유입되면서 농민층이 몰락하기 시작했다. 그 결과, 귀족과 평민 계급의 빈부 격차와 대립이 심화되었다. 이에 호민관이었던 그라쿠스 형제(티베리우스 그라쿠스와 가이우스 그라쿠스)는 적절한 가격에 밀을 분배하고, 가난한 평민들에게 땅을 할당해 주어야 한다고 주장했다. 하지만 형제가 각각 암살당하고 자살함으로써 로마에서 추진되던 개혁은 막을 내렸다.

계속되는 전쟁과 승리한 군대가 가져온 전리품은 로마의 공화정 체제를 흔들기 시작했다. 전쟁이 없을 때 농사를 짓던 로마 병사들은 점차 직업군인이 되어 갔고, 그들의 우두머리인 집정관(고대 로마의 최고 관직인 '콘술consul')들은 이 직업군인들로 이루어진 군대를 사유화하여 정복전쟁을 통해 막대한 부와 명성을 획득했다. 이들은 권력에도 욕심을 부렸다.

기원전 60년 평민파 카이사르와 대부호 크라수스, 지중해 해적 토벌에 공을 세운 폼페이우스, 이렇게 3인이 원로원을 장악하고 권력을 나누어 갖는 '3두정치三頭政治'가 시작되었다. 이어 카이사르가 권력을 장악하고 개혁을 단행했지만, 기원전 44년 암살되고 만다. 이 암살에 가담한 원로원 일파를 제거하고자 옥타비아누스와 안토니우스, 레피두스가 2차 3두정치 체제를 수립했으나, 이것도 오래가지 못했다. 레피투스는 일찍 실각했고, 안토니우스와 그의 동맹자인 이집트 여왕 클레오파트라는 카이사르의 후계자인 옥타비아누스와 대립했다. 결국 기원전 31년 그리스 북서부의 악티움 곶 앞바다에서 벌인 최후의 결전에서 옥타비아누스가 안토니우스를 대파하고 로마의 실질적인 지도자가 되었다.

이 옥타비아누스가 바로 고대 로마의 초대 황제인 아우구스투스이다. '존엄한 자'라는 뜻의 아우구스투스는 기원전 27년 원로원이 옥타비아누스 황제에게 바친 칭호이다. 이로써 '로마 제국'이 성립되었다.

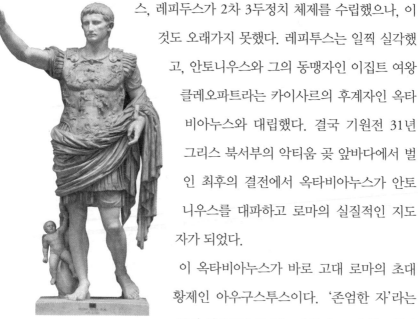

고대 로마의 초대 황제인 아우구스투스. 본명은 가이우스 옥타비아누스이다. 안토니우스와 클레오파트라의 연합군을 악티움 해전에서 격파한 뒤 패권을 잡았다.

'제국帝國·empire'이라는 명칭은 원로원이 부여한 '황제emperor'라는 이름에서 나왔다. '제정帝政'이 시작된 것이다. 로마 제국은 연이은 정복 활동과 팽창 정책이 가져온 여러 문제들을 해결하면서 통치와 행정 기구들을 정비했다. 그리하여 이탈리아 반도 이외의 로마 영토에 있는 속주屬州 주민들도 로마 시민이라는 공동체 의식을 갖게 되면서, 그리스와 라틴 문명이 로마 제국 전역에 널리 퍼져 나갔다.

로마 제국의 최고의 전성기를 일컫는 '팍스 로마나Pax Romana'(로마의 평화) 시대는 96년부터 180년까지 약 2세기 동안 이어졌다. 이 기간에 제국을 통치한 네르바·트라야누스·하드리아누스·안토니누스 피우스·마르쿠스 아우렐리우스 등 다섯 명의 군주들을 기려 '5현제 시대'라고도 한다.

이 시기에는 세습에 의한 왕위 계승이 아닌, 귀족 가운데 유능한 인재를 양자로 삼아 왕위를 물려주는 '양자 상속제'가 실시되었다. 로마 제국을 대표하는 목욕탕과 경기장, 기념탑, 체육관 등이 팍스 로마나 시기에 많이 건설되었다.

로마의 흥망 상징하는 '빵과 서커스'

도시와 도시의 공공시설은 이 시대의 부유함뿐만 아니라 로마의 징치 형태가 지녔던 성격을 보여 준다. 도로망은 로마의 정복 활동 경로를 담은 '지도'이고, 분수와 공중목욕탕에 물을 공급하는 수도관은 도시 문명의 상징이며, 대규모 군사 수용시설은 도시의 이미지를 만들었다.

그리스에 '아고라'가 있었다면, 로마에는 '포룸'이 있었다. 이 공

아우구스투스 포룸. 포룸은 고대 로마 도시의 공공 광장이다. 그리스의 아고라와 같이 집회장이나 시장으로 사용되었다. 주위의 신전 · 교회당 · 도서관 · 목욕탕 등과 함께 도시의 중심 시설을 형성하였다.

공 광장은 집회나 대중 모임, 재판 등이 열리는 로마 시민의 정치 활동 공간이었다. 당시 로마 시민들이 생각하는 이상적인 삶은 정치 활동과 더불어 풍요로운 여가 생활을 즐기는 것이었다.

전쟁의 노획물로 생활이 부유해지자, 도시마다 공중목욕탕을 비롯해 경기장과 극장 등 여가 시설이 들어섰다. 공중목욕탕은 여러 사람이 어울려 몸을 씻는 장소이자, 문화를 즐기는 곳이기도 했다. 목욕탕의 정원에서 산책을 즐기거나 놀이를 하기도 했는데, 이 정원은 도서관과 박물관·연회장으로 통했다. 예를 들어 3세기 초반 바시아누스 황제가 만든 카라칼라 목욕탕은 냉탕과 온탕은 물론이고 한증 시설과 대규모 홀, 도서실과 가게, 경기장 시설까지 갖추고 있었으며, 한번에 1,600명을 수용할 수 있었다고 한다.

공중목욕탕은 포룸 같은 만남과 사교의 장소로 기능했다. 그래서 처음에는 소박했던 목욕탕 시설이 갈수록 웅장하고 사치스러웠으며, 목욕탕의 건설과 유지에 어마어마한 돈이 들었기 때문에 황제와 기부자의 후원이 필요해졌다. 그렇게 공중목욕탕은 로마 문화를 대표하는 고급 장소로 떠올랐다.

무엇보다 로마인이 좋아한 오락은 검투사의 결투와 전차 경주였다. 그러나 전차 경주는 비용이 많이 들었기 때문에 황제나 집정관, 지역 유지들이 선거에서 승리하면 그에 대한 보답으로 개최하는 특별한 행사였다. 그래서 로마인들은 검투사 경기에 열중했다.

검투사 경기는 본래 성대한 장례식의 폐막 행사로 처음에는 포룸에서 열렸는데, 공화정 말기에 최고의 행사로 자리 잡게 되었다. 제정 시대에 각 도시의 중심지마다 극장과 원형경기장이 들어섰다. 폼페이우스 무스클로수스라는 사람은 전차 경주에서 무려 3,559승을 했다고 하니, 당시 얼마나 많은 경주가 열렸는지 짐작할 수 있다. 로마인들이 이렇게 검투사 경기와 전차 경기에 몰두한 이유는 무엇일까?

디오클레티아누스 황제가 건조한 공중 목욕탕. 현재 로마 국립미술관이 자리 잡고 있다.

검투사. 검투사의 결투 시합은 로마인이 가장 좋아하는 오락이었다.

영화 〈글래디에이터〉를 보면, 검투 경기에 앞서 경기장에 수레가 들어오고 잠시 후 군중들에게 빵을 던져 주는 장면이 나온다. 그 빵을 받으려고 손을 내미는 군중들은 남루한 차림새의, 얼핏 봐도 가난한 사람들이다. 빈민들은 원형경기장에서 검투 경기를 보면서 공짜로 빵을 얻어먹었다. 로마의 풍자시인 유베날리스는 이를 '빵과 서커스'라고 표현했다.

경기장에서 시민들에게 빵을 무상으로 나누어준 것은 웅변가로 유명한 그라쿠스의 소맥법小麥法에서 그 기원을 찾을 수 있다. '소맥법'은 국가가 일정량의 밀(소맥)을 사들여 시가의 절반 정도로 도시 빈민에게 팔도록 규정한 법률로, 나중에는 무상으로 밀을 배급했다. 그 수혜자는 시기에 따라 늘어나기도 하고 줄어들기도 했으나 기본적으로 수도에 사는 로마 시민권자여야 했다. 빵 배급 증명서를 발급받으면 콜로세움에서 열리는 경기, 즉 '서커스circus'도 무료로 관람할 수 있었다.

앞서 말했다시피 장기간에 걸친 전쟁과 속주에서 생산된 값싼 곡물이 유입되면서 농민이 몰락하고 빈민이 증가했다. 당시 로마의 전체 인구 90만 명 가운데 30만 명이 빈민이었다고 한다. 로마의 지배자들은 이들의 불만을 달래려고 빵과 유흥·오락을 제공했고, 빈민을 포함한 로마 시민들은 빵과 서커스에 관심을 가지면서 자연히 정치에 무관심해졌다.

그러니까 '빵과 서커스'는 일종의 우민화愚民化 정책이었다. 1980년대 우리나라에서도 신군부 정권이 들어서면서 정부에 대한 불만을 잠재우고 정치로 쏠리는 관심을 분산시키고자 우민화 정책을 편 일이 있다. 이 시기에 프로야구 리그가 출범하고, 컬러텔레비전이 보급된 것이 우연은 아니었다.

로마의 '빵과 서커스' 배급 정책이 여성과 노예, 어린이를 제외한 로마 시민권자를 대상으로 했다는 점에서 이를 빈민 구제책이 아닌 정치적 지지 세력을 모으려는 일종의 선거운동으로 보는 시각도 있다. 또한 원형경기장에서 모의 해전海戰이 열리기도 했다는 점을 들어 이를 전투의 축소판으로 이해하는 견해도 있다.

어쨌거나 거대한 목욕탕과 원형경기장 등이 건설되고, 이를 통해 시민들에게 빵과 서커스가 제공되었다는 사실은, 팍스 로마나의 위대함을 보여 주는 대목이 아닐 수 없다. 하지만 대규모 건축물의 건설에 수많은 노예가 동원되면서 농장의 노예가 부족해져 농업이 쇠락하고, 이것이 농민층의 몰락을 재촉한 또 다른 요인이 되었다는 점에서 무상 식량 배급과 무료 관람은 로마 시민사회의 붕괴를 알리는 전조이기도 했다.

11. 로마를 계승한 '또 다른 유럽', 비잔티움

"모든 길은 로마로 통한다."는 속담은 지중해를 중심으로 대제국을 이룩했던 로마의 위대함을 나타내는 말이기도 하지만, 여기에는 '(서양) 역사는 로마에서 시작된다'는 인식도 담겨 있다.

3세기 말엽 로마 제국의 제45대 황제인 디오클레티아누스는, 제국을 동부와 서부로 나누고 자신은 동부의 니코메디아(현 터키 북서부의 이즈미트)에 머물렀다. 이후 콘스탄티누스 1세가 수도를 로마에서 비잔티움(현 터키 이스탄불)으로 옮기고, 이곳을 자신의 이름을 따 '콘스탄티노플'이라 명명하여 제국의 중심을 동부로 이동시켰다.

디오클레티아누스 황제 이후 분할 통치되던 제국을 재통일한 테오도시우스 1세가 395년에 사망하면서 로마 제국은 동·서로 분열되었다. 그리고 두 제국 중 서로마 제국은 476년 게르만족의 침략으로 멸망하고, 그 지역에 서게르만족의 일파인 프랑크족이 세운 프랑크 왕국이 들어섰다. 그러나 서로마 제국이 멸망한 뒤에도 그 동쪽에는 비잔티움을 수도로 하는 비잔티움 제국이 있었고, 이 제국은 1453년 오스만투르크에게 정복될 때까지 1,000년 동안 유지되었다. 그렇다면 로마 제국의 계승자는 과연 어느 곳일까?

로마 제국의 부활을 꿈꾼 유스티아누스 황제

프랑크 왕국이 서로마 지역을 차지하자, 동로마, 즉 비잔티움 제국은 로마 제국의 부활을 꿈꾸며 옛 로마 영토의 회복에 나섰다. 6세기 중엽 비잔티움 제국의 유스티니아누스 1세는 강력한 군사력을 바탕으로 반달족이 차지한 북아프리카를 첫 정복지로 삼았다. 이후 동고트족의 이탈리아 반도와 시칠리아 섬을 비롯하여 지중해 연안과 주변 섬들을 차례로 정복하고, 멀리 서고트 왕국이 있던 이베리아 반도 일부까지 비잔티움 제국의 영토로 삼았다. 그리하여 유스티니아누스 1세는 '고트족의 정복자'라 불리며, 불완전하지만 지중해 세계를 다

유스티니아누스 1세(가운데)가 그리스도께 예물을 바치는 모습으로 빵을 들고 있다. 유스티니아누스 1세는 뛰어난 통솔력으로 옛 서로마 제국의 영토를 재정복하고 『로마법 대전』을 완성하였다.

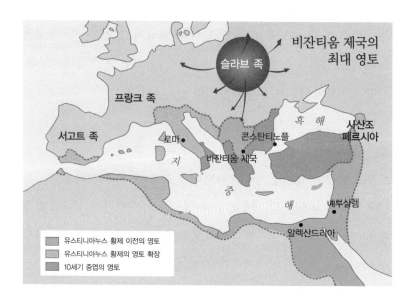

시 통일하여 로마 제국을 부활시키는 데 성공했다.

뿐만 아니라 유스티니아누스 1세는 그때까지 전해져 오던 로마의
모든 법률을 정비해 『로마법대전大全』('유스티니아누스 법전')을 편
찬하여 로마 제국의 사상적 부활을 꾀했다. 로마의 법률이 지나치게
복잡하다고 느낀 그는, 법학자 20여 명을 불러 모아 로마 법률을 주
제별로 새롭게 설명하는 형태로 로마법을 집대성했다. 이 법률은
'로마법'이라는 이름으로 중세는 물론이고 근대에까지 유럽 각국에
수용·해석되어 함무라비 법전·나폴레옹 법전과 함께 근대 유럽의
법률 및 법률 체계에 지대한 영향을 끼쳤다.

그 외에도 유스티니아누스 1세는 법학자 50여 명으로 하여금 법
률 이론을 정리한 『법학논총』을 집필하게 하고, 그 전체 내용을 개괄
한 『적요』, 당대의 새로운 법률집인 『신법전』 등을 편찬했다.

이렇듯 유스티니아누스 1세는 비잔티움 제국이 로마 제국의 명실

상부한 계승자임을 입증해 보였다. 그런데 이러한 유스티니아누스 1세의 치적 뒤에는 황후 테오도라가 있었다. 테오도라는 동물 조련사의 딸로 한때 무희 겸 배우였다고 한다. 하지만 황후가 된 뒤로 외국 사절단을 접견하고, 법령 제정에 참여하는 등 정치적 재능을 유감없이 발휘했다. 특히 532년 발생한 '니카의 난' 때 측근은 황제에게 피난을 권했지만, 테오도라는 황제에게 굴복하느니 차라리 황제로서 죽는 것이 낫다면서 그대로 머무르며 제국을 지키라고 주장했고, 그 결과 황제를 지지하는 장군과 신하들이 반란 세력을 처단하고 반란을 진압했다. 이후 테오도라가 먼저 세상을 떠난 다음에는 황제가 죽을 때까지 중요한 법령은 거의 제정되지 않았다고 한다. 비잔티움 제국에서 테오도라의 역할이 얼마나 중요했는지를 짐작할 수 있다.

테오도라는 유스티니아누스 1세의 아내이자 훌륭한 조언자로서 뛰어난 정치적 재능을 발휘했다. 산 비탈레 성당의 모자이크로, 그리스도께 바칠 포도주를 들고 있다.

그러나 565년 유스티니아누스 1세가 사망하면서 로마 제국의 부활도 종말을 고했다. 이후 비잔티움 제국은 빠르게 약화되있다. 불가르족과 슬라브족 등 발칸 반도 북부 민족들이 침입해 왔고, 롬바르디아족과 서고트족에게 각각 이탈리아 반도와 이베리아 반도를 내주었으며, 북아프리카 땅도 원주민의 침략에 시달렸다. 여기에 동쪽의 페르시아까지 평화조약을 깨고 공격해 왔고, 엎친 데 덮친 격으로 1204년 제4차 십자군이 제국의 정치적 불안을 틈 타 비잔티움을 함락시키고 십자군 국가를 세우기까지 했다. 그 결과, 비잔티움 제국의 영토는 수도 비잔티움과 마르마라 해 주변 지역으로 줄어들었으며, 결국 1453년 오스만투르크의 공격에 무너지고 말았다.

가톨릭과 그리스정교의 분리

726년 비잔티움 제국의 레오 3세는 '성상聖像(그리스도와 성인들의 형상)숭배 금지령'을 내렸다. 그 이유는 예수와 성인聖人들의 상像을 숭배하는 것이 이교도적인 성격을 띠고 있으며, 이슬람교도들이 기독교를 비판한 가장 큰 이유가 성상 숭배였기 때문이다. 이로 인해 8세기 이전의 종교 예술품들이 대부분 파괴되었다.

그러나 이에 로마 교황이 반발하고 나섰다. 아직도 많은 게르만족 이교도들을 개종시키려면 성상이 필요하다는 것이었다. 물론 여기에는 교황권 약화에 대한 우려도 담겨 있었다. 성상을 부정하는 것은 곧 성인 숭배를 거부하는 것이고, 그렇게 되면 베드로의 후계자라는 권위에 기대고 있는 교황의 지위도 흔들릴 수밖에 없기 때문이다.

교황은 결국 프랑크 왕국과 손을 잡고, 800년 프랑크 왕국의 샤를마뉴의 머리에 황제 관을 씌워 주며 "신에 의해 황제 위에 오른 로마인들의 위대하며 평화를 사랑하는 황제 카롤루스(샤를마뉴)에게 영생과 승리가 있기를!"이라고 선언하기에 이르렀다. 이 대관식을 계기로 그리스정교(동방정교회)와 가톨릭이 분리되고, 지중해 세계에 두 개의 제국이 존재하게 되었다. 이로써 동·서의 분열은 더욱 가속화되었고, 이후 서유럽 나라들은 비잔티움 사람들을 그리스인, 비잔티움 제국을 그리스 제국으로 인식하면서 프랑크 왕국을 로마 제국

의 합법적 계승자로 받아
들였다.

그리스정교의 가장 특
징은 '황제교황주의'였
다. 유스티니아누스 1세
이래 황제들은 정치는 물
론 종교 문제에도 개입했
다. 비잔티움의 황제들이
종교 분쟁에 끼어들고 종

성상을 지우는 성상 파괴론자들. 비잔티움 제국의 레오 3세는
726년 교회 내의 성상 파괴를 명령하였다. 이는 로마 교황 측의
반발을 불러일으켜 동·서 교회 분열의 요인으로 작용하였다.

교 관련 법률을 제정하고 그리스정교회의 총대주교(가톨릭의 교황 같
은 존재)를 임명·해임하는 등 종교 문제에 적극적이었던 것은 사실
이지만, 종교 교단에 절대적 권력을 행사했다고 보기는 어렵다. 교회
를 지배하거나 종교 문제에 과도하게 개입하려는 황제의 시도는 대
개 교회의 저항으로 무산되었다.

한편 비잔티움 제국의 국교가 된 그리스정교는 슬라브족을 기독
교로 개종시키는 역할을 담당했다. 키예프 공국(러시아)의 블라디미
르 1세가 국교의 필요성을 느끼고 신성로마 제국과 비잔티움 제국에
각각 사신을 보냈는데 신성로마 제국에 갔던 사신은 큰 감동을 받지
못한 반면, 비잔티움에 갔던 사신은 소피아 성당의 장중함과 아름다
움에 매혹되었다. 양쪽 사신의 보고를 받은 블라디미르 1세는, 998
년 비잔티움 제국의 공주와 결혼하고 그리스정교를 국교로 삼았다.
그리고 비잔티움의 성소피아 성당을 모방하여 키예프에도 성소피아
성당을 세웠다.

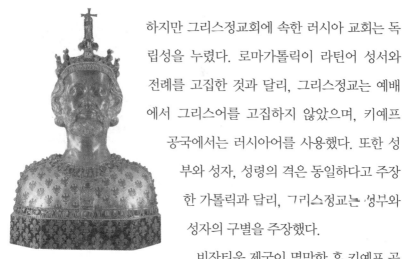

하지만 그리스정교회에 속한 러시아 교회는 독립성을 누렸다. 로마가톨릭이 라틴어 성서와 전례를 고집한 것과 달리, 그리스정교는 예배에서 그리스어를 고집하지 않았으며, 키예프 공국에서는 러시아어를 사용했다. 또한 성부와 성자, 성령의 격은 동일하다고 주장한 가톨릭과 달리, 그리스정교는 성부와 성자의 구별을 주장했다.

비잔티움 제국이 멸망한 후 키예프 공국은 그리스정교를 정식으로 잇는, 비잔티움 제국의 계승자가 되었다. 일부 학자들은 러시아가 가톨릭이 아닌 그리스

샤를마뉴는 카롤링거 왕조 프랑크 왕국의 2대 국왕으로 서부, 중부 유럽의 대부분을 차지해 프랑크 왕국을 제국으로 확장했다. 교황 레오 3세에게 비잔티움 제국의 황제와 반대되는 신성로마 제국의 황제 직을 수여받았다.

정교로 개종해서 서유럽과 멀어졌고, 그 결과 문화의 후진성을 벗어나지 못했다고 평가하기도 한다. 그러나 이 또한 서유럽을 정통으로 이해하고, 비잔티움 제국의 수준 높은 문화를 인정하지 않는 편견에서 나온 주장이다.

비잔티움 제국인가, 동로마 제국인가

비잔티움 제국의 수준 높은 문화는 지금의 이스탄불에 있는 성소피아 성당에서 찾아볼 수 있다. 비잔티움 미술은 그 지리적 특징과 역사 속에서 고대 그리스와 로마 및 페르시아 문화를 흡수하여 기독교에 융합시킨 것이 특징이다.

돔(둥근 지붕)과 궁륭穹窿(가운데는 높고 둘레는 점차 낮아지는 양식)

은 오리엔트에서, 바실리카(내부가 끝에서 끝까지 텅 빈 강당으로 되어 있는 직사각형 건물)는 그리스·로마에서, 모자이크 같은 장식은 시리아 등에서 가져왔다. 이러한 양식을 갖춘 대표적인 비잔티움 건축물이 바로 성소피아 성당이다.

성소피아 성당은 기독교를 공인한 콘스탄티누스 황제가 콘스탄티노플을 수도로 정한 뒤 '새로운 도시의 큰 사원'으로 325년에 건립하였다. 이후 유스티니아누스 1세 때 니카의 반란으로 무너진 것을 532~537년에 다시 크게 개축했다. 밑변의 길이가 동서로 78미터, 남북으로 72미터인 십자가형 건물로, 높이 56미터에 지름이 30미터에 달하는 돔이 올라가 있는데, 이 돔은 기둥 없이 벽으로만 지탱한다. 바깥벽은 회를 바른 벽돌만 사용하고, 대리석이나 조각 장식도 없이 밋밋하다. 반면 내부에는 화려한 모자이크와 금박, 대리석 기둥, 그리고 햇빛을 굴절시키는 색유리로 장식되었다. 40개의 창문으로 들어오는 빛이 내부의 장식을 비추면 누구나 경이로움을 느낄 수밖에 없다.

유스티니아누스 1세 때의 역사가 프로코피우스는 성소피아 성당에 대해 "이 교회에 들어가면 그것이 사람의 노력이나 근면으로 이루어진 것이 아니라 신의 힘으로 이루어진

성소피아 성당의 내부. 모자이크와 금박, 대리석 기둥, 색유리로 화려하게 장식되어 있다.

작품이라는 것을 느낀다."라고 칭송했다. 기독교의 내적·영적 특징을 상징하는 건축물인 성소피아 성당은 비잔티움뿐만 아니라 지금은 우크라이나의 수도가 된 키예프, 테살로니키, 노보고로드 등에도 세워졌다.

그런데 1453년 비잔티움 제국을 멸망시킨 투르크인들이 성소피아 성당을 이슬람 사원인 모스크로 바꾸면서 네 개의 첨탑을 세웠고, 아흐메드 1세는 성소피아 성당을 모방하여 그 근처에 모스그를 세웠으니, 그것이 바로 '아흐메드 사원'('블루모스크')이다.

사실 따지고 보면 로마의 계승자로 자처하는 서유럽은 비잔티움 제국이 있었기에 존재할 수 있었다. 비잔티움 제국이 발칸 반도와 소아시아에서 서쪽으로 팽창하는 이슬람 제국을 중간에서 막아 주지 않았다면 서유럽의 기독교 세계도 위험에 빠졌을 것이다. 뿐만 아니라 게르만족의 이동으로 로마 문화뿐 아니라 그리스 고전도 파괴되었는데, 비잔티움 제국이 그리스 고전을 보존·연구하여 문화적·학

성소피아 성당. 터키 이스탄불에 있는 비잔티움 건축의 대표적 걸작이다. 네 개의 첨탑은 비잔티움 제국 멸망 후 투르크인들이 이슬람 사원으로 바꾸면서 세운 것이다.

문적 발전에 크게 기여했다.

그러므로 유럽 중세사의 절반은, 마찬가지로 로마를 계승한 비잔티움 제국의 몫이라고 보는 것이 타당하다. 이것이 그리스 전통에 기반한 '비잔티움 제국'보다 로마의 계승자라는 뜻의 '동로마 제국'이라는 명칭이 더 타당해 보이는 이유이다.

'통일신라시대'가 소외시킨 발해의 존재

중세 서유럽의 여러 나라와 비잔티움 제국이 저마다 로마 제국의 정통 계승자임을 주장하며 동시대에 공존했듯이, 우리나라 역사 속에서도 신라와 발해라는 두 나라가 7세기 말부터 10세기까지 공존했다. 그럼에도 불구하고 이 시기를 '통일신라시대'라고 부르는 것은, 신라의 삼국 통일을 높이 평가하고 우리나라 역사가 고조선—삼한—삼국—통일신라—고려—조선으로 이어지는 하나의 흐름으로 계승되었다는 인식 때문이다.

그러나 통일신라의 영토는 대동강에서 원산만 이남에 불과했으며, 그 이북 지역인 고구려 옛 땅에는 고구려 유민들이 세운 발해국이 있었다. 발해는 고구려를 계승한다는 의식이 있었고, 거란에 멸망된 뒤에는 그 유민들이 고려로 흡수되었다. 일찍이 고려의 건국자들은 발해를 자신들과 같은 고구려의 계승자로 인식하고 있었던 것이다.

우리가 이 시기를 '통일신라시대'로

발해 상경성 궁궐 터에서 나온 돌사자.

이름 붙이면, 자연히 발해는 우리의 역사 밖에 놓이게 된다. 그래서 신라와 발해를 함께 우리의 역사 속에 포괄하는 개념이 필요해졌고, '남북국시대'라는 새로운 용어를 사용하게 되었다. 이는 신라가 발해를 '북국北國'으로 부른 사료에 근거하여 만들어진 용어이다. 이로써 고조선—삼한—삼국—남북국—고려—조선으로 이어지는 역사 인식이 정립되었다.

3부

인간의 발견

12. 중세 기독교의 그늘, 마녀사냥

기독교는 하나님을 유일신으로 섬기는 종교로, 가난하거나 부자이 거나 상관없이 하나님을 믿으면 누구나 구원을 받을 수 있다고 설교한다. 이웃을 자기 몸처럼 사랑하며, 원수마저 사랑하라 한다. 그러나 믿지 않는 자, 곧 이단 혹은 이교도는 사랑하지 않았다.

지금은 성녀로 추앙받는 프랑스의 영웅 잔 다르크는 영국군의 포로가 되어 '마녀'라는 죄목으로 재판에 회부되었다. 왜? 여자인 그녀가 남장을 하고 전투의 선봉에 섰기 때문이다. 결국 잔 다르크는 화형당했다. 갈릴레이노 지구가 돈다는 지동설을 지지했다가 이단으로 몰려 재판에 회부되었으나, 자신의 견해를 철회하여 살아남았다.

이처럼 중세 기독교 사회는 사회적 상식이나 통념을 깬 행동이나 사고는 절대 용납하지 않았다. 다른 것, 특이한 것, 개성은 이상한 것이었다. 그게 바로 '마녀'였으며, 마녀를 없애야 평화롭고 사랑이 충만한 생활을 할 수 있다고 믿었다.

유럽의 '태양'이었던 교황

잘 알려졌다시피 로마에서는 기독교를 철저히 부정하고 박해했다. 하나님만 믿는 유일신 신앙은 신격화된 황제 숭배를 거부하고, 평화의 설파는 전쟁이나 군대 복무를 부정하는 것이었기 때문이다. 한 마디로, 기독교는 로마의 사회질서를 위협하는 불온한 종교로 인식되었다. 그러나 박해는 순교자를 낳으면서 오히려 기독교를 확산시키는 결과를 낳았다. 결국 313년 로마의 콘스탄티누스 1세는 기독교를 공인한다. 그 내용을 구체적으로 살펴보면, 예수를 신의 아들로 인정하는 아타나시우스파를 정통으로 인정하고 이를 부정하는 아리우스파를 이단으로 규정해, 성부聖父·성자聖子·성령聖靈의 세 위격位格이 하나의 실체인 하나님 안에 존재한다는 '삼위일체설'을 기독교의 교리로 인정한 것이다. 그리하여 392년에 테오도시우스 황제가 기

주교관을 쓴 성 베드로. 베드로의 세 손가락은 삼위일체를 뜻한다.

독교를 로마 국교로 선포하기에 이른다.

기독교가 확산되며 교회는 조직 체계를 갖추기 시작했고, 예수가 선택한 열두 명의 제자인 사도使徒의 지위를 계승했다고 인정되는 사람들이 주교로서 교회를 통치했다. 이 가운데 특히 사도 베드로의 후계자로 간주된 로마 주교가 교회의

수장인 교황이 되었다. 교황을 정점으로 하는 조직이 확립되며 기독교는 발전·확대되어 갔다.

그러나 기독교는 로마 사회와 상충되는 면이 많았다. 기독교가 확산될수록 로마의 사회질서는 해이해졌고, 쇠퇴의 길로 접어들었다. 이를 틈타 북방의 게르만족이 로마로 들어와, 476년 서로마 제국을 멸망시키고 게르만족 왕국을 건설했다. 대부분의 게르만 왕국은 단명했지만, 프랑크 왕국은 유럽의 주인으로 자리를 잡아 갔다.

성 베드로를 사이에 두고 레오 3세와 샤를마뉴 대제가 양 옆에 앉아 있는 모습. 속권과 교권의 분리를 뜻한다.

5세기 말엽 프랑크 왕국을 수립하고 메로빙거 왕조를 창시한 클로비스 왕은 기독교, 그중에서도 아타나시우스파로 개종하여 로마인과 잘 융화되었고, 궁재宮宰(최고 궁정직) 카를 마르텔은 8세기 이베리아 반도에서 침입한 이슬람 군대를 격퇴하여 교황의 신임을 얻었다. 그 덕에 마르텔의 아들 피핀이 교황의 양해를 얻어 왕위에 올라 카롤링거 왕조의 초대 왕이 되었다. 피핀은 그 답례로 교황에게 지금의 이탈리아 라벤나 지역의 토지를 기증했는데, 이것이 교황령의 기원이 되었다.

피핀의 아들이 바로 게르만 민족을 통합한 샤를마뉴 대제이다. 샤를마뉴는 점령지마다 포교단을 파견하여 기독교 보급에 힘썼고, 이에 로마 교황 레오 3세는 그 공로를 인정하여 800년 샤를마뉴에게

카노사의 굴욕. 교황에게 파면당한 하인리히 4세가 카노사 성의 주인 마틸다에게 교황 그레고리오 7세를 설득해 자신을 사면해 달라고 부탁하는 모습.

서로마 제국의 황제직을 주었다. 이로써 종교계의 지도자인 교황과 세속의 지도자인 황제가 각각 지배하는 이중 구조가 중세 유럽 사회를 이끌어 가는 중심축이 되었다.

그러나 교황과 황제의 힘이 동등한 것은 아니었다. 교황의 힘은 교회 조직을 통해 서유럽 전체에 미쳤으나, 각국의 왕은 제후들과 권력을 나누어 가진 탓에 그 힘이 크지 못했다. 12세기에는 왕이 가지고 있던 성직자 임명권마저 교황에게 넘어가면서,• 그야말로 "교황은 태양이며, 황제는 그 빛을 빌려 반짝이는 달"이 되었다.

해체되는 교회의 권위를 결집시킨 '공공의 적'

1071년 유목민족인 셀주크투르크가 예루살렘을 점령하자, 교황은

• 11세기 교회 개혁운동을 이끌고 로마 교황권의 전성기를 이룩한 교황 그레고리우스 7세는 당시 세속 군주가 가지고 있던 성직자 임명권, 즉 서임권敍任權을 다시 가져오려고 했다. 신성로마 제국의 황제였던 하인리히 4세가 이에 반발하자, 교황은 그를 파문시켰다. 이에 독일의 귀족들 중 일부가 황제에게 등을 돌리고 새 황제를 추대할 움직임까지 보이자, 1076년 겨울 하인리히 4세는 교황이 있는 카노사 성까지 찾아가 용서를 빌어 사태를 종결지었다.

1095년 성지 탈환을 명분으로 십자군 파병을 결의했다. 11세기 말부터 13세기 말까지 200년에 걸쳐 서유럽의 기독교도들이 수차례 감행한 십자군 원정은, 본래 목적은 달성하지 못한 채 약탈과 만행으로 얼룩졌다.

십자군 원정의 실패로 교황의 권위는 추락했다. 이 사태로 반사이익을 얻은 사람은 그동안 교황의 기세에 눌려 있던 왕이었다. 프랑스 필리프 4세의 강요로 교황청을 남프랑스의 아비뇽으로 옮긴 '아비뇽 유수'가 일어난 것도 바로 이 시기이다.(1309~1377) 여기서 '유수幽囚'란 강제로 옮겨 가둔다는 뜻이다.

이렇게 교황의 권위가 추락하면서 기독교에 대해 근본적인 회의를 품는 사회 분위기가 팽배해졌다. 이 위기 상황을 반전시킬 방안으로 교회가 들고 나온 것이 이단異端 논쟁이다. 교회는 정통 기독교도가 아닌 것으로 의심되는 이들을 이단으로 몰아 처벌함으로써 실추된 권위를 회복하고자 했다. 그 과정에서 나온 것이 바로 '마녀사냥'이다.

마녀사냥의 전성기는 15세기 초부터 16세기 말~17세기였다. 이 시기는 이교도의 침입과 종교개혁으로 기독교가 분열되고, 유럽 전체를 구교와 신

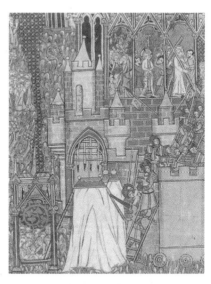

십자군의 예루살렘 탈환. 교황은 성지 탈환을 명분으로 십자군 파병을 결의했지만, 원정은 실패했고 교황의 권위도 땅에 떨어졌다.

달이 여성들의 머리에 미치는 영향. 프랑스 17세기 판화. 마녀는 요상한 방법으로 악마와 교접하여 재난을 일으키는 존재이므로, 마녀로 지목된 이상 참수형이나 화형을 면하기 어려웠다.

교로 갈라 전쟁으로 몰아넣은 역사상 최대·최후의 종교전쟁인 30년 전쟁이 벌어진 시기이다. 분열과 전쟁은 약탈과 기근을 가져왔고, 엎친 데 덮친 격으로 페스트까지 창궐했다. 사람들은 이처럼 계속되는 불행과 궁핍의 이유를 찾아야 했고, 그 이유로 호명된 존재가 바로 '마녀'였다.

1484년 교황 인노첸시오 8세는 "근래 북부 독일과 라인 지역에 많은 남녀가 신앙에서 일탈하여 마녀가 되어 갖가지 요사스런 마술을 부려 작물이나 과실을 시들게 하고, 태아나 가축을 죽이는 등 사람들의 재난의 원인이 되고 있다. …… 심문관이 모든 방법을 다하여 누구라도 교정하고 투옥하고 처벌할 권한을 지녀야 한다."는 교서를 발표했다.

교황의 교서를 받은 이단 심문관 하인리히 인스티토르와 야곱 스프렝거는 『마녀의 해머』라는 책을 썼다. 마녀 색출법과 재판 방법, 고문 방법, 유죄 판정 방법, 선고 방법 등을 자세히 설명해 놓은 이 책은 이후 마녀사냥의 교본 역할을 했다.

그럼 마녀란 어떤 사람이었을까? 예수에 대한 신앙을 버리고 악마와 계약을 맺어 악마를 섬기고, 그 대가로 부여받은 마력을 사용하여 마녀 집회인 '사바스Sabbath'에 참석해 악마와 교접하는 자였다. 실제로 요술을 부리는 마법사도 이 범주에 포함되었으나 주로 여성, 그중에서도 과부가 주된 대상이었다. 당시 과부들이 마녀로 몰린 데는 성적인 이유가 있었다. 마녀는 악마와의 성적 결합으로 만들어진다고 보았기 때문이다. 마녀가 타고 다니는 걸로 알려진 긴 막대 빗자루는 남성의 성기를 연상시켰고, 그것을 다리 사이에 끼고 날아다닌다는 것은 성적으로 타락한 여성을 가리키게 됐다.

마녀는 주로 이웃의 밀고와 떠도는 소문으로 색출되었다. 마녀로 체포되면 성직자들이 재판(종교재판)을 했다. 잡혀 온 여성들은 대부분 혹독한 고문을 못 이기고 마녀라고 자백했다. 그렇게 자백으로 마녀가 된 이상 교수형이나 참수형, 화형을 면하긴 어려웠다. 그것

1647년 매슈 홉킨스가 지은 『마녀의 발견』에 삽입된 삽화.

마녀 화형식. 마녀로 기소되면 재산을 몰수당할 뿐 아니라 그 가족이 화형용 나무 값까지 지불해야 했다.

이 끝이 아니었다.

마녀로 기소된 사람은 전 재산이 몰수되었고, 그 가족은 화형용 나무 값까지 포함한 일체의 재판 비용을 지불해야 했다. 이 때문에 재산을 빼앗으려고 마녀사냥을 했다고 보는 견해도 있다. 어쨌거나 몰수한 재산과 재판 비용은 관리들과 재판관이 가져갔고, 이로 인해 성직자 외에 봉건 귀족이나 지방 관리들까지 마녀사냥에 적극 가담하게 되었다.

이 시기에 수만 명의 사회적 약자들이 마녀로 지목되어 희생되었다. 스위스나 독일에서는 1790년대까지도 마녀사냥이 있었다고 한다. 마녀사냥이 전성기에 치달으며 교회의 권위는 강화되었다. 사람들은 마녀를 잡아 제거해 주는 성직자와 귀족들에게 복종하며, 교회에 나가 회개하고 하나님께 의지해야 했다. 중세 사회의 양대 기둥인 교회와 봉건 귀족의 권위에 모든 사람이 복종하게 만드는 것, 그것이 바로 마녀사냥의 궁극적 목적이었다. 르네상스와 종교개혁으로 대변되는 중세 사회의 해체기에 마녀사냥이 일어난 것은 어쩌면 당연한 일이었다.

마녀사냥은 18세기를 거치면서 점차 사라졌다. 절대주의와 그 절대주의마저 해체시킨 혁명이 발발하며 중세 유럽 사회를 지탱해 주던 봉건제도와 기독교적 세계관이 더는 큰 힘을 발휘하지 못했기 때문이다. 또한 과학의 발전으로 빗자루를 타고 날아다니는 마녀의 존재는 동화 속에나 남게 되었다. 매부리코에 쭈글쭈글 주름진 얼굴로 검은 망토를 걸친 채 빗자루를 탄 모습으로.

2003년 3월 5일 요한 바오로 2세의 지시로 교황청은 「회상과 화해 : 교회의 과거 범죄」라는 글을 발표했다. 과거 교회가 하나님의 뜻이라는 핑계로 인류에게 저지른 각종 잘못을 최초로 공식 인정한 것이다. 이 잘못 속에는 마녀사냥도 포함되어 있었다.

13. 근대국가의 탄생 알린 '종교개혁'

흔히 서양의 중세 사회를 '암흑시대'라고 부른다. 하지만 금속활자, 지동설, 대학 등 인류사의 중요한 발명과 발견이 활발했던 시기도 바로 중세이다. 그럼에도 불구하고 암흑기라고 부르는 것은, 이 시기에는 기독교 외의 종교와 사상을 인정하지 않았기 때문이다. 그러나 중세 때 수많은 변화와 발전이 가능했던 것은, 사실 기독교에 대한 반성과 개혁이 있었기 때문이다.

교회를 위기에 몰아넣은 십자군과 르네상스

로마를 정복하고 유럽을 지배한 게르만족은 그렇게 유식한 민족은 아니었다. 그래서 문자를 해독하고 쓰거나 읽는 것은 기독교 성직자들이 담당했다. 이로부터 교회 성직자들이 지식을 독점하게 됐는데, 이런 성직자들을 '교부敎父'라 한다.

교부들은 지식을 독점했을 뿐만 아니라 점차 교리까지도 독점해 나갔다. 중세 교황과 교회의 권력이 강화되면서 교부들의 권력도 점점 강화되었다. 이들은 점차 세속 사회에도 관여하며, 일반 영주들처럼 세금도 걷고 농노農奴도 부리면서 타락해 갔다. 이에 수도원 개혁 운동이 일어나고 일부 수도회에서 고행과 청빈으로 이러한 타락을 경계하려 했지만, 교회의 세속화를 막을 수는 없었다.

중세 교회가 지녔던 권력을 단적으로 보여 준 사건이 십자군전쟁이다. 교회는 엄청난 돈과 인력을 동원하여 '성지聖地'에서 이슬람 세력을 몰아내고, 기독교를 전 세계로 전파하려 했다. 그러나 십자군전쟁은 오히려 예기치 못한 두 가지 재앙을 교회에 던졌다.

1095년 프랑스 클레르몽에서 개최된 공의회에서 제1차 십자군 원정을 설파하는 교황 우르바노 2세.

하나는 돈이었다. 장기간의 전쟁으로 교회는 엄청난 손해를 보았다. 그리고 전쟁의 후유증으로 농업은 피폐해지고, 엎친 데 덮친 격으로 페스트까지 번져 재정 압박은 쉽게 해결되지 않았다. 또 다른 재앙은 십자군전쟁 와중에 이슬람 사회에 보관되어 있던 엄청난 양의

십자군과 이슬람 군대의 교전. 중세 교회는 성지 예루살렘에서 이슬람 세력을 몰아내고자 십자군전쟁을 벌였지만, 그 결과 교회는 예기치 못한 재앙을 맞게 된다.

고대 그리스 서적들이 유럽에 유입된 것이다. 그중에는 중세 기독교의 기본 교리인 교부철학과 스콜라철학의 원류가 되는 아리스토텔레스와 플라톤의 원본 저작도 있었다.

십자군전쟁 이후 기독교 교리는 아리스토텔레스나 플라톤, 아우구스티누스나 토마스 아퀴나스와는 상당히 멀어진 상태였다. 이런 상황에서 고대 사상가들의 책이 보급되면 교회는 또 다른 위기에 직면할 수 있었다. 교회는 비밀을 지키느라 전전긍긍했다. 급기야 아리스토텔레스의 저서들은 금서로 지정되었다.

이탈리아 철학자 움베르토 에코의 장편소설을 원작으로 한 영화 〈장미의 이름〉(1987)을 보면, 어느 수도원에서 일어난 살인 사건에 얽힌 미스터리를 풀어 나가는 두 명의 수도사가 등장한다. 이들이 밝혀 낸 사건의 원인은 바로 희극(웃음)을 주제로 한 아리스토텔레스의 『시학』 제2권이었다. 이 책이 실재했는지는 알 수 없지만, 아리스토

텔레스의 철학이 중세 교회에서 철저히 배척되었음을 알 수 있다. 중세 십자군 시대의 대표적 기사단인 템플기사단의 전설이나 소설 『다 빈치 코드』(2003)도 이 시기 교회의 금서, 교리의 은폐 등에서 모티프를 가져왔다.

여기에 이슬람과 가까운 지중해 지역, 즉 이탈리아를 중심으로 르네상스 바람까지 불었다. 그리스 고전에 대한 관심은 곧 중세 기독교에 대한 의심의 다른 말이었다. 마지막 결정타는 페스트였다. 유럽 인구의 30퍼센트를 죽음으로 몰아넣은 이 전염병으로 장원 경제가 무너지면서 교회는 심한 재정적 곤경에 처하게 되었다. 이 재정 문제를 해결하고자 교회가 손을 댄 사업이 바로 면죄부 판매였다.

면죄부 판매에 '항의하는 사람들'

중세 기독교에서 성직자는 예수의 대리자였다. 성직자의 말이 곧 예수의 가르침이자 하나님의 말씀이었던 것이다. 이런 논리에 따라 성직자는 예수 대신 인간의 죄를 사할 수 있었다. 당시 교리에 의하면, 성인聖人들은 천국에 가는 데 필요한 것보다 더 많은 선善을 행했다. 교황을 비롯한 성직자는 이 잉여분의 선을 신자들에게 나누어 주어 연옥에서 죄를 태울 때 받는 고통을 줄여 줄 수 있었다. 죄를 없애 벌을 면해 주는 대가로 교회가 돈을

교황청이 발부한 면죄부.

받고 주는 증명서, 그것이 '면죄부免罪符'였다.

초기에는 십자군 원정에 참가한 병사나 전쟁 비용을 낸 상인들에게 보상 차원으로 발급해 주다가, 십자군 원정 이후 교회 재정 확보를 위해 본격적으로 면죄부를 판매하기 시작했다. 1517년 교황 레오 10세는 베드로 성당을 증축할 비용을 마련할 목적으로 면죄부를 판매했다. 영국이나 프랑스와 달리, 독일은 여러 개의 영방領邦(왕권에서 독립된 지방국가)으로 분열되어 있어 교황에 대한 저항이 약했기 때문에 면죄부 판매를 통한 착취도 가장 심했다.

그런데 1517년 10월 31일, 아우구스티누스회의 마르틴 루터가 교황청의 면죄부 판매의 잘못을 지적하는 95개 조항의 항의문을 비텐베르크 대학에 붙여 놓았다. 루터는 이 대자보에서 '논쟁을 벌일 자는 우리 대학으로 직접 오든지 아니면 서면으로 하라'며 논쟁을 청했다. 교황청에서 보낸 학식 있고 논쟁에 일가견이 있는 인물과 벌인 논쟁은 오히려 루터가 자신의 견해를 가다듬는 계기가 되었다.

루터는 '믿음'에 의해서만 구원에 도달할 수 있고, 이는 신의 자비를 통해서만 가능하기 때문에 오직 『성경』만이 구원의 기준이 된다는 원칙을 세웠다. 나아가 성인 숭배와 순례의 폐지, 신도들의 성찬식과 사제들의 혼인 허용, 교황 및 주교단과의 절교를 선언했으며 성사(세례, 성배, 종부, 미사, 고해, 영성체, 사제 서품)

비텐베르크 교회의 문에 95개조 반박문을 붙이고 있는 마르틴 루터.

를 세례와 성만찬으로 제한하고, 성직자 조직이 따로 필요한 것이 아니라 만인이 스스로 사제 역할을 할 수 있으므로 설교와 찬송으로 예배를 드리자고 주장했다.

교황은 루터를 파문시키고, 누구든 그를 죽여도 좋다고 선언했다. 그러나 루터는 그곳의 영주인 작센 선거후選擧侯의 보호를 받으며 바르트부르크 성에 10여 년간 숨어 살았다. 이 기간에 루터는 하나님의 뜻은 오직 성경으로만 제한되어야 한다는 주장을 실천하고자 성경을 독일어로 번역했다. 누구든 자유로이 성경을 읽을 수만 있다면 교회의 부당한 권력은 파괴될 것이라 믿었다. 성직자들은 라틴어가 아닌 다른 언어는 하나님의 뜻을 왜곡할 뿐이라고 주장했지만, 루터

루터교 신도들이 제작한 목판화. 오른쪽은 타락한 교황의 모습을, 왼쪽은 신실한 루터교 신도들의 모습을 담고 있다.

루터가 독일어로 번역한 『신약성서』.

와 그가 번역한 독일어 성경을 막지 못했다.

여기에 운도 따라 주었다. 일찍이 구텐베르크가 금속활자와 대량 인쇄가 가능한 인쇄 기계를 발명한 것이다.(1447) 루터가 번역한 독일어 성경은 날개 돋친 듯 퍼져 나갔다. 루터의 예상대로 성경이 확산되면서 성직자의 권위는 줄어들었다. 그리고 독일어 성경을 읽는 이들이 같은 언어를 사용하는 공동체로 묶이기 시작했다.

결국 독일에서는 가톨릭파와 루터파가 대립하게 되었고, 루터파는 '항의하는 사람들'이라는 의미의 '프로테스탄트Protestant'로 불렸다. 루터파는 1520년 독일 북부를 비롯한 스웨덴, 덴마크, 노르웨이

루터, 칼뱅, 멜란히톤, 츠빙글리, 녹스 등 프로테스탄트 종교개혁 지도자들. 그림 가운데 아래쪽에 몸통이 잘려 나간 교황의 얼굴이 보인다.

의 정식 국교가 되었다. 1555년 독일 황제인 카를 5세는 "한 사람의 지배자가 있는 곳에 하나의 종교만이 존재한다."는 원칙을 내세워 제후나 도시들로 하여금 가톨릭과 루터파 중 하나를 선택하게 했고, 이로써 루터파는 종교 선택의 자유를 얻게 되었다.

청교도 vs 예수회

1522년 제후, 하급 기사, 도시민, 농민들의 지지를 받아 루터파 교회가 세워졌다. 1524~1525년 농민들은 루터의 만인사제주의를 세속적 평등주의로 이해하고 농민 봉기를 일으켰다. 여기서 흥미로운 점은 이 봉기에 대한 루터의 태도 변화이다.

처음에 루터는 농민 봉기에 호의적인 태도를 보였으나, 봉기가 점차 과격해지자 농민을 강도와 같은 폭도로 규정하고 "미친개를 때려 잡듯 목매달아 죽여라."며 극단적 적대감을 표시했다. 그는 세속적인 평등이 아닌 개인적인 믿음의 자유를 주장했던 것이고, 권위와 권력에 대한 순종은 기독교인의 미덕이라고 여겼다. 이후 루터의 종교개혁은 영방군주에 의존하는 쪽으로 진행되어, 종교를 국가에 종속시키는 결과를 낳았다.

루터파는 독일 제후들의 보호 아래 유럽으로 확산되었다. 그 영향을 받아 장 칼뱅이 스위스에서 종교개혁을 일으켰다. 칼뱅은 본래 프랑스 출신으로 루터의 영향을 받아 프랑스에서 개혁운동을 펼치다 박해를 받아 스위스 제네바로 망명했다. 칼뱅은 1536년 『기독교인의 강요綱要』라는 저서에서 '성서 지상주의'와 '구원예정설'을 주장했다.

장 칼뱅. 금욕, 절약을 강조한 칼뱅주의는 상공업자들의 열렬한 지지를 받았다.

이는 성경에 나오지 않는 교리는 따를 필요가 없으며, 신의 선택을 받은 사람만이 구원을 받을 수 있다는 것이다. 그러므로 교황청에서 판매하는 면죄부를 살 필요가 없었다. 칼뱅은 구원은 신에 의해 예정되어 있으므로, 구원에 대한 믿음을 갖고 주어진 직업에 충실하고 금욕적인 생활을 해야 한다고 주장했다. 이는 근면, 금욕, 절약 등을 강조하는 상공업자와 같은 신흥 시민계급의 생활 윤리와 일치하는 것으로, 이들의 지지를 받았다.

20세기 초 독일의 경제학자 막스 베버는 『프로테스탄트 윤리와 자본주의의 정신』에서 자본주의 초기 단계에 프로테스탄트 집단이 경제적으로 성공할 수 있었던 이유로 칼뱅주의의 생활 윤리를 꼽았다.

칼뱅의 주장은 독일 남부를 거쳐 네덜란드, 프랑스, 영국 등 유럽 전역으로 확산되었다. 프랑스의 위그노파, 스코틀랜드의 장로파도 칼뱅주의 영향으로 성립되었다. 스스로 '청교도淸敎徒(Puritan)'라고 부른 영국의 칼뱅주의자들은, 영국 왕의 박해를 피해 아메리카로 이주해 미국의 발전을 이끌었다. 네덜란드의 칼뱅파 '보어인'(네덜란드계 백인)은 이 시기에 아프리카 남단의 케이프타운으로 이주했다. 이후 남아프리카공화국에서 인종차별과 빈부 격차 등의 사회문제를

교황 비오 4세가 1562년 소집한 트리엔트 공의회. 트리엔트 공의회에서 결정된 개혁 내용과 교리는 이후 가톨릭 교회의 근간이 되었다.

만들어 낸 이들이 바로 보어인이다.

　신교가 유럽 전역으로 확산되자, 가톨릭도 변화를 모색하지 않을 수 없었다. 그래서 먼저 가톨릭 교리를 재정비하고자 종교회의를 개최했다. 1545년부터 18년간 이탈리아 북부의 트리엔트에서 공의회公議會가 열려 교회 전반에 대한 개혁이 결정되었다.('트리엔트 공의회') 이 회의에서 성인 숭배와 연옥에 있는 죄를 태우는 불과 면죄부를 인정함으로써 프로테스탄트와의 차이를 분명히 했다. 이와 함께 강력한 수도회를 만들기로 결의하는데, 그 대표적인 수도회가 바로 '예수회'이다.

　예수회는 에스파냐의 군인 출신인 이그나티우스 데 로욜라가

교황 바오로 3세 앞에 무릎을 꿇은 이그나티우스 데 로욜라. 군인 출신인 로욜라는 군대식 조직으로 예수회를 만들었다.

1540년 창설한 가톨릭 남자 수도회로, 엄격한 규율과 절대적인 순종 등 군대식 조직으로 사제를 양성하여 가톨릭의 전파를 목적으로 삼았다. 예수회는 아프리카와 남아메리카를 비롯하여 중국과 일본에까지 선교단을 파견하여 교육과 학문을 통한 봉사와 선교 활동을 펼쳤다. 1582년 중국에 와서 『천주실의』를 저술하고 중국 최초의 세계지도인 〈곤여만국전도〉를 제작한 마테오 리치가 바로 예수회 소속이었다. 예수회는 오늘날에도 100여 개국에 진출해 대학을 운영하고 있으며, 우리나라 서강대학교가 예수회에서 설립한 학교이다. '서강西江'은 마테오 리치의 호이다.

이 같은 신교와 구교의 갈등이 깊어지면서 유럽은 종교전쟁의 수

1572년 프랑스에서 일어난 위그노 대학살 장면을 담은 17세기 판화.

렁에 빠져들었다. 1562~1598년에 일어난 프랑스의 '위그노(프랑스의 개신교 신자)전쟁', 1618~1648년까지 무려 30년에 걸쳐 가톨릭의 합스부르크 왕가를 대표하는 신성로마 제국과 프로테스탄트를 대표하는 스웨덴·네덜란드 등이 벌인 '30년전쟁'이 유럽을 휩쓸었다. 이 전쟁들은 종교전쟁이자 왕조 간의 다툼, 나라 간의 영토 분쟁이었다.

유럽을 하나로 묶었던 기독교가 개혁을 겪으며 이제 유럽은 신교와 구교로 나뉘었고, 종교는 각 국가가 선택하는 문제가 되었다. 그리하여 종교개혁은 개별 국가의 발전, 그 발전을 이끌어 가는 왕권의 강화로 이어졌다.

14. 엘리자베스 여왕과 셰익스피어

16세기 영국의 왕 헨리 8세는 절대왕권을 토대로 강력한 영국을 건설하고 싶어 했다. 그러한 욕망이 표출된 사건이 '결혼'이었다. 그는 모두 여섯 명의 여인과 결혼하여, 당시 이혼을 금지하던 교황청과 대립했다. 그렇게 자신의 이혼 문제에서 출발하여 영국 교회를 교황청에서 독립시키기에 이르렀다. 1534년 헨리 8세는 영국국교회를 창립하고 자신이 그 수장이 되었다. 이제 영국의 왕은 교회가 섬기는 존재가 되었으므로 그만큼 왕의 지위는 높아졌다.

영국의 절대왕정 시대의 전성기를 이끈 엘리자베스 1세는 이 헨리 8세의 딸이었다. 아버지 헨리 8세의 '도발'이 없었다면, 그녀는 세상에 태어나지도, 강력한 왕권을 토대로 대영제국을 건설하지도 못했을 것이다.

여섯 명의 왕비가 낳은 수많은 딸들

교황에 맞서 절대 권력을 쟁취한 헨리 8세
는 왕비들에게도 절대적인 존재였다. 여
섯 명의 왕비를 얻어 그중 두 명을 처형할
정도였다. 그는 왜 그토록 부인들에게 가
혹했을까? 그것은 후계자 때문이었다. 그
는 강하고 유능한 아들을 얻어 튜더 왕조●
를 반석 위에 올려놓고자 했다. 그런데 연
이어 얻은 왕비들이 건강한 아들을 낳지
못했다. 그것이 이혼과 아내의 정조에 대
한 과도한 집착을 불러왔다.

헨리 8세. 제2왕비 앤 불린과의 결혼을
로마 교황이 반대하자 가톨릭 교회와
결별하고 영국국교회를 설립했다.

아무튼 그의 노력에도 불구하고, 아들
은 제3왕비 제인이 낳은 에드워드 하나뿐이었다. 그러나 에드워드는
병약했고, 결국 헨리 8세 사후 왕으로 즉위했지만 7년 만에 죽고 말
았다. 당시 겨우 열일곱 살이었다.

이제 헨리 8세의 소생은 수많은 딸들뿐이었다. 그중 가톨릭의 지
지를 받는 제1왕비 캐서린의 딸 메리와, 국교회의 지지를 받는 제2
왕비 앤 불린의 딸 엘리자베스가 유력한 계승자로 떠올랐다. 그중 먼
저 왕위에 오른 이는 메리였다.

● 15세기 중엽 헨리 6세가 정신병 증세를 보이자, 왕위 계승권을 주장하는 랭커스터
가와 요크셔 가가 30년간 내전을 벌였다. 이것이 '장미전쟁'이다. 이 전쟁에서 승리
한 랭커스터 가의 헨리 7세가 튜더 왕조를 개창했다. 그래서 튜더 왕조는 절대왕권
에 더 집착했을 것이다.

피의 메리. 적법한 왕위 계승자로 왕위에 오른 잉글랜드 최초의 여왕. 가톨릭을 복귀시키고 이단처벌법을 부활시켜 개신교도를 쉴 새 없이 처형하여 '피의 메리'라는 별명을 얻었다.

메리 여왕은 스페인과 동맹을 맺고 가톨릭을 부활시키려 했다. 이를 위해선 스페인과 '결혼동맹'을 맺는 것이 가장 좋은 방법이었다. 물론 그 동맹을 맺을 당사자는 본인이었다. 메리 여왕은 미래의 필리페 2세를 결혼 상대자로 낙점했다.

이에 대한 개신교도들의 저항은 격렬했다. 와이어트의 난이 일어나 반란군이 런던으로 진격했으며, 의회도 반대 의사를 표했다. 수많은 의원들이 필리페 2세와의 결혼을 포기하라는 청원을 올렸다. 그러나 메리 여왕은 한 마디로 모든 반대를 물리쳤다.

"결혼은 내가 하는 것이다!"

메리 여왕은 11세 연하의 스페인 왕과 결혼하여 그 세력을 등에 업고 수많은 개신교도들을 처형했다. 사람들은 그녀를 '블러디 메리 Bloody Mary'(피의 메리)라고 불렀다. 메리가 지배하는 5년 동안 숨죽인 채 지냈던 영국인들은, 여왕이 병으로 죽자 환호했다. 이후 18세기까지 200여 년간 영국인들은 메리 여왕의 기일을 해방일로 축하했다.

"나는 국가와 결혼하였다"

영국인들이 보기에 무엇보다 다행인 것은 메리가 자식 없이 죽었다는

것이었다. 이 때문에 필리페 2세
는 영국 국왕의 자리를 주장하기
어려웠다. 그 덕에 헨리 8세의 두
번째 부인의 딸인 엘리자베스가
즉위할 수 있었다.

그러나 여왕의 자리가 안정
적인 것은 아니었다. 스코틀
랜드 여왕 메리 스튜어트가
프랑스와 연합하여 왕좌를 노
렸고, 스페인의 필리페 2세
역시 결혼동맹을 제안하며 영

엘리자베스 1세. 잉글랜드의 여왕(재위 1558~1603)으로
영국 절대주의의 전성기를 이루었다. 국교의 확립을 꾀하
고 화폐제도를 통일하고 중상주의 정책을 펼쳤다. 영국의
동인도회사를 설립하였다.

국 왕위를 넘봤다. 복잡한 친인척 관계로 얽힌 영국 왕실은 하루도
편한 날이 없었다. 신하들도 왕실의 안정을 내세우며 여왕에게 결혼
을 권했다. 이때 엘리자베스 여왕이 한 말이 바로 이것이었다.

"나는 국가와 결혼하였다."

엘리자베스 여왕은 영국국교회의 수장으로서 절대왕권을 지키고자
결혼을 포기했던 것이다. 그리고 과감한 철권통치를 휘두르기 시작했
다. 영국 왕좌를 노리는 스페인에 대항하여 해군을 육성하는 한편, 명
백한 도전 의사를 밝힌 '미스 유럽' 메리 스튜어트의 목을 잘랐다.●

● 유럽 여왕 가운데서 가장 아름답고 도도했던 메리 스튜어트는 스코틀랜드의 여왕이
자 프랑스 왕비로 엘리자베스의 가장 강력한 라이벌이었다. 그러나 남편 프랑수아
2세가 요절하고 시댁인 바로아 왕조가 몰락하면서 힘이 꺾였다. 결국 그녀는 엘리
자베스에 의해, 역사상 여왕으로서는 처음으로 목이 잘렸다.

그녀의 정책은 무모해 보였다. 사방을 적으로 만들고 있었기 때문이다. 당시 영국은 결코 강한 나라가 아니었다. 고립된 영국의 앞날은 암담함 그 자체였다. 그리고 종말의 날이 다가오고 있었다. 필리페 2세가 힘으로 영국을 누르기로 결심하고 스페인 '무적함대'를 출진시켰다.

스페인 무적함대는 당시 대서양과 아메리카 식민지를 지배하던 스페인의 해상 장악권을 뒷받침한 힘의 원천이었다. 그 힘과 위용에 영국은 넋을 잃었다. 그러나 여왕은 끝내 포기하지 않았다. 마침내 결전의 날, 다윗과 골리앗의 싸움에 행운이 날아들었다. 스페인 지휘관의 판단 착오에 폭풍우까지 겹쳤다. 무적함대는 전멸했고, 이제 영국 무적함대의 시대가 열렸다. 대서양이 영국의 손아귀에 들어오면서 신대륙은 영국 함대의 먹이가 되었다. 그리고 신대륙의 막대한 부富도 영국의 차지가 되었다.

"셰익스피어는 인도와도 바꾸지 않겠다"

엘리자베스 여왕 말년에 런던에서 위대한 희곡작가가 탄생했다. 그가 바로 근대 영어를 창조한 사람으로 추앙받는 윌리엄 셰익스피어다. 근대국가가 언어를 중심으로 민족을 통일시켰다면, 영국은 그 언어를 셰익스피어로부터 얻었다.

셰익스피어의 희곡은 풍부한 어휘를 자랑한다. 더군다나 그의 희곡에는 르네상스와 근대 종교개혁의 기풍, 그리고 엘리자베스 시대 근대 영국의 흐름이 그대로 녹아 있다. 그는 근대 사상과 근대 언어를 하나로 통일시킨 장본인이었다.

훗날 영국 사람들은 "셰익스피어는 인도와도 바꾸지 않겠다."라고 말했다. 이는 근대 영국이 없었다면 인도라는 식민지도 없었을 것이기에 나온 말이다.

그렇게 엘리자베스 시대는 셰익스피어라는 징검다리를 통해 17세기 명예혁명(1688)의 시대로 넘어가고 있었다.

셰익스피어. 영국이 낳은 최고의 시인이자 극작가. 근대 영어의 창조자로 일컬어진다.

중세 유럽에 생겨난 '대학도시'

옥스퍼드, 케임브리지, 하이델베르크의 공통점은? 바로 대학 이름이자 도시 이름이라는 것이다. 이 도시들은 대학이 곧 도시이고, 도시가 곧 대학인 '대학 도시'들이다. 이 지역들이 대학도시로 자리 잡은 것이 12~13세기의 일이니, 중세에 만들어진 도시가 지금까지 이어지고 있는 것이다. 그렇다면 장원莊園을 기반으로 하는 중세에서 대학도시

암브로조 로렌체티의 프레스코화 〈선정善政과 악정惡政〉

는 왜, 어떻게 성립되었을까?

중세도시의 가장 큰 특징 '자유'

중세도시는 대략 12세기 전후에 발달했다. 대외적으로 십자군 원정이 원거리 무역의 번창을 가져왔고, 대내적으로 농업생산력이 증가하며 도시 발달을 촉진했다. 철제 농기구와 말을 이용한 심경深耕(깊이갈이) 농법이 생산력을 획기적으로 늘려 농산물이 먹고 남을 정도가 되었다. 이러한 잉여 생산물이 '상품'이 되어 시장에 나오면서 이를 거래하는 상인이 등장했고, 상인들이 시장 주변에 모여 살게 되면서 도시는 점점 확대되었다.

상인이 먼저 영주의 성곽 주위에 집단 정착하면, 이 정착지에 농촌의 수공업자와 농민들이 개별적으로 흡수되어 도시가 형성되었다.

중세도시는 공간적으로 성탑과 성문이 있는 성곽도시로서, 주민들이 대부분 상인과 수공업자인 상공업 도시였다. 상공업으로 부를 축적한 도시의 상류계급을 일컫는 '부르주아Bourgeois'라는 용어도 바로 이 성城을 뜻하는 독일어 'Burg'에서 유래되었다.

성안에 사는 사람을 가리키는 부르주아는 곧 경제적으로 부유한 자를 의미했다. 상공업이 발달하고 토지를 보유하지 못한 농민들이 도시로 몰려들면서, 12~3세기 이탈리아 도시들의 성벽 안 면적은 10배씩 넓어졌다. 무엇보다 도시는 신분적으로 자유로운 시민들로 구성되었다. 상업 활동에는 필수적으로 자유가 보장되어야 했기 때문이다.

도시민은 자유인이었고, 도시는 개인의 자유와 능력을 바탕으로 경제적 성공과 사회적 지위를 상승시킬 수 있는 열린 공간이었다. 이는 봉건영주에게 예속된 농민인 '농노農奴'를 도시로 유인하는 주 요인이었다. 그래서 나중에는 도망한 농노가 도시 안에서 영주에게 체포되지 않고 1년 1일만 무사히 넘기면 자유인으로 인정받는 관습이 통용되기에 이르렀다. 다만 농노가 도시로 들어왔다고 해서 바로 시민이 되는 것은 아니었으며, 일정한 소득을 가지고 소정의 절차에 따라 '시민 서약'을 해야 시민으로서 의무와 특권을 누릴 수 있었다.

자유민으로 구성된 도시는 독자적인 도시법에 기초한 '자치도시'였다. 처음에는 영주와 계약을 맺어서 영주의 지배를 받았지만, 도시민들은 점차 영주에게 일정한 금액을 지불하고 특허장을 받거나, 때로는 영주와 무력 대결을 벌여 사법권과 행정권을 포함한 자치권을 획득했다. 그리하여 12세기에는 대부분의 도시가 자치권을 갖게 되었다.

중세 도시 생활. 길드 모임을 마친 상인들이 북적거리는 거리로 나서고 있다.

또한 상공업자들은 각자 '길드guild'라는 동업조합을 결성했다. 길드는 본래 조합원 사이의 평등을 바탕으로 공동 이익과 안전을 도모하는 공제조합共濟組合적인 단체로, 자체적으로 자금을 조성하여 재해로 인한 상업상의 손실을 보상해 주거나 경조사에 부조를 하는 등 친목 단체의 성격을 띠었다. 그러나 점차 이윤 획득의 기회를 조합원들에게 균등하게 보장한다는 명목으로 영업시간과 매매 가격, 상품의 양과 질을 통제하고 규제하는 성격으로 변했다.

길드는 자체적으로 정한 규칙을 위반한 조합원에게는 벌금을 부과하는 등의 제재를 가했다. 이처럼 길드는 상공업 발달에 기여한 긍정적인 측면이 있었지만, 엄격한 통제로 자유로운 경쟁을 방해하고 길드에 소속되지 않은 상공업자를 배제하는 등 집단 이기주의로 변질된 부정적인 측면도 있었다.

길드 조직에서 출발한 유럽의 대학들

중세도시의 특징인 자치권과 길드 조직이 만들어 낸 것이 바로 대학이다. 그때까지 지식은 탐구하는 것이 아니라 '보존하고 전승하는 것'이라는 신념 아래 교회와 수도원이 교육을 담당하고 있었다. 특히 수도원은 고전 연구와 필사 등 전승자로서의 역할을 충실히 수행했다.

그런데 12세기 이후 이슬람 사회에서 아라비아 수학과 기하학 등 새로운 학문이 소개되고,● 상공업의 발달로 상품경제가 도입되고 많은 상공업자가 등장하면서 수도원과 교회의 성직자를 위한 교육으로는 교육 수요자들의 욕구를 더는 충족시킬 수 없게 되었다. 그리하여 대학이라는 새로운 제도가 등장했다.

영어로 대학을 가리키는 'University'란 말은 '전체'라는 뜻으로,

● 에스파냐의 황제를 자처한 카스티야 왕국의 알폰소 6세(1065~1109)는 1085년 이슬람교도들이 지배하던 에스파냐의 톨레도 지역을 함락시켰다. 바로 이곳을 통해서 수많은 아랍의 과학이 로마 제국의 문화를 바탕으로 하는 프랑스·이탈리아·에스파냐·포르투갈 등으로 전해졌고, 이 과정에서 아랍에서 보존·발전된 그리스 과학이 다시 유럽으로 수입되었다. 이 시기에 수많은 대번역가들이 출현하여 활발한 활동을 했는데, 특히 그레모나의 제라르Gerard of Gremona는 페르시아 철학자 이븐 시나의 『의학정전』과 아리스토텔레스의 『자연학』, 프톨레마이오스의 천문학서 『알마게스트』, 에우클레이데스(유클리드)의 『원론』 등 80여 권의 책을 라틴어로 번역했다. 그리하여 11~13세기에 이슬람 과학과 그리스 학문이 다수 번역·소개되었고, 이렇게 수용된 학문은 중세 대학의 교과과정의 핵심을 이루었다.

1848년 너새니얼 위톡이 그린 옥스퍼드. 옥스퍼드의 도서관, 박물관, 대학 출판부 등 명소가 세밀하게 묘사되어 있다.

어떤 공동의 목적을 가진 협동체를 의미한다. 대학이 본래는 길드 조직체였음을 보여 주는 대목이다. 길드는 학생들이 조직하기도 했고, 교사들이 조직하기도 했다.

1158년 개교한, 세계에서 가장 오래된 대학인 이탈리아의 볼로냐대학은 학생들이 길드를 조직한 경우이다. 볼로냐대학이 법학으로 유명해지자 각지에서 법률 연구에 흥미가 있는 젊은이들이 모여들었고, 높은 집세와 물가가 부담이 된 학생들은 자체적으로 길드를 조직하고 학습 규칙도 마련했다. 길드를 조직한 학생들은 교사까지 직접 고용했고, 자신들의 규칙을 따르지 않으면 교사에게 벌금을 물리거나 해고하기도 했다. 교사들은 학생들이 납부한 등록금으로 살아갔다. 볼로냐대학은 의학으로 유명한 이탈리아의 살레르노대학, 스페인의 세빌랴대학 등 남유럽 대학들의 원형이 되었다.

한편 12세기에 노트르담 성당학교에 모인 교사들이 길드를 형성하여 설립한 대학이 파리대학이다. 처음에 학교를 관리한 이는 가톨릭 주교였으나, 학교가 센 강 남쪽 강둑까지 확장되며 관리가 어려워지자 교직원제를 조직하고 그 우두머리인 학장을 임명했다. 그로 인해 대학이 주교의 통제에서 벗어나 자유를 얻어 자치제가 될 때까지 감독관과 학장 사이에 다툼이 이어졌고, 결국 인문학부의 학장이 모든 학부의 우두머리가 되었다.

파리대학에는 기초 인문학부, 신학부, 교회법학부, 의학부의 4개 학부가 성립되어 이후 북유럽 대학의 모델이 되었다. 1167년 무렵에는 책값과 하숙비를 둘러싼 분쟁 때문에 학생들이 파리를 떠나 잉글랜드 템스 강 인근의 옥스퍼드에 몰리면서 옥스퍼드대학이 성장했다.

잉글랜드의 케임브리지대학은 옥스퍼드에서 다시 이주한 교사들이 설립한 것이다. 이후 라인 강 너머의 프라하대학(1348), 독일 최초의 대학 하이델베르크대학(1386) 등 1500년까지 77개의 대학이 설립되었다.

오늘날까지 이어지는 중세 대학의 전통

13세기 초에 대학은 왕이나 교황이 발부한 허가장을 통해 법적인 지위를 얻게 되었다. 대학은 주교의 관할에서 벗어나게 되었으며, 교수와 학생에게는 병역과 같은 통상적인 시민의 의무가 면제되는 특권이 부여되었다. 그런데 고향을 떠나 유학하는 학생들이 늘면서 일부 학생들이 음주 가무와 카드놀이에 빠지고, 자유분방하고 난폭한 생활을 하는 폐해가 생겨났다. 학생들의 범죄는 대학 당국이 사법권을

중세 하이델베르크 대학.

가지고 처리했으며, 학생 징계의 권한은 교수단에게 위임되었다.

지금까지 살펴본 대로, 중세 대학은 국가나 종교 권력에서 벗어난 자치단체였다. 오늘날 대학의 정신으로 꼽는 자치와 학문 및 사상의 자유는 이러한 중세의 전통에서 나온 것이다.

대학의 교과과정이나 이수 후의 학위 수여도 오늘날의 대학과 크게 다르지 않았다. 대학 교과과정의 뼈대를 이루는 교양과목은 문법·수사학·논리학의 3학學과, 산수·기하학·천문학·화성학(음악)의 4과科가 있었다. 최초의 학위는 석사와 박사 학위였고, 학사 학위는 나중에 생겼다. 3학을 수료하면 문학사 학위를, 이후 4과를 마저 이수하면 문학석사 학위를 받아 교사나 행정가로 진출할 수 있었다. 석사 학위를 받고 나면 법률·의학·신학 등 전문 과정에 입학할 수 있었는데, 특히 신학은 정통성이 강하고 이수하기가 어려워 학위를 받으면 그만큼 사회적 명망도 더 높았다.

파리대학의 수업 모습.

초기에는 시설이 부족하여 보통 교회 건물을 이용하다가, 이후 기증자들이 '칼리지college'를 세우기 시작했다. 이러한 수십 개의 칼리지가 모여 오늘날의 대학이 되었고, 자연스럽게 대학도시를 형성했다. 수업은 교수가 천천히 교재를 읽고 설명하면, 학생들이 그것을 납판蠟版(wax tablet)에 받아 적고 강의 후 토론과 논쟁을 벌이는 식이었다.

16세기에 인쇄술이 발명되기 전까지 책은 매우 비싸고 희귀했다. 당시에는 양피지에 글을 써서 이를 제본하여 책으로 만들었는데, 가축 한 마리로 만들 수 있는 양피지가 넉 장에 불과하여 책 한 권을 만들려면 서른 마리의 양이나 소가 필요했다.

중세 시대에는 오로지 신학만 발전했다고 이해하기 쉬운데, 다양한 학문의 저명한 교수들이 중세 유럽의 대학에 포진해 있었다. 각 학부는 해당 분야에서 최고 권위를 인정받았으며, 졸업자들은 각 분야에서 전문가로 활약하는 등 중세 대학은 중세 문화를 꽃피우고 이끌어 가는 중심지였다.

15. 모나리자의 미소 속에 담긴 '인간'

"레오나르도는 프란체스코 델 조콘다를 위해 그의 아내 모나리자의 초상화를 그려 주기로 하고 4년을 바쳐 작업하였으나 미완성인 채로 남겼다. 그 작품은 프랑스 왕이 소장하고 있다. …… 화가는 모나리자에게 음악과 노래를 들려주었다. 그리고 초상화에 흔히 나타나기 쉬운 우울한 모습을 없애려고 끊임없이 광대들을 불러다 보여 주었다. 이 초상화는 바라보는 사람으로 하여금 인간적이라기보다 신적인 느낌을 갖게 할 만큼 매혹적인 미소가 담겨 있다. 이 미소는 생명 그 자체나 마찬가지의 신비함으로 간주되었다."

이 글은 레오나르도 다빈치와 거의 동시대를 살았던 16세기 이탈리아의 화가이자 건축가인 조르조 바사리의 기록으로, 비교적 상세하게 〈모나리자〉를 설명하고 있다. 특히 최고의 미소로 꼽히는 모나리자의 미소가 다빈치의 노력으로 만들어진 것임을 알려 준다.

〈모나리자〉와 〈미인도〉 속 두 여인

〈모나리자〉의 미소는 웃는 듯 마는 듯 신비롭고 모호하다. 어떤 감정 상태인지 분간하기 어렵다. 음악과 노래, 광대까지 동원해 얻어 낸 미소라고 하기에는 너무 소박하다. 그런데 다빈치가 화폭에 담고자 했던 미소가 바로 이러한 '모호함'이었다면 얘기가 달라진다.

다빈치는 "영혼의 창이라 불리는 눈은 자연의 무한한 작품들을 충분하고 훌륭하게 이해할 수 있게 해 주는 길"이라며 시각의 중요성을 강조했고, 이렇게 시각을 구체화하려면 세밀한 관찰과 탐구가 필요하다고 여겨 언제 어디서나 메모와 습작을 했다. 다빈치의 인간에 대한 탐구는 해부학 연구로 이어졌다.

이렇게 인체와 사물을 충분히 파악한 뒤, 그의 관심은 그것을 담는 '공간', 곧 원근법으로 확대되었다. 소실점이 하나인 구도가 가장 합리적이고 과학적인 원근법인데, 다빈치가 이를 이용해 그린 것이 바로 〈최후의 만찬〉이다. 〈모나리자〉에서도 배경 속 구불구불 뻗어 가는 길 또는 강이 원거리감을 표현해 준다.

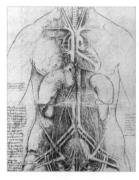 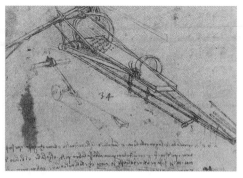

다빈치가 스케치한 해부도와 비행기 설계도. 다빈치는 조각·건축·토목·수학·과학·음악에 이르기까지 다양한 방면에 재능을 보였다.

다빈치는 인간을 표현할 때 단순히 몸만 아니라 그 사람의 영혼을 나타내야 한다고 믿었다. "화가는 두 가지 목표를 추구한다. 그것은 인간과 인간 영혼의 의도라는 목표이다. …… 영혼의 의도를 화가는 사지四肢의 움직임을 통해 표현해야 한다."고 하여 영혼을 읽을 수 있는 몸의 움직임을 중시했다. 특히 손동작과 얼굴 표정이 그러한 움직임이라 여기고, 손의

〈모나리자〉. 레오나르도 다빈치가 피렌체의 부호 프란체스코 델 조콘다의 부인을 그린 초상화이다.

근육이나 안면 근육 표현에 심혈을 기울였다. 이런 맥락에서 "저 잿빛 그림자와 더불어 황혼은, 영혼을 부드럽게 하고 영혼으로 하여금 부드럽고 우수에 찬 생각 속에 깃들도록 하듯이 얼굴을 부드럽게 해주고 얼굴에 영혼을 불어넣는다."고 하여, 황혼이나 새벽을 인물 그림의 적당한 배경으로 여겼다.

이러한 작가의 이론이 다 녹아든 작품이 바로 〈모나리자〉이다. 사선으로 처리된 시선, 가지런히 놓인 손, 눈가와 입가의 미세한 근육으로 표현된 엷은 미소, 거기다 황혼을 배경으로 모호한 분위기와 선을 명확하게 하지 않고 뿌옇게 흐리는 미묘한 명암 효과를 통해 외모의 재현을 넘어 영혼이 담긴 '신비한 미소'를 만들어 낸 것이다. 〈모

신윤복의 〈미인도〉.

나리자〉의 미소가 아름다운 이유는, 그것이 희로애락이라는 인간 감정과 여인의 영혼을 나타냈기 때문이다.

비록 공간과 시간은 다르지만, 우리나라에도 〈모나리자〉에 비할 만한 작품이 있다. 바로 조선 후기 화가 신윤복의 〈미인도〉이다. 이 그림에 미소는 없다. 하지만 갸웃하게 아래로 내린 시선에는 슬픈 듯 애틋한 듯 수줍은 듯 …… 한 마디로 표현하기 어려운 표정이 담겨 있다. 신윤복은 그림에 "가슴 가득 서린 봄기운, 붓 끝으로 어찌 인물의 참모습을 능히 나타내리오.盤胸中萬化春 筆端能與物傳神"라고 적었다. 그 또한 여성의 감성과 영혼까지 표현하고자 했던 것이다.

16세기와 19세기로 무려 300여 년의 시간 차이가 있지만, 레오나르도 다빈치와 신윤복은 초상화에 그 사람의 영혼을 담고, 더 나아가 '인간', '개인'을 강조하는 그림을 그렸다. 이는 이들이 살았던 시대가 기독교나 성리학이라는 종교와 사상의 틀을 깨려는 전환기였다는 점에서 그 이유를 찾을 수 있다.

중세와 근대를 가른 르네상스

레오나르도 다빈치는 회화뿐 아니라 해부학, 건축학 등 다양한 분야에서 두각을 드러내어 천재로 불리기도 하지만, 그가 이처럼 다재다능한 활동을 할 수 있었던 데에는 '르네상스Renaissance'라는 사회 분위기가 크게 작용했다.

'재탄생' '부활'을 뜻하는 르네상스는, 사상·문학·미술·건축 등 다방면에 걸쳐 고대 그리스와 로마문화의 이상을 부흥시켜 새로운 문화를 창출하려는 문화운동이었다. 여기서 말하는 새로운 문화란, 신神 중심의 내세적 세계관에서 인간 중심의 세속적 세계관으로 바뀌는 것을 의미한다.

11~12세기에 일어난 농업혁명으로 12~13세기 상업이 부활하고, 화폐경제가 발달해 상업도시들이 부흥하면서 경제적으로 성장한 시민계급이 생겨났다. 피렌체의 메디치 가문과 밀라노의 스포르차 가문이 대표적이다. 이들은 예술과 학문에 대한 관심과 아낌없는 후원으로 가문의 명성을 유지했다.

상업도시의 자유로운 분위기 속에서 기존의 공동체적이고 내세지향적인 사고와는 다른, 개인과 개성을 강조하는 현세 중심적 사고가 나타났다. 그러면서 인간을 중심에 둔 인본주의가 등장했는데, 당시 유럽인들은 현세적이고 인간 중심적인 사상이 그리스와 로마의 고전에 담겨 있다고 여겨 고대 작품을 수집·정리·연구하는 데 힘을 쏟았다. 이러한 경향을 '인본주의' 또는 '인문주의'라고 한다. 바로 '휴

인문주의의 도래. 르네상스 시기에는 고대 그리스 로마의 조각상과 유화를 모으는 것이 유행이었다.

머니즘humanism'의 등장이다.

르네상스가 시작된 이탈리아에서 인문주의가 가장 두드러진 분야는 회화였다. 우리가 눈으로 본 것과 체험한 것을 사실적이고 입체적으로 표현하고자 원근법과 명암법을 고안하였고, 무엇보다 팔등신이라는 황금분할법과 해부학 등을 도입하여 가장 아름다운 인간의 모습을 형상화했다. 이처럼 당시의 과학 발전과 사고의 전환을 모두 담고 있는 것이 회화였다.

르네상스 화가들은 사랑, 질투, 모험 등 인간의 감정과 행동들의 연원을 고대 그리스 신화에서 찾았으며, 예수나 성모를 비롯한 여러 성인들의 모습에 인간적 태도와 표정, 성격 등의 이미지를 도입했다. 예컨대 산드로 보티첼리의 〈비너스의 탄생〉은 그리스 신화 속 비너

산드로 보티첼리 〈비너스의 탄생〉.

스를 나체의 유연한 곡선과 팔등신의 신체 비례로 표현하여 인간의 이상적 아름다움을 보여 주었다.

또, 레오나르도 다빈치의 〈암굴의 성모〉와 라파엘로 산치오의 〈아름다운 정원사 성모 마리아〉 등을 보면, 그림 속 예수가 벌거벗은 아기의 모습으로 하늘이 아닌 땅에 두 발을 딛고 있다. 예수를 범접할 수 없는 성인이 아니라 한 인간으로 본 것이다.

사실적 묘사의 대가라 할 수 있는 15세기 네덜란드 화가 얀 반 에이크의 〈아르놀피니의 결혼〉을 보면 샹들리에의 촛대 가운데 하나의 초에만 불이 켜져 있는데, 이 불은 이 결혼을 주관하는 이가 하나님임을 의미한다. 하지만 결혼식이 행해지는 장소는 교회가 아닌 침대와 슬리퍼와 강아지가 있는 이들의 생활공간이며, 중앙의 거울 속에

라파엘로 산치오 〈아름다운 정원사 성모 마리아〉.　　　레오나르도 다빈치 〈암굴의 성모〉.

보이는 푸른색 옷의 화가와 붉은색 옷의 조수가 이 결혼의 증인이다. 인간의 일상적인 생활공간이 성스러운 장소가 된 것이다.

　이탈리아에서 시작된 르네상스는 16세기 중반부터 북유럽으로 전파되었다. 본래 고대 그리스와 로마의 전통이 강하지 않았던 이 지역에서는 종교적이고 실용적인 문학과 철학 연구가 집중적으로 이루어졌다. 네덜란드의 인문학자 에라스무스는 『우신예찬』에서 교회의 부패와 형식주의, 성직자 계급의 부도덕성을 비판했고, 헨리 8세 때의 정치가인 토머스 모어는 『유토피아』에서 당시 사회의 모순을 고발하고 기독교적 공산사회로 돌아가자고 주장했다. 영국의 대문호 셰익스피어가 등장한 것도 이 시기로, 그는 『햄릿』이나 『리어왕』 같은 불후의 명작을 통해 인간의 본성에 대한 진지한 고민을 드러냈다.

　르네상스의 기본 정신인 인문주의는 인간의 가치와 존엄성을 높이 평가하는 사상으로, 인간을 중심에 놓고 인간이 생활하는 현실 생활

안 반 에이크 〈아르놀피니의 결혼〉.

에 대한 긍정을 내포했다. 이는 근대 의식의 기초가 되었다. 이러한 의식의 변화는 중세의 정신세계를 지배한 가톨릭과 교황의 권위를 부정하고, 성서와 신앙을 강조하는 종교개혁으로 이어졌다. 따라서 르네상스 시기는 중세와 근대의 과도기, 전환기였다고 할 수 있다.

16. 베르사유 궁전과 프랑스혁명

파리에서 남서쪽으로 23킬로미터 떨어진 곳에 유럽에서 가장 큰 궁전인 베르사유 궁전이 있다. 17세기 초엽 프랑스 왕 루이 13세가 자주 사냥하러 가던 베르사유 지역에 작은 별장을 지었는데, 1661년 '태양왕' 루이 14세가 건축가 루이 르보, 화가 샤를 르브룅, 정원사 르노트르 등에게 성城과 정원을 본격적으로 건설하게 했다.

　3,000명의 인력과 6,000마리의 말이 동원되어 47년간에 걸쳐 지어진 이 궁전에는 1,300개가 넘는 방이 있었고, 왕실 가족과 시종 · 귀족 등 무려 2만 명이 살았다고 한다. 특히 가면무도회와 왕실의 주요 행사가 열린 '거울의 방'은 대리석과 금 · 청동 · 거울 · 크리스탈 등으로 장식된, 8년간의 공사로 완성된 눈부신 공간이었다. 이 궁의 정원은 최초의 프랑스식 정원으로, 100만제곱미터의 넓이에 1,400개의 분수와 4백만 송이의 튤립으로 장식되었고, 별도의 사냥터도 있었다.

1682년 루이 14세는 베르사유를 공식적인 프랑스 왕궁으로 결정하였고, 1789년 프랑스대혁명으로 왕실이 파리로 옮겨질 때까지 107년간 이곳은 왕궁이자 수도 역할을 했다. 혁명 후 버려져 있던 이곳을 1815년 루이 필리프 왕이 복원하여 '프랑스의 모든 영광을 위해'라는 이름을 붙여 국립프랑스역사박물관으로 개조해 일반에 공개했다. 1919년 제1차 세계대전이 끝난 후 연합국이 강화조약('베르사유 강화조약')을 맺기도 한 역사적 공간이다.

절대왕정의 전성기에 등장한 계몽주의

서양의 절대주의 군주를 대표하는 인물로 첫손가락에 꼽히는 인물이 17~18세기 프랑스를 지배한 루이 14세이다. 그는 "짐이 곧 국가"라고 선언하고, 자신을 태양에 비유하여 '태양왕'으로 불렸다.

베르사유 궁전. 루이 14세가 건설한 왕궁으로 프랑스 앙시앵 레짐 시기 권력의 중심이었다.
바로크 건축의 대표 작품으로 호화로운 건물과 광대하고 아름다운 정원으로 유명하다.

태양왕 루이 14세.

루이 14세는 다섯 살의 어린 나이에 즉위하여 추기경 출신 쥘 마자랭의 보좌를 받았고, 마자랭이 사망한 뒤 1661년 친정親政을 시작했다. 루이 14세는 지방과 중앙의 행정제도를 개편하고, 장 바티스트 콜베르를 재무장관으로 임명하고, 귀족들에게 궁정 직위를 주어 궁에 소속시키는 등 중앙집권 체제를 강화했다.

콜베르는 나라 전체에 보호관세를 실시하여 수입관세로 재정을 풍부하게 하고 국내 산업을 발전시켰다. 콜베르의 정책은 중앙에서 경제를 규제하면서 산업 수출의 잉여분으로 국가 수입을 증대시키는 '중상주의重商主義'였다. 콜베르는 이 중상주의를 바탕으로 국제무역의 증진과 식민지 획득에도 노력했다.

이러한 번영을 배경으로 프랑스 문화도 전성기를 맞아서 문학이 크게 발달하고 유럽 최대의 베르사유 궁전이 지어졌으며, 궁정 예식이나 의례도 다른 나라를 능가했다. 루이 14세는 가장 거대한 군대와 강력한 함대를 거느렸고, 이를 바탕으로 영토 확장 전쟁을 벌였다. 그러나 바라던 성과를 거두지 못한 채 연이은 전쟁으로 국가재정은 고갈되고, 절대주의 왕정의 모순이 드러나기 시작했다.

이에 부와 지식을 갖춘 시민계급이 절대왕정에 불만을 표출하기 시작했고, 상류층에서도 체제 비판가들이 등장했다. 이들은 흔히

'계몽주의 사상가'로 불리는 이들로, 몽테스키외는 권력분립의 장점을 강조했고, 볼테르는 교회를 비판했으며, 루소는 『사회계약론』에서 왕의 통치권이 아닌 사회계약에 의한 일반 의지로서의 주권 主權을 주장하며 군주제가 아닌 민주적 절대주의를 이끌어 냈다. 그러나 이들의 비판에도 불구하고 프랑스의 사회 모순은 더 심화되었다.

볼테르. 18세기 프랑스의 작가이자 계몽사상가. 백과전서 운동을 지원하였다.

베르사유를 몰락시킨 프랑스혁명

18세기 후반, 루이 16세는 국가재정이 파탄 날 위기에 봉착하자 삼부회●를 소집했다. 제1성직자 계급과 제2귀족계급 대표 각각 300명, 제3계급 대표 600명이 베르사유에 모였다. 그러나 표결 방법을 놓고 합의하지 못하자, 제3계급은 국민의회를 결성하고 테니스 코트에서 헌법이 제정될 때까지 해산하지 않겠다는 선서('테니스 코트 선서')를 했다. 이에 왕이 반대하고 나서자 1789년 7월 14일 프랑스 민중들은 바스티유 감옥을 함락시켰고, 이로써 혁명의 불길이 전국으

● 프랑스의 신분제는 제1신분인 성직자와 제2신분의 귀족, 제3신분인 평민으로 나뉘었는데, 각 신분의 대표들이 모인 의회가 바로 '삼부회'이다. 1302년 4월 교황 보니파키우스 8세에 대항하는 필리프 4세를 돕고자 처음 소집되었으며, 1614년 이후 한 번도 소집하지 않다가 1789년 루이 16세에 의해 다시 소집되었다. 이후 1·2신분과 3신분의 이해관계가 충돌하며 삼부회의 한계가 드러났다.

1789년 7월 14일 바스티유 감옥에 들이닥친 파리 시민.

로 퍼져 나갔다.

민중의 지지를 얻은 국민의회는 봉건제 폐지를 선언하고 8월에 〈인권선언〉을 채택했다. 프랑스혁명의 기본 이념과 나아갈 바를 밝힌 〈인권선언〉은 인간의 평등, 국민주권, 언론·출판·신앙의 자유, 압제에 대한 저항권 등 계몽사상을 반영한 것이었다. 그러나 루이 16세는 〈인권선언〉을 인정하지 않았고, 분노한 파리 시민들은 베르사유 궁전으로 가 "빵을 달라!"고 외치며 왕과 왕비를 혁명이 한창인 파리로 옮겼다.

1791년 6월, 루이 16세 일가가 도망가다 체포되는 일이 생기자 국왕과 왕실에 대한 민중의 반감은 더욱 커졌다. 여기에 자국으로 혁명이 전파되는 것을 두려워한 프로이센과 오스트리아가 군대를 동원하여 파리로 쳐들어오자, 각지에서 의용군이 일어나 맞서 싸우는 한편으로 국왕 일가를 유폐시켰다. 국민의회는 왕권을 정지시키고 보통선거에 의한 새로운 국민공회 소집을 결의하고, 1792년 9월 드디어 공화정 수립을 선언했다.

프랑스 인권선언. 자유와 평등 등 인간의 천부적 권리는 장소와 시간을 초월하여 보편적임을 선언하였다.

국민공회는 급진적 공화주의를 주장하는 자코뱅파가 다수를 차지했는데, 이들은 국왕을 신속하게 처형했다. 이웃 국가들은 프랑스를 압박했다. 안팎으로 어려운 상태에서 자코뱅파는 반혁명 세력들을 대거 체포·처형하는 공포정치를 실시했다. 그러나 사회가 차츰 안정을 찾아가며 국민들은 공포정치에 회의를 품게 되어, 급기야 1794년 7월 자코뱅파의 지도자인 막시밀리앙 로베스피에르가 체포되어 단두대에서 처형되기에 이른다. 국민공회 안의 보수온건파가 일으킨 이 쿠데타를, 프랑스 혁명력의 제11월에 일어났다고 하여 '테르미도르의 반동'이라고 한다.

로베스피에르의 처형으로 혁명의 열기는 식고, 보수파가 주동이 되어 새로운 헌법을 제정한다. 일정한 세금을 낸 사람에게만 선거권을 부여하는 부르주아 공화주의 체제를 수립한 것이다. 이런 사회 분위기에서 1799년 군인인 나폴레옹 보나파르트가 보수파와 결탁하여 쿠데타를 일으켜 정권을 장악함으로써 10년에 걸친 프랑스혁명은 종결되고, 나폴레옹 독재 체제가 수립되었다.

프랑스혁명의 상징 '기요틴'

루이 16세 일가는 어떻게 되었을까? 혁명으로 왕정은 종식되고 공화정 체제가 실시되었다. 공화제는 복수의 주권자가 통치하는 체제로, 이 체제에선 왕의 존재가 불필요하다. 그렇다고 굳이 왕을 죽여야 했을까? 혁명의 와중에 파리로 연행되어 시민의 감시 속에 생활하던 루이 16세와 왕비 마리 앙투아네트는 군중들이 지켜보는 가운데 처형되었다. 이들이 단두대에 오른 결정적인 이유는 '사치'였다.

빵 값이 계속 올라 기근에 시달리던 백성들에게, 대식가였던 루이 16세와 유행을 선도하며 연일 연회를 베푼 마리 앙투아네트의 화려한 생활은 분노를 사기에 충분했다. 이때 궁전에서 일어나는 일들을 백성들에게 알려 그들의 분노를 결집시키는 역할을 한 것은 언론이었다.

단두대에서 목이 잘린 루이 16세.

당시 백성들에게 왕실의 사치와 위선, 부도덕성을 알리는 수단으로 '포르노'가 사용되었다. 수많은 포르노그라피 문학과 판화들이 마리 앙투와네트를 '섹스의 노예' 또는 '동성애자' 등으로 묘사하여 모든 불만이 왕비에게 집중되도록 했다.

마리 앙투아네트. 오스트리아 여왕 마리아 테레지아의 막내딸로 태어나 프랑스 왕비가 되었다. 프랑스 혁명 후 국고를 낭비한 죄와 반혁명을 시도하였다는 죄명으로 처형되었다.

프랑스혁명 기간에 언론을 통한 강렬한 선전 활동을 편 이는 장 폴 마라였다. 의사이자 과학자였던 마라는 혁명이 일어나자 언론가로 활약했다. 1789년 9월 《인민의 벗》이라는 신문의 편집을 맡으면서 가장 급진적인 정책의 대변자로 떠올랐다. 루이 16세 일가가 베르사유에서 파리로 옮겨 온 10월 이후, 그는 귀족계급이 혁명을 파괴하려는 음모를 꾸미고 있다고 주장하며 미리 손을 써야 한다고 강력히 촉구했다. 왕당파 망명자들이 반혁명 활동을 조직하고 다른 유럽 군주들에게 루이 16세의 복권을 돕도록 부추기고 있다고 주장하며, 온건파 혁명 지도자들도 비판했다.

1790년 7월, 그는 독자들에게 이렇게 선언했다. "500~600명의 목을 잘라야 여러분의 휴식과 자유와 행복이 보장될 것이다. 거짓된 인간애가 여러분의 팔을 붙잡고 여러분의 주먹을 멈추게 하고 있다. 그 때문에 여러분의 수백만 형제들이 목숨을 잃을 텐데도 말이다."

마라는 누진세와 국가의 노동자 직업훈련, 군복무 기간 단축과 같은 개혁 조치들을 옹호했다. 그리하여 실내 집회나 거리 시위에서 파리 민중들의 적극적인 지지를 받아 곧 국민공회의 유력한 인물이 되었고, 로베스피에르·조르주 당통과 함께 급진파의 상징으로 떠올랐다.

그러나 인기만큼 그에 대한 불만도 높았다. 온건파인 지롱드당은 그를 혁명재판소로 넘겨 심문받도록 했으나 무죄 판결을 받았다. 이처럼 논란의 중심에 서 있던 마라는 1793년 7월 13일, 욕조에서 피부병 치료를 받다가 지롱드당 지지자인 젊은 여성 샤를로트 코르데의 칼에 찔려 죽는다. 그의 죽음은 민중의 대의大義를 위한 순교로 평가받았고, 혁명의 열렬한 지지자였던 화가 자크 루이 다비드는 〈마라의 죽음〉이라는 그림을 남겼다. 마라를 죽인 코르데는 일주일 뒤 단두대에서 처형되었다.

그런데 프랑스혁명 하면 떠오르는 단두대는 혁명 초기부터 있었던

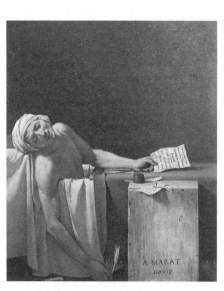

것이 아니다. 1791년 혁명으로 구성된 의회인 국민공회는 계급에 상관없이 참수형에 처할 죄수들의 고통을 줄일 수 있는 새로운 방법을 찾고자 했다. 그래서 왕의 주치의인 안토닌 루이 박사와 해부학 교수인 조세프 이그나스 기요탱 박사를 중심으로 위원회가 구성되었다.

이전처럼 무딘 도끼나 교

다비드 〈마라의 죽음〉. 원판은 브뤼셀 로요미술관에 소장되어 있으며, 베르사유 역사박물관에 모조품이 있다.

수형으로 사형을 집행하는 것은 비인도적인 데다 형 집행자들에게 심리적인 압박을 주므로, 사형수들을 고통 없이 죽일 수 있는 기구로 형을 집행하자는 제안이었다. 이에 루이 박사의 설계에 따라 사형 집행 기구를 만들었다. 처음에는 이 기구를 발명가 루이 박사의 이름을 따 '루이종' 또는 '루이셋'이라 했으나, 언론에서 기억하기 쉽다는 이유로 기요탱 박사의 이름을 따서 '기요틴guillotine'이라 부르게 되었다. 왕에서부터 평민에 이르기까지 신분에 관계없이 죄인은 단두대에 올랐고, 칼날이 내리치는 짧은 순간 고통도 없이 죽음을 맞이했다. 사형 기구 단두대는 아이러니하

프랑스 혁명 시기 루이 16세를 비롯하여 많은 이들이 기요틴으로 처형당하면서, 기요틴은 공포의 상징물이 되었다.

게도 바로 인권과 평등을 강조한 프랑스 혁명의 성격을 실천한 것이라 할 수 있다.

루이 16세와 마리 앙투아네트, 혁명을 주도한 당통, 공포정치로 많은 사람을 단두대에 오르게 한 로베스피에르도 이 기요틴으로 죽었다. 이 기구를 고안한 기요탱 박사도 단두대에서 죽었다고 전해지나, 1814년 5월 26일 자연사했다. 프랑스는 1981년 사형제를 철폐했다. 프랑스에서 마지막으로 단두대가 쓰인 것은 놀랍게도 1977년이라고 한다.

17. 다윈과 빅토리아의 만남

2009년은 진화론을 주장한 영국의 생물학자 찰스 다윈의 탄생 200 주년, 그의 저서 『종의 기원』이 출판된 지 150주년이 되는 해이다. 이를 기념하여 세계 각국에서 여러 행사들이 열렸다. 진화론은 과학의 세기였던 19세기를 통틀어 이후 과학을 비롯한 전 분야에 가장 큰 영향을 끼친 '발명품'으로, 현대의 생물학·윤리학·철학·경제학·의학·사회학 등에 커다란 영향을 끼쳤다.

케임브리지대학 신학부를 졸업한 청년 다윈은 1831년 12월부터 1836년 10월까지 영국 해군의 측량선인 '비글Beagle'호를 타고 항해하다가, 에콰도르 근처의 갈라파고스 제도에서 참새만 한 작은 새 핀치가 섬마다 조금씩 다른 먹이와 생활 조건에 따라 열여섯 가지나 되는 다양한 부리를 가졌다는 점을 발견하면서 진화론의 아이디어를 얻게 되었다. 갈라파고스는 육지에서 멀리 떨어져 있고, 해류와 바람이 장벽 역할을 하기 때문에 대륙에서 동식물이 유입되기 힘들었으

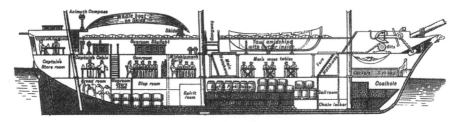

비글 호. 다윈과 함께 배를 탔던 필립 킹이 스케치한 것이다.

며, 원주민이 없어서 인간의 영향도 받지 않는 곳이었다. 다윈은 이러한 환경에서 다양한 부리를 가진 핀치 새를 보고, 생물 종이 자연선택을 통해 진화한다는 생각을 확고히 하게 되었다.

진화론을 탄생시킨 '인구론'

다윈은 갈라파고스 제도에서 가지고 온 자료들을 정리하다가 영국의 경제학자 토머스 맬서스의 『인구론』을 읽고 진화론의 논리를 구상했다. 다 알다시피 『인구론』의 주장은 '인구는 기하급수적으로 증가하고, 식량은 산술급수적으로 증가한다'는 것이다. 다윈은 이 주장을 '동물의 개체 수는 기하급수적으로 증가하고, 식량(혹은 환경)은 한정돼 있다'로 바꾸어, 제한된 환경 속에서 동물들은 어쩔 수 없이 경쟁을 하고 그중에서 환경에 잘 적응한 종만 살아남는다는 논리를 만들었다.

다윈은 신이 인간을 포함한 생물을 만들었다는 기독교 신학에 바탕을 둔 '스콜라 철학'이 유럽을 지배하던 때, 신이 인간을 만들지 않았으며 모든 생물은 차츰 진화되어 왔다는 혁명적인 이론을 '자연선택설'이라는 이름으로 세상에 내놓았다.

모든 생명체가 생존경쟁을 통한 진화의 결과로서 존속하게 되었

찰스 다윈과 『종의 기원』. 다윈은 해군 측량선 비글 호를 타고 남아메리카와 남태평양의 여러 섬을 탐사하여 진화론의 기초를 확립했다. 1859년 출간한 『종의 기원』은 이후 인류의 자연관과 세계관 형성에 큰 영향을 끼쳤다.

다는 이 주장은, 신의 의지로 만물이 창조됐다는 기독교적 세계관을 근본적으로 부정하는 것이었다. 이는 종교적 권위주의를 뿌리째 뒤흔들고, 자연과 인간을 종교에서 멀어지게 만들었다. 과학의 시대라는 역사의 수레바퀴는 거칠 것 없이 유럽인들의 생각을 바꿔 놓았다. 과학의 발달은 중세의 신학을 대신하여 학문의 제왕이 되었고, 과학적 방법은 기술 분야 외에 모든 학문에도 적용되기 시작했다.

진화론을 악용한 '사회진화론'

진화론이 발표된 때는, 영국이 산업혁명에 성공한 이후 강대한 공업국이 되고 제국주의로 발전하여 대영제국을 형성한 빅토리아 시대였다. 1901년까지 지속된 빅토리아 시대에는 상공업과 무역업에 종사하며 부를 축적한 중산계층이 신분 상승을 하고, 철과 석탄, 증기와 기계, 철도와 전선의 시대가 새롭게 열렸다. 과학은 나날이 발전하여 인간의 지식을 넓혔고, 여행 시간이 단축되어 세계는 더욱 가까워졌다. 그러나 다른 한편으로 인구가 도시로 지나치게 집중되고, 노동자들은 열악한 조건에서 비참한 생활을 꾸려 갈 수밖에 없어서 차티스트 운동 같은 급진적인 노동운동이 일어났다.

이러한 시기에 '적응하는 자만이 살아남는다'는 진화론의 핵심 이

빅토리아 시대 런던 거리. 구스타브 도레의 작품으로 당시 새롭게 시작된 기계장치의 활용, 부의 탄생, 비열하고 격렬한 인간성 등의 특징이 잘 묘사되어 있다.

론은 사회사상가들에게 수용되어 '사회진화론'으로 발전했다. '사회진화'라는 용어를 처음 사용한 사람은 영국 철학자 허버트 스펜서이다. 스펜서는 생물 진화론의 적자생존·자연도태(자연선택) 이론을 그대로 사회에 적용하여, 사회를 유기체로 보고 사회유기체 진화의 원동력을 사회도태에서 구했다. 사회는 동태적으로 계속 진화하고, 사회 진화의 특성은 사회의 분화와 통합에 있으며, 사회의 주요 기능은 유지·배분·규제라는 주장이었다.

다윈의 생물학적 생존경쟁을 경제·사회·정치 등 모든 분야로 확대시킨 사회진화론자들은 정치적으로는 보수주의, 경제적으로는 자유방임주의, 개인주의를 옹호했다. 즉, 성공한 기업가는 치열한 경쟁 속에서 살아남을 수 있는 능력을 증명한 것이라는 주장이다. 사회진화론자들은 기업가들의 성공은 자연의 법칙을 따른 정당한 것으

원숭이 다윈. 다윈의 진화론에 반대하던 이들은 다윈을 원숭이로 풍자하곤 했다.

로 사회 유지에 유익하게 기능한다며, 기존의 지배 질서를 자연의 질서로 정당화했다. 이러한 질서에 도전하는 것은 자연의 질서를 어지럽히는 나쁜 것이었다. 또한 다윈의 주장처럼 진화는 단기간에 급속히 이루어지는 것이 아니므로, 사회 진화도 자연의 질서처럼 서서히 진행되어야 한다고 주장했다.

사회진화론은 독일과 영국에

윈저궁 알현실에서 성경을 하사하는 빅토리아 여왕. 그림에 나타난 유럽인과 비유럽인의 모습은, 19세기 백인들의 인종적·경제적 우월성에서 제국주의 지배의 정당성을 증명했던 사회진화론의 논리를 잘 보여 준다.

서 크게 유행했는데, 주로 식민지 확대와 군사력 강화 측면에 많은 영향을 끼쳤다. 현실에 가장 잘 적응한 생명체가 생존할 자격이 있고 또 마땅히 그러해야 한다는 생각은, 19세기 백인들의 인종적·경제적 우월성을 제국주의 지배로 표출하는 것을 자연현상으로 정당화했다. 즉, 서구인들은 신체적·지적·도덕적으로 다른 인종보다 우월하므로, 아시아와 아프리카를 정복하고 다스릴 사명을 부여받았다고 외치며 제국주의의 군사적 침략을 정당화했다.

한때 자유와 평등을 계몽하며 천부인권天賦人權을 주장했던 유럽의 사상은, 사회진화론으로 인류를 열등한 인종과 우월한 인종으로 가르고, 전쟁에서 승리한 민족과 국가는 생존할 권리가 있고 패배한 민족과 국가는 멸절되어야 한다는 논리를 만들었다. 진화론 그 자체는 인간 이성과 과학이 이룩한 훌륭한 업적이었으나, 사회진화론은 영토 확장과 군비 증대, 민족 간 불신과 국가 간의 적대감을 조장하며 제국주의와 시장경제, 더 나아가 나치즘을 정당화하는 데 동원되었다.

진화가 진보인가?

『종의 기원』이 종교적 반감을 일으키면서도 급속히 보급된 깃은, 다윈의 자연선택설이 영국 산업자본주의의 발전을 반영하고, 자유경쟁에 의한 번영의 이념을 생물계에 도입한 것으로 간주되었기 때문이다. 그러나 다윈의 진화론은 자본주의 발전이나 인종주의에만 국한되지 않았다.

사회주의 사상가인 독일의 카를 마르크스는 영국 망명 시절에 다윈의 진화론을 읽고 매우 관심을 가졌고 개인적으로 다윈과 편지를 주고받기도 했다. 마르크스는 다윈의 진화론을 보고 인류의 진화를 진보로 이해했고, 결국 이상적인 사회로 진보하는 것이 인긴의 숙명이라고 여겼다. 실제로 마르크스는 『자본론』이 출간되자 이 책을 다윈에게 직접 선물했다고 한다.

진화론은 제국주의의 침략에 저항하며 부국강병을 꾀하려던 아시아 지식인들에게도 영향을 끼쳤다. 한국도

카를 마르크스.

왼쪽부터 량치차오와 유길준. 오른쪽은 유길준이 1895년 출간한 『서유견문』. 동양의 지식인들은 제국주의 침략의 원인을 나약한 내부 문제 때문이라고 생각하고, 부국강병을 통해 생존경쟁에서 살아남아야 한다고 주장했다.

예외는 아니었다. 한국에 진화론이 소개된 것은 1880년대이다. 이 시기에 일본인들이 번역 또는 저술한 책을 통해 이 사상을 처음 접한 뒤, 1900년대 중국인들의 글을 읽고서 본격적으로 진화론을 받아들이게 되었다. 중국에서는 청나라 말기와 민국 초기의 사상가들인 옌푸嚴復와 량치차오梁啓超 등이 유럽의 진화론을 수용했는데, 우리나라는 량치차오의 영향을 많이 받았다.

당시에는 자연과학적인 면보다는 사회과학적인 면이 먼저 수용되어, 1900년대 초엽에 '생존경쟁' '우승열패優勝劣敗' 등의 용어가 보편화되었다. 사회진화론을 적극 받아들인 인사로는 유길준과 윤치호 등을 꼽을 수 있는데, 유길준은 『서유견문西遊見聞』에서 「경쟁론」이라는 이름으로 소개하였다. 이후 학술 잡지나 신문 등에 사회진화론에 대한 글이 많이 실렸다.

사회진화론이 수용되면서 동양의 지식인들은 다양한 부국강병 및 계몽운동 활동을 벌였다. 이는 우리나라가 열강의 침략을 받고 식민지가 되는 까닭을 제국주의에서 찾기 전에, 무지하고 나약한 내부 문제로 인식했기 때문이다. 한말의 지식인들은 힘을 갖춰 생존경쟁에서 살아남아야 한다는 사회진화론적 사고를 바탕으로 계몽운동을 제창하였다.

하지만 사회진화론은 진화하는 사회의 원리를 계몽하는 이론인 동시에 강자의 승리를 정당화하는 논리였으므로, 결국 동양이 서구의 제국주의 국가보다 못하다는 열등감과 패배주의 정서를 심어 주기도 했다.

18. 가리발디와 비스마르크, 유럽의 민족주의

세계 어느 나라에 가든 그 나라 국민들에게 존경을 받는 인물들의 이름이 붙은 거리나 조형물이 있다. 이탈리아에서는 '가리발디'라는 이름을 많이 만날 수 있다. 주세페 가리발디는 19세기 '리소르지멘토Risorgimento'(이탈리아의 통일운동)에서 중요한 역할을 한 이탈리아의 국민적 영웅이다.

가리발디는 일찍이 우리나라에도 알려졌는데, 1907년 신채호가 중국의 량치차오가 쓴 책을 번역한 『이태리 건국 삼걸전伊太利建國三傑傳』의 주인공 가운데 한 명이 가리발디였다. 『이태리 건국 삼걸전』은 19세기 후반 분열된 이탈리아를 통일하고 근대국가를 수립하는 과정에서 활동한 세 영웅인 주세페 마치니, 가리발디, 카밀로 카보우르의 활약상을 기록한 글이다. 제국주의 열강의 침략 위기 속에서 근대적 개혁과 민족국가 수립을 위해 고민하던 동양의 지식인들은 먼 유럽의 민족운동의 역사에서 교훈을 얻고자 했던 것이다.

프랑스혁명이 촉발시킨 유럽의 민족주의

19세기는 유럽에서 민족주의가 발전한 시기이다. 그 계기는 프랑스혁명이었다. 프랑스혁명 과정에서 민족 주권과 민족의 자율성을 주장하는 목소리가 나오면서 근대적 민족주의가 등장했다. 그리고 프랑스가 1792년 4월부터 대외적인 혁명전쟁을 개시하자, 프랑스뿐 아니라 그 상대 나라에서도 민족적 감정이 고양되었다. 나폴레옹이 정복한 유럽 여러 나라에서 그 반발로서 민족주의가 일어난 것이다.

초기의 민족주의는 대체로 교양 있는 부르주아계급에 기반을 두었으나, 1870년 이후 점점 대중적인 현상으로 바뀌었다. 19세기 후반 산업화가 진전되며 국가 간의 다툼이 더 치열해졌기 때문이다. 유럽의 강대국들은 군사력을 강화하고 국민들의 충성심을 끌어내고자 민족주의 이념을 대중화하려고 노력했다.

19세기 유럽의 민족주의 운동은 크게 세 가지 형태로 전개되었다. 첫째는 다른 민족의 지배와 억압으로부터의 해방과 독립, 둘째는 분열된 민족이나 국가의 통합, 셋째는 이미 정치적 통일을 이룬 민족국가의 경우 발전과 팽창을 추구한 것이다. 첫 번째 경우는 오스트리아나 러시아 같은 다민족국가에서 소수 민족들이 벌인 분리·독립 운동이다. 두 번째는 독일이나 이탈리아처럼 분열되어 있는 나라를 하나로 통합하려한 운동이다. 세 번째는 영국이나 프랑스처럼 이미 형성

이탈리아 밀라노의 가리발디 동상.

된 민족국가를 더욱 발전시키려 하는 움직임으로, 이는 결국 제국주의와 연결되었다.

19세기 '리소르지멘토'와 가리발디

19세기 초 이탈리아는 여러 국가들로 나뉘어져 있었고, 문화적으로나 경제적으로 지방의 전통을 중시했다. 그런데 나폴레옹이 이탈리아를 점령한 뒤 각 지역을 연결하는 도로를 건설하고, 동일한 법 체제로 이탈리아를 지배했다. 나폴레옹은 유럽 대륙과 영국의 무역을 금지시킨 '대륙봉쇄령'으로 이탈리아인들에게 경제적 고통을 주고, 많은 병사들을 징집하는 한편, 이탈리아 예술품을 파리로 반출했다. 이에 분개한 이탈리아의 중산층들은 외국인 지배자를 축출하고 통일을 성취하는 것이 국력을 기르고 경제적으로 성장하는 중요한 열쇠라는 것을 깨달았다.

새로운 이탈리아를 세우려는 노력은 문화적으로 과거 로마 제국을 일구었던 이탈리아의 자부심을 고양시키는 일에 집중되어, 민족의 영광을 그린 소설·희곡·시·역사 등이 발굴되기 시작했다. 시인들은 이탈리아의 통일과 독립을 외쳤고, 지식인과 군사 엘리트들이 그 뒤를 따랐다.

이러한 상황에서 이탈리아 북서부의 사르데냐 왕국 해군으로 복무하고 있던 가리발디는, 민족주의자 주세페 마치니와 프랑스의 사회주의자 클로드 생시몽에 감화를 받아 마치니의 청년이탈리아당에서 활동했다. 이어서 1834년 마치니의 혁명운동에 동참했다가, 이 운동이 실패하자 프랑스로 망명했다. 그 후 남아메리카로 건너가 리

주세페 가리발디. 19세기 이탈리아 통일운동에 헌신하여 국민적 영웅으로 추앙받고 있다.

오그란데와 우루과이 등의 독립전쟁을 지원했다.

그런데 1848년 이탈리아의 통일운동 리소르지멘토가 일어나자 고국으로 돌아와 의용대를 조직하여 싸웠다. 이듬해 가리발디는 이탈리아의 혁명공화 정부를 무너뜨리고자 쳐들어오는 나폴레옹 3세의 무력간섭에 대항하는 방어전을 지휘했다. 그러나 전투에서 패배하여 공화 정부는 붕괴되었고, 가리발디는 다시 뉴욕으로 망명했다가 1854년에 귀국했다.

그 후 사르데냐의 수상 카밀로 카보우르가 통일전쟁을 벌이자, 가리발디는 1860년 부대를 일으켜 남부 이탈리아를 정복하며 통일전쟁에 동참했다. 가리발디의 부대에 들어온 사람들은 모두 빨간 셔츠만 입어서 '붉은 셔츠단'이라고 불렸다. 당시 남부 이탈리아는 시칠리아 왕국의 지배를 받았는데, 이 왕가는 세금을 너무 많이 걷고 자유를 탄압해 평판이 나빴으며 프랑스계의 부르봉 왕가 출신이라는 점 때문에 반프랑스 정서를 고조시켰다.

가리발디는 남부를 통일하다시피 하면서 중부로 올라가다, 이탈리아 북부에서 내려온 사르데냐 왕국의 왕 비토리오 에마누엘레 2세와 카보우르 수상을 만나게 되었다. 카보우르는 이탈리아를 통일할 야망을 품고 외교적으로 수완을 발휘하여 통일 후에도 재상으로서 이탈리아 통일을 마무리했다. 이 만남에서 가리발디는 부하들의 반대를 무릅쓰고 남부 이탈리아를 사르데냐 왕에게 바쳤다. 가리발디는 마치니의 제자로서 공화주의자였으나, 이탈리아 통일이라는 대의를 위해 남부 이탈리아를 바친 것이다. 이리하여 로마와 베네치아를 제외한 전 이탈리아가 통합되고, 새로운 이탈리아 왕국의 국왕으로 사르데냐의 비토리오 에마누엘레 2세가 추대되었다. 이후 베네치아는 1866년 오스트리아와, 로마는 1871년 프로이

비토리오 에마누엘레 2세. 가리발디의 남부 이탈리아를 병합하고 1861년 초대 이탈리아 왕이 되었다. 1866년 베네토, 1871년 로마를 병합하여 이탈리아의 통일을 완성하였다.

센과 프랑스를 상대로 싸운 끝에 이탈리아의 통일이 완성되었다.

가리발디는 공을 세운 대가로 내려진 보상과 지위를 모두 거절하고 은퇴하여 고향에 돌아가 양 떼를 치다가 세상을 떠났다. 오랜 세월 통일운동에 헌신하면서도 명예나 이익을 탐하지 않은 그는 오늘날까지도 이탈리아의 국민적 영웅으로 추앙받고 있다.

통일 독일 건설한 비스마르크의 '철혈정책'
독일에서도 1806년 이후 나폴레옹의 지배를 받으며 민족주의가 싹텄다. 독일 관념론의 대표 사상가인 요한 피히테, 하인리히 슈타인 같은 사람이 앞장서서 독일인들에게 민족적 각성을 촉구했다. 독일은 중세 이래 분열되어 있었으나, 국가 간 경쟁이 치열해진 근대사회에

1848년 3월에 일어난 베를린 혁명. 베를린 시내에 바리케이드가 구축되고 긴장이 극에 달했다. 검열 폐지·통일헌법에 관한 칙령이 나왔으나, 군대가 왕궁 앞으로 모인 군중에게 발포하면서 시가전이 벌어졌다.

서 분열은 곧 자멸을 의미했다. 1848년 일어난 시민혁명인 '3월혁명'은 이러한 상황을 타개하려는 노력이었다.

이 혁명을 주도한 세력은 대체로 부르주아계급인데, 그들은 민족 통일과 입헌군주제를 통한 국가의 자유화를 추구했다. 그러나 오스트리아와 프로이센의 주도권 경쟁과, 구지배계급의 완강한 저항으로 혁명은 성공하지 못했다. 이러한 상황에서 프로이센이 독일 내의 통상과 경제 발전을 크게 저해하고 있던 각종 지방 관세를 철폐하는 데 앞장섰고, 1834년 마침내 오스트리아를 제외한 독일 전 지역이 '관세동맹'을 맺기에 이르렀다. 이는 독일 통일의 경제적 초석이 되었다.

이 통일 과업을 떠맡은 이가 당시 프로이센의 수상이던 오토 폰 비스마르크이다. 비스마르크는 프로이센의 융커(보수적인 지방 귀족) 출신 보수주의자로서, 오스트리아를 제외하고 프로이센을 중심으로 통일을 달성해야 한다는 신념이 강했다. 그는 러시아 및 프랑스 주재 대사를 역임하여 국제정치에도 밝은 편이었다.

이러한 비스마르크가 프로이센 수상으로 임명된 때(1862)는 국왕

1848년 5월 프랑크푸르트 암 마인의 성 바울 교회당에서 열린 국민의회. 자유주의자가 다수를 점했던 국민의회에서는 독일 국민의 기본권을 근간으로 하는 프랑크푸르트 헌법 초안을 제정하여 전 독일인에게 평등한 시민권과 민주주의적 제반 권리를 승인했다.

빌헬름 1세가 군비 확장 문제로 의회에서 자유주의 대표와 대립하고 있을 때였다. 프로이센의 군사 제도는 1810년에 제정된 묵은 것이었다. 그동안 영토와 인구가 늘고, 특히 1850년대부터 본격적인 산업혁명기로 접어들어 경제가 급속히 성장하고 있었다. 비스마르크는 독일 통일을 가로막는 최대의 장애물이 오스트리아와 프랑스이며, 이를 제거할 길은 전쟁밖에 없다고 믿었다. 그래서 군제 개혁에 반대하는 자유주의자를 향해, 국가의 대사를 결정하는 것은 연설이나 다수결이 아니라 오직 '철鐵과 피血', 즉 병기와 병력뿐이라 외치며 의회 기능을 정지시키고 군제 개혁을 단행했다('철혈정책').

　이후 강력한 군대를 거느리게 된 비스마르크는 1866년 오스트리

비스마르크. 1862년에 프로이센의 수상으로 임명된 후, 강력한 부국강병책을 써서 오스트리아, 프랑스와의 전쟁에서 승리하고 1871년에 독일 통일을 완성한 후, 신제국의 재상이 되었다.

아와 전쟁을 하여 7주 만에 승리하고, 프로이센을 중심으로 북부 독일연방을 형성했다. 1871년에는 프랑스와 싸워 나폴레옹 3세의 제2제정을 무너뜨렸다. 1871년 1월 18일 프로이센 왕 빌헬름 1세는 파리 교외에 있는 베르사유 궁전에서 새로 탄생한 독일 제국의 황제로 즉위했다. 이로써 독일 지역에서 오스트리아를 제외한 모든 나라가 하나로 통일되어 독일 제국이 건설되고 비스마르크는 독일 제국의 첫 수상이 되었다.

독일 통일 이후 독일의 자본주의는 급속하게 발전하였고, 독일은 공업화를 바탕으로 뒤늦게 제국주의에 발을 들이게 되었다. 독일 제국의 수립은 19세기 유럽·민족주의의 한 전형을 보여 주었다.

독일의 민족주의는 문화적 민족주의의 성격이 강했다. 독일어와 그 문화가 민족주의의 기초가 되었다. 여기에서 교육은 매우 중요한 역할을 했다. 비스마르크는 통일 이후 공립 초등학교를 많이 만들었는데, 이는 유럽에서 가장 빠른 편에 속했다. 이 학교들에서 독일어 교육을 시켜 문자 해득자가 크게 늘어났다. 그러면서 다른 한편으로 덴마크어, 폴란드어, 알사스어 같은 소수민족 언어 사용을 금지시켰다.

공간 혁명의 주역, 철도

우렁차게 토하는 기적소리에

남대문을 등지고 떠나 나가서

빨리 부는 바람의 형세 같으니

날개 가진 새라도 못 따르겠네

늙은이와 젊은이 섞여 앉았고

우리네와 외국인 같이 탔으나

내외 친소親疎 다 같이 익히 지내니

조그마한 딴 세상 절로 이뤘네

우리나라 근대문학의 선구자로 꼽히는 최남선은 1908년 첫 창가唱歌 작품인 〈경부철도가〉에서 새로운 서양 문물인 철도를 이렇게 예찬했다. 쇳덩어리가 김을 내뿜고, 요란한 속도를 내며 무서운 속도로 달리는 것을 보고 19세기 말 한국인들은 신기함을 넘어 경악했다. 최남선은 당시 일본에서 유행하던 〈철도가〉의 영향을 받아 철도라는 신문명의 편리함을 소개하며 문명개화의 당위성을 노래했다. 19세기 서양에서 시작된 상품과 자본의 전 지구적 확장은 철도 레일을 통해 퍼져 나갔고, 철도는 생활의 변동을 재촉하며 삶의 공간과 지각을 획기적으로 바꾸는 공간 혁명을 이끌었다.

기관차가 열차를 매달고 달리다

철도는 산업혁명을 이끈 증기기관의 동력원인 석탄을 운반하는 용도로 등장했다. 18세기 새로운 동력 기관인 증기기관은 탄광에서 처음 발명되었다. 탄광을 파 내려가면 물이 고이는데, 고인 물을 퍼내는 펌프를 개량하는 과정에서 1712년 영국 기술자 토머스 뉴커먼이 최초의 실용적인 증기기관을 완성했다. 그 후 1765년 영국 기술자 제임스 와트는 뉴커먼의 아이디어를 보완해 이 동력 기관을 상업적으로 성공시켰다. 실린더와 피스톤·밸브 등을 개량해 증기의 팽창력으로 피스톤의 상하운동을 크랭크의 회전운동으로 전환하는 증기기관을 발명한 것이다.

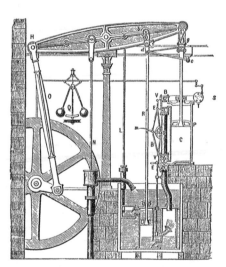

와트의 증기기관 설계도.

혁신적 동력 기관인 증기기관의 쓰임새는 탄광에만 머무르지 않았다. 증기기관은 도시로 진출해 사람과 동물의 힘으로 지탱되던 수공업을 대체해 기계류에 의한 생산, 즉 1차 산업혁명의 원동력이 되었다. 방적기, 공장, 제철소 등이 영국의 중부와 북동부 지방에 잇따라 들어섰고, 석탄이 목탄을 대신하여 주 연료로 쓰이기 시작했다. 당시 도시화로

증기기관차와 철도 궤도의 결합은 근대적 삶의 지평을 여는 획기적인 발명이었다.

인한 인구 급증으로 도시 주변 숲이 줄어들면서 목탄, 즉 숯의 공급이 부족한 상태였다. 그런데 난방과 취사 및 증기기관에 필요한 연료에 대한 수요는 크게 늘어나, 석탄의 원활한 공급이 산업혁명의 핵심적 요소로 부각되었다.

석탄이나 광석은 무겁고 생산지가 제한되어 있어서 이를 공장이 있는 도시까지 운송하는 것이 큰 문제였다. 오늘날처럼 포장된 도로가 거의 없고, 특히 비가 많이 내리는 영국에서는 육로로 석탄을 운반하기가 쉽지 않았다. 그래서 완만한 지형을 이용해 강을 따라 수많은 수로가 건설되었다. 탄광에서 수로까지는 중력을 이용한 마차 궤도로 나르고, 수로에서 작은 배에 옮겨 실으면, 수로 옆으로 난 길을 따라 말로 큰 강까지 가서 큰 배에 옮겨 실어 도시가 있는 항구까지 가는 식이었다.

그러나 이런 방식으로 늘어나는 교통 수요를 감당할 수 없었다. 사료 값은 치솟고 말은 귀해졌으며, 수로의 물이 빠지면 아예 다닐 수가 없었다. 그러나 제조업의 성장에 따라 교통 수요는 폭증했다. 이러한 사태에 직면한 산업계는 말을 대체할 수단을 절실히 필요로 했다. 이때 증기기관을 발명한 제임스 와트의 공장에서 일하던 윌리엄 머독이 '도로 위를 달리는 증기차'라는 아이디어에 매달려 1784년 드디어 증기자동차를 개발했다. 그러나 김을 내뿜는 이 자동차를 본 사람들은 악마의 현신이라며 개발을 막았고 이후 미국에서도 올리버 에번스가 수륙양용 증기차를 만들었지만, '움직이는 기관차'라는 모험적인 사업에 투자하려는 자본가는 아무도 없었다.

그러다가 1804년 영국 남부의 한 광산에서 10톤의 철광석을 실은 수레가 레일 위를 달리기 시작했다. 실제로 레일 위를 달린 첫 번째 증기기관차였다. 그리고 1804년 2월 21일, 영국 남부 웨일스 지방의 머서티드빌 광산에서 기괴한 모습의 기관차가 '칙칙' 소리를 내며 움직이기 시작했다. 목적지는 그곳에서 16킬로미터 떨어진 운하 부근의 선적장이었다. 승객 70명과 철광석 10톤을 실은 기차는 무사히 운행을 마쳤다. 소요 시간 총 4시간 5분. 평균 시속은 4킬로미터에 불과했던 이날의 운행은 '기관차가 열차를 매달고 승객과 화물을 실어 나른 최초의 사건'으로 기록되었다. 웨일스 광산에서 벌인 이 실험은 증기기관차와 철도 궤도의 결합이라는 획기적인 발명이었다.

산업혁명이 진행되면서 원료와 상품 및 사람이 철도를 따라 대규모로 이동하였고, 철도역을 중심으로 도시가 만들어졌다. 공간 이동의 혁명이 일어난 것이다. 많은 사람들이 증기기관차를 타고 빠른 시간에 원하는 곳에 가게 되었고, 자신의 생활을 이 철도의 출발과 도착에 맞추는 시간표에 익숙한 삶, 바로 근대적인 삶을 살게 되었다.

세계 최초의 철도 '스톡턴-달링턴 철도'

철도를 화물 수송이 아닌 여객 수송용으로, 편안한 의자가 있는 여객 전용 객차를 매단 새로운 개념의 증기기관차를 발명한 사람은 19세기 초 영국 사람 조지 스티븐슨이었다. '철도의 아버지'라 불리는 조지 스티븐슨은, 탄광 기관부의 아들로 태어나 14세 때 아버지의 조수가 되었고 뒤이어 광산 정비사가 되었다. 1814년 첫 기관차를 선보인 그는 1823년 영국 뉴캐슬에 세계 최초의 기관차 제작회사를 설립하

로코모션 1호. 스티븐슨이 직접 조종간을 잡은 로코모션 1호가 600여 명의 승객을 싣고 달리는 모습은 '기적' 그 자체였다.

고, 1825년 '로코모션 1호'를 직접 시운전하여 철도 시대를 열었다.

스티븐슨이 개통한 최초의 증기기관 철도가 '스톡턴–달링턴 철도'이다. 당시 영국 더럼 지역에 있던 탄광들은 큰 도시로 석탄을 수송하는 데 어려움을 겪고 있었다. 그래서 1821년 영국 의회는 티스강 어귀에 위치한 스톡턴까지 운하를 건설할 것인지, 아니면 과감하게 철도를 건설할 것인지를 놓고 여러 차례 타당성 조사를 벌였다. 결국 탄광 근처의 큰 도시인 달링턴을 경유해 스톡턴까지 이어지는 새 더럼 철도를 건설하는 법령이 영국 의회를 통과해 국왕의 조인을 받았다.

1825년 6월 25일. 스톡턴과 달링턴, 그리고 그 주변 선로 마을들에 사람들이 모여들었다. 철길과 도로가 나란히 놓인 일부 구간에서는 말과 역마차를 탄 사람들이 열차와 함께 달리기도 했다. 열차의 최고 속도는 시간당 15~24킬로미터에 이르렀다. 스티븐슨이 직접 조종간을 잡은 기관차 로코모션 1호가 600여 명의 승객과 산더미 같은 짐을 실은 34량의 짐차를 끌고 시골 길을 지나가는 모습은 '기적' 그 자체였다. 특히 인접 도로에서 뒤따라 달리는 네 마리의 말이 끄는 승객용 마차에 겨우 16명이 타고 가는 것과 비교되어 관중들은 경외의 탄성을 질렀다. 새 기관차에 대한 언론의 반응도 뜨거워 '철마Iron Horse'라는 신조어까지 등장했다.

제국주의의 통로

산업혁명의 총아였던 철도는 단순히 경제적 용도로만 쓰이지 않았

1830년대에 개통된 리버풀－맨체스터 구간을 달린 네 종류의 기차. 화물과 가축은 물론 승객도 실어 날랐다. 세 번째 부자 객실은 무척 호화로워 보인다.

다. 무엇보다도 철도는 군사용으로 유용했다. 1840년대에 철도를 이용해 군 병력을 수송하면서 병력의 원거리 이동 양상이 크게 달라져, 이후 전쟁 전술과 병참 운영 방식까지 바뀌게 되었다. 군사적 목적으로 철도를 적절하게 잘 활용한 국가는 독일이었다. 프로이센은 오스트리아와의 전쟁에서 철도를 이용한 신속한 기동 작전을 펼쳐 세계 전쟁사를 다시 썼다. 철도 노선이 한 개뿐이었던 오스트리아에 비해 프로이센은 다섯 개의 노선을 확보하고 있었다. 오스트리아는 병력을 동원하는 데 총 3개월이 걸린 데 비해, 프로이센은 6주 만에 성공적으로 병력을 동원하여 전쟁에서 승리했다.

철도를 이용한 독일의 신속한 군사전략에 크게 매료된 것은 일본이었다. 메이지유신 이후 일본은 독일의 총참모부 제도와 군사기술 전략을 도입했다. 1877년 메이지유신 초기 일본 사족土族들이 일으킨 마지막 반란인 세이난 전쟁 때는 신바 시와 요코하마 구간을 운행하던 열차를 활용하여 선박을 이용할 때보다 병력 수송의 효율성을

1872년 일본 최초로 신바 시-요코하마 간 철도가 개통될 당시 전경.

높였다.

한편 철도를 통한 상품과 인력 이동의 용이성은 제국주의 국가의 새로운 지역 개발과 침략을 촉진했다. 아예 이런 목적을 염두에 두고 건설된 철도가 세계에서 가장 긴 철도인 시베리아 횡단철도이다. 1891년 차르 알렉산드르 3세의 구상에 따라 착공된 시베리아 횡단철도는, 서쪽의 모스크바와 동쪽의 블라디보스토크를 비롯해 중부 시베리아 철도와 바이칼 횡단철도 등이 경유하는 여러 지점에서 동시에 건설 작업이 진행되었다.

러시아는 원래 중국 정부로부터 동쪽 지역에서 만주를 횡단하는 중국 동부철도의 부설권을 얻어 내 이를 1901년 준공했다. 그러나 1904~1905년 러일전쟁이 끝난 후 러시아는 일본의 만주 점령 가능성을 우려해 블라디보스토크까지 이르는 더 길고 어려운 대체 노선의 건설을 추진했다. 그래서 1916년 완공된 것이 아무르 철도이다. 시베리아 횡단철도의 개통은 실로 광대한 지역을 개발·정착·산업화할 수 있는 길을 열어 역사의 일대 전환점이 되었다. 러시아는 제국주의 정책에 따라 부동항(1년 내내 얼지 않는 항구) 확보라는 목표를 세우고 시베리아 횡단철도와 중앙아시아 철도를 잇달아 건설했고 그래서 러시아의 제국주의를 '철도 제국주의'라고 부른다.

철도가 바다가 없는 대륙의 주요 운송 수단으로 철도가 떠오르면서, 철도는 피를 흘리지 않고도 다른 나라를 식민지화할 수 있는 수단이 되었다. 산업혁명으로 시장을 확대해야 할 필요성에 직면한 자본주의 국가들은 철도와 통신 등 새로운 과학 기술을 바탕으로 식민

우리나라 최초의 철도와 기관차. 1899년 인천과 서울 노량진을 잇는 경인선 철도가 개통되었다.

지 정복에 나섰다. 제국주의 열강은 약소국에 철도를 건설했고, 철도는 침략과 수탈의 상징이자 새로운 정복 수단이 되었다. 철도는 제국의 통로가 되어 식민지의 물자를 본국으로 실어 나르고 본국의 값비싼 공산품들을 신속하게 식민지에 팔 수 있는 수단이자, 다른 나라와의 전쟁이나 식민지 내 반란을 진압할 때 빠른 시일 안에 군사력을 동원하는 수단으로 자리 잡았다. 우리나라의 철도가 이러한 식민지 철도의 대표적 사례이다.

1899년 경인선 철도의 개통으로 우리나라 철도 역사의 서막이 열렸다. 최초의 철도가 영국에서 탄생한 지 불과 60년 만에 아시아의 먼 나라 조선에까지 철도가 놓이게 된 것은 일본의 야심 때문이었다. 일본은 조선을 지배하려면 철도 건설이 시급하다고 판단하고 서둘러 조선에 철도를 놓으려 했다. 군사적 관점에서 볼 때 해양과 대륙을 연결하는 위치에 있는 한반도에 철도를 건설하는 것은 그 의미가 자못 컸다. 일본은 다른 국가들이 한반도의 철도를 장악한다면 일본의 안보에 해가 될 거라고 인식했다. 특히 부동항 획득 전략과 시베리아 횡단철도 건설을 추진하고 있는 러시아가 큰 위협이었다.

일본으로서는 시베리아에서 만주까지 진출한 러시아 철도가 압록강을 넘어 한반도까지 연장되는 것을 막아야 했다. 그래서 일본 군부가 한반도 철도를 구상하고 건설하는 데 가장 적극적으로 나섰다. 일본 군부는 한반도 철도를 군수품 등 각종 물자를 실어 나를 운송 수단으로 여겼기 때문에, 한반도를 남북으로 관통하여 만주로 연결하는 데 관심이 많았다.

일본은 1888년 3월 『철도론』에서 군사 수송과 관련한 사항들을 정리하고, 1894년 아오모리에서 히로시마까지 철도를 개통하여 히로시마의 우지나 항을 군대 출항지로 정하였다. 이런 수송 체계를 기초로 1894년 청나라를 상대로 전쟁을 벌였다. 1904년 러일전쟁 때는 아사히카와에서 구마모토까지의 종관 간선으로 약 100만 명의 병력을 수송했다.

이처럼 청일전쟁과 러일전쟁 기간에 일본은 철도를 통해 조선으로 들어왔고, 곧이어 만주에까지 진출했다. 이 철도로 일본 상품이 조선 구석구석으로 파고들었으며, 조선 곳곳의 쌀과 금이 항구로 실려 나와 일본으로 팔려 나갔다.

21세기 '철의 실크로드'

산업혁명과 제국주의 시대를 거쳐, 이제 철도는 21세기 새로운 공간혁명의 주역으로 거듭나고 있다. 특히 '꿈의 실크로드'로 불리는 '철

鐵의 실크로드'가 기획되어 이제 아시아와 유럽이 곧 하나의 철도망으로 묶일 예정이다.

철의 실크로드 구상은 유엔UN 아·태경제사회이사회ESCAP가 1992년 제48차 회의에서 승인한 '아시아 횡단철도 계획TAR'에서 시작되었다. 철의 실크로드는 유라시아 대륙을 잇는 철도망으로, 한반도 종단철도TKR와 시베리아 횡단철도TSR·중국 횡단철도TCR·만주 횡단철도TMR 등을 하나로 묶는 초대형 철도 사업이다 이 사업은 장기적으로 한반도와 일본까지 해저터널로 연결하여, 동북아와 유럽연합EU 경제권을 통합하는 것을 목표로 하고 있다.

'철의 실크로드'가 완성되면, 미국과 유럽연합·동북아 등 세계 3대 경제 축 가운데 유럽연합과 동북아라는 두 개의 경제 축이 직접 연결되어 그 경제적 파급 효과는 상상을 뛰어넘을 것으로 관측된다. 특히 2008년 글로벌 금융 위기 이후 'G20'(선진·신흥 20개국의 재무장관 및 중앙은행 총재 회의)이라는 용어가 사람들의 입에 오르내리는 가운데 중국·인도·러시아·중앙아시아 국가 등 전 세계 인구의 40퍼센트와 전 세계 국내총생산GDP의 25퍼센트를 차지하는 유라시아 대륙의 나라들이 세계의 주목을 받고 있다. 실제로 지난 10년간 세계경제가 연평균 2.3퍼센트 성장할 때 이 국가들은 8퍼센트에 가까운 성장률을 기록했다.

'철의 실크로드' 가운데 남북한을 종단하는 노선은 남북한뿐 아니라 관련국에도 큰 이익을 가져다줄 수 있는 노선으로 평가받고 있다. 출발지가 부산이기 때문에 한국은 물론이고 일본의 물동량까지 흡수할 수 있기 때문이다. 물동량이 많다는 것은 곧 수송비를 줄일 수 있다는 것이고, 그만큼 화물도 많아져 철도 통과국의 운임 수입도 늘어난다는 것이다.

과거 남북한을 연결했던 철도는 경의선(서울~신의주), 경원선(서울~원산), 금강산선(철원~기성), 동해북부선(양양~안변) 등 4개 노선이다. 이 가운데 '철의 실크로드'와 관련해 가장 효용성이 높은 노선은 경의선과 경원선으로 평가된다. 경의선과 경원선 단절 구간이 복원되면, 한국 화물을 중국을 경유하는 TCR이나 러시아의 TSR을 통해 유럽으로 직송할 수 있기 때문이다.

2002년 9월, 남북한이 경의선과 동해선 연결 공사에 착수하면서 철의 실크로드의 실현 가능성이 커졌다. 여기에다 2002년 8월에 북한 김정일 국방위원장과 블라디미르 푸틴 러시아 대통령이 구체적인 TKR-TSR 연결 방안을 논의하여 더욱 관심을 끌었다. 그러나 경의선은 지난 2003년 6월 도라산역(남)에서 개성역(북)까지, 동해선은 2005년 12월 제진역(남)에서 금강산역(북)까지 연결을 완료하고, 2007년 5월에 시범 운행까지 마치고도 이후 남북 관계가 경색되면서 실제 운행은 하지 못했다.

이처럼 철도는 과거의 운송 수단에 머물지 않고, 새로운 시대의 공간 혁명을 이끄는 주역으로 떠오르고 있다.

4부

역동하는 세계

19. 유럽과 미국 사이, 인도차이나의 비극

유네스코의 세계자연유산으로 지정된 베트남 하롱 만의 수려한 경관을 무대로 촬영된 〈인도차이나Indochina〉라는 영화가 있다. 프랑스가 인도차이나 반도를 식민지로 지배하던 시절을 배경으로 한 영화이다. 이처럼 인도차이나는 고대에는 인도와 중국이라는 큰 문화권 사이에 있었고, 19~20세기에는 프랑스를 비롯한 서구 열강과 일본의 패권 쟁탈지가 된 아픈 역사가 있다. 13세기 말 몽골의 침입을 받은 이래, 인도차이나에서는 대체 무슨 일이 일어났던 것일까?

프랑스가 결성한 '인도차이나 연합'

많은 강우량과 습한 토양, 계절풍으로 벼 재배를 기본으로 생계를 꾸려 가던 베트남·라오스·캄보디아의 3국 사람들이 '인도차이나'라는 명칭으로 묶이게 된 것은 '프랑스령 인도차이나'의 역사와 관계가 깊다.

19세기 서구 열강이 벌인 식민지 쟁탈전의 최대 격전지였던 인도에서 영국에 밀린 프랑스는, 1858~1893년 인도차이나를 점차 속국으로 만든 뒤 이곳을 통치하고자 '인도차이나 연합'을 결성했다. 인도차이나 연합은 쉽게 말해서 코친차이나·통킹·안남·라오스·캄보디아 등으로 구성된, 인도와 중국 사이에 위치한 프랑스 식민지였다.

코친차이나는 메콩 강 삼각주를 중심으로 한 지역으로 프랑스 군이 최초로 점령·통치한 곳이고, 안남은 중부 베트남 지역으로 베트남 최후의 왕조인 응우옌(완阮) 왕조(1802~1945)의 수도인 후에를 중심으로 한 지역이다. 통킹은 베트남의 전통적인 중심지인 송코이 강 삼각주를 중심으로 하는 베트남 북부 지역으로, 프랑스 점령 초기에 청나라 군이나 중국 군벌 및 프랑스 군이 군사적으로 충돌했던 곳이다. 통킹은 15세기 하노이가 동경東京(Dong Kinh)으로 불리던 데서 유래한 지명이다. 캄보디아는 노로돔 국왕이 프랑스와 교섭해 1863년부터 프랑스의 보호국, 즉 프랑스의 식민지가 되었고 1887년에 프랑스령 인도차이나에 편입되었다.

제2차 세계대전이 벌어져 1940년 프랑스가 독일에 무릎을 꿇자,

베트남 사이공을 공격하는 프랑스 함대.

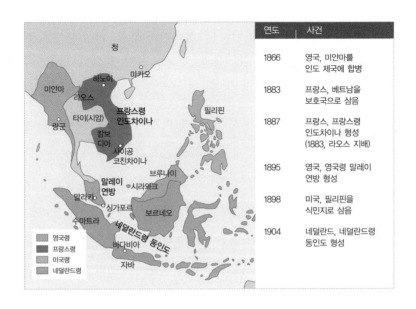

연도	사건
1866	영국, 미얀마를 인도 제국에 합병
1883	프랑스, 베트남을 보호국으로 삼음
1887	프랑스, 프랑스령 인도차이나 형성 (1883, 라오스 지배)
1895	영국, 영국령 말레이 연방 형성
1898	미국, 필리핀을 식민지로 삼음
1904	네덜란드, 네덜란드령 동인도 형성

독일 점령 하 프랑스 비시 정권의 장 드쿠Jean Decoux 장군이 이끄는 프랑스령 인도차이나 정부는 일본과 협력하여 일본 군의 베트남 주둔을 허용하는 조약에 서명했다. 이로써 일본 군이 인도차이나에 주둔하게 되었다. 이후 전쟁이 끝나자 베트남·라오스·캄보디아 3국은 독립을 이루었으나, 식민 지배의 후유증을 안고 새로운 세계 질서 속에서 제자리를 찾는 데에는 많은 어려움이 뒤따랐다.

영국에 맞선 미얀마와 타이

인도차이나 3국의 근현대사에 프랑스라는 나라가 있다면, 그에 인접한 미얀마와 타이의 역사를 말할 때는 영국을 빼놓을 수 없다.

인도차이나 반도와 인도 대륙 사이에 있는 미얀마(1989년 '버마'에서 국호 변경)는 19세기 들어 영국을 상대로 세 차례에 걸쳐 전쟁을 치른 뒤 영국의 식민지가 되었다. 이후 미얀마에서는 불교 단체가 중심이 된 반영反英운동이 일어났다.

미얀마에서는 왕실의 적극적인 보호를 받아 소승불교가 크게 융성했다. 미얀마에서 불교가 사람들에게 미치는 영향력은 거의 절대적이다. 아이가 태어나면 부모들은 가장 먼저 사원을 찾아 이름을 짓고, 사내아이의 경우 성인이 되기 전까지 단기 출가하는 전통이 있다. '신쀼'라는 이 통과의례는 미얀마인이 가장 자랑스럽게 여기는 전통으로서, 아무리 가난한 집안이라고 하더라도 이 의식만큼은 빚을 내서라도 성대하게 치른다. 이처럼 불교는 국왕부터 서민에 이르기까지 전 미얀마인을 결속시키는 구심점이 되었다.

아웅 산. 미얀마의 독립운동가이자 정치인·군인이다. 미얀마 독립에 결정적 공헌을 했으나, 그 자신은 독립 달성 6개월 전에 암살되었다. 민족의 영웅으로 추앙받고 있다.

19세기 이후 영국이 미얀마를 식민 통치하자 불교 단체가 중심이 되어 반영운동을 전개했고, 20세기에 들어서는 불교 단체가 중심이 되어 민족주의운동을 벌였다. 아웅 산을 비롯한 랑군대학 학생들은 이를 계승 발전시켜 대영 식민투쟁을 본격화했다. 이때 미얀마의 독립운동을 지도한 아웅 산이 바로 미얀마의 민주화운동 지도자인 아웅 산 수치의 아버지이다.

이처럼 미얀마가 영국을 상대로 뜨거운 투쟁을 벌이고 있을 때, 미얀마와 국경을 맞댄 타이는 의외로 조용히 근대를 통과하고 있었다. 타이는 동남아시아에서 유일하게 식민화를 면한 나라로, 1782년에 수립된 차크리 왕조가 지금까지도 유지되고 있다. 영화와 연극으로 잘 알려진 〈왕과 나King and I〉는 당시 타이의 상황을 이해하는 데 도움을 준다.

이 영화의 무대가 된 곳이 시암 왕국, 곧 옛 타이 왕국이다. 시암 왕국의 라마 5세 재위기에 시암 왕실의 영국인 가정교사로 근무했던 안나 부인의 회상기를 토대로 한 이 영화는, 19세기 말 시암 왕실의 분위기를 잘 보여 준다. 당시 식민지 쟁탈전에 혈안이 되어 있던 영국과 프랑스는 시암을 놓고 충돌하고 있었다. 이때 시암의 라마 4세와 라마 5세는 적극적인 제도 개혁과 외교적 노력을 벌여 시암의 독립을 유지하는 데 성공했다.

시암의 왕들은 시암의 서쪽에서 동진하던 영국과 동쪽에서 서진하던 프랑스의 대립을 이용하고, 영토 할양이나 불평등조약 같은 과감한 외교정책을 펼치며 식민지화의 위기를 벗어났다. 그리하여 1932년 입헌군주국으로 나라의 체제를 고치고, 1939년 국호를 시암에서 타이로 변경하였다.

해방과 독립, 분단…어디선가 본 듯한 비극

제2차 세계대전 당시 일본에게 점령당했던 인도차이나의 많은 나라들은 전쟁이 끝난 뒤 해방을 맞이했다. 그러나 급속히 형성된 냉전체제 속에서 독립을 얻기는 쉽지 않았다.

북부에서는 1945년 9월 2일 베트남의 민족 지도자 호치민胡志明(1890~1969)이 이끄는 공산주의적인 독립운동 단체 겸 정당인 '베트

호치민. 베트남의 혁명가이자 정치가. 베트남민주공화국의 초대 정부 주석으로서, 프랑스를 상대로 10년 가까이 게릴라전을 벌여 결국 승리하고 독립을 이루었다.

민'(월맹越盟)이 베트남민주공화국을 선포했다. 프랑스가 베트남의 독립에 반대하고 나서자, 호치민은 프랑스를 상대로 10년 가까이 게릴라전을 벌였다. 이것이 '제1차 인도차이나전쟁'으로, 1946년 시작된 전쟁은 1954년 5월 7일 디엔비엔푸에서 베트남인의 승리로 끝났다. 이 전쟁으로 1954년 7월 21일 제네바에서 조약이 체결되었다. 그 내용은 북위 17도를 경계로 북쪽은 호치민의 공산당이 지배하고, 남쪽은 미국이 지원하는 반공주의자 응오 딘 지엠 정부가 지배한다는 것이었다. 일시적인 분단이었다.

그런데 이후 남베트남에서 친공산주의 반란군들의 세력이 커지자 미국이 즉각 개입하여 '제2차 인도차이나전쟁', 즉 베트남전쟁이 시작되었다. 1965년 발발하여 10년간 지속된 이 전쟁이 가져온 인적·물적 손실은 엄청났다. 1975년 통일국가인 베트남사회주의공화국이 들어설 때까지 무려 120만 명 이상이 사망했다.

베트남과 이웃한 캄보디아의 현대사도 베트남 못지않게 비극적이다. 캄보디아는 프랑스와 일본의 지배를 연이어 받다가 1953년 완전한 독립국이 되었으나, 전 국왕으로서 과도정부를 이끌고 독립 후 왕이 아닌 국가원수로 취임한 노로돔 시아누크가 1970년 3월 론 놀 등 군부 내 우익 분자들이 일으킨 쿠데타로 축출되면서 극심한 혼란에 휩싸였다.

시아누크는 1970년 5월 중국 베이징에서 캄보디아 민족연합정부

1967년 베트남 마을에 주둔한 미군. 미국의 개입으로 시작된 2차 인도차이나전쟁 곧 베트남전쟁으로 무려 120만 명 이상이 사망했다. 이 전쟁은 한국전쟁과 더불어 냉전 기간의 대표적인 전쟁이다.

를 세우고 망명정부의 수반이 되었다. 그런데 이로부터 두 달 뒤인 5월 1일 캄보디아와 베트남 국경선을 따라 활동하는 공산주의자들의 은신처를 없앤다는 명목으로 미군과 남베트남 군대가 캄보디아를 침략했다. 우리에게는 '폴 포트'로 더 잘 알려진 살로트 사가 이끄는 캄보디아의 공산주의 정당 '크메르 루주'를 아예 뿌리 뽑겠다는 것이었다.

미국은 1973년까지 캄보디아의 농촌 지역에 집중적으로 폭탄을 투하했다. 하지만 1975년 4월 17일, 캄보디아의 수도 프놈펜은 크메르 루주의 수중에 들어갔다. 폴 포트는 농업을 기반으로 한 이상적인 공산주의 사회를 최단 시간 내에 건설하겠다며 혁명에 걸림돌이 되는 사람은 모두 죽여 없앴다. 약 4년간 자그마치 1,700만 명의 국민이 학살당했다. 이러한 처참한 살상은 〈킬링필드The Killing Fields〉라는 영화로 제작되어 전 세계에 알려졌다.

킬링필드 희생자의 유골. 킬링필드는 1975년부터 1979년까지 크메르 루주가 저지른 학살을 말한다. 크메르 루주는 3년 7개월간 캄보디아 인구 700만 명 중 3분의 1에 해당하는 200만 명을 학살했다.

　결국 크메르 루주는 1979년 1월 베트남군의 침공으로 무너지고, 베트남의 지원을 받는 헹삼린 괴뢰정권이 세워졌다. 이후에도 크메르 루주는 타이 국경에 은거하며 중국의 지원을 받아 무장 게릴라전을 펼쳤다. 이후 유엔의 중재로 캄보디아 내전은 휴전이 되었지만, 당사자들이 합의했던 1993년 5월 총선거는 크메르 루주의 불참으로 반쪽짜리 선거가 되었다. 이 선거를 통해 캄보디아에는 시아누크를 국왕으로 하는 입헌군주제가 수립되었다. 캄보디아를 지옥의 땅으로 만들었던 폴 포트는 1998년 4월 캄보디아 국경 지역에서 가택연금 중에 사망했다.

　1893년부터 프랑스의 지배를 받은 라오스도 1949년 7월 독립 이후 정치적 격변을 겪었다. 우익과 중간 분자들이 몇 번이나 교대로 정부 통제권을 장악하는 상황이 벌어지다가, 1962년 라오스 공산주의자들의 연립정부가 수립되었다. 그리고 1975년 베트남 사회주의 공화국의 지원을 받은 라오스의 좌파연합전선 '파테트 라오Pathet Lao'가 라오스 전역에 대한 지배권을 확립했다. 이 공산혁명으로 라오스는 사회주의국가가 되었다.

이처럼 20세기 후반기 인도차이나 국가들은 냉전 상황에서 독립국가로서 독립을 완성하고자 많은 희생을 치러야 했다. 이 나라들은 미·소의 냉전 체제 속에서 자국의 운명이 결정되는 것을 막고자 평화 유지와 반식민주의, 비동맹 중립주의를 목표로 내걸고 제3세계를 형성했다. 1967년 라오스·말레이시아·미얀마·베트남·캄보디아·타이 등 인도차이나 국가들이 필리핀·브루나이·싱가포르·인도네시아 등 다른 동남아 국가들과 함께 '동남아시아국가연합Association of South East Asian Nations(ASEAN)'이라는 정치·경제·문화 공동체를 설립한 것은 이 같은 비극적 현대사가 남긴 교훈에 발 딛고 있다 하겠다.

20. 갈색 피부의 성모 마리아

'태초에 하나님이 당신의 형상을 본떠 인간을 만드셨다.' 구약성서의 제1권 「창세기」에 나오는 인류 역사의 시작 부분이다. 이 부분은 유럽의 기독교도들에게 대단히 중요한 대목이다. 왜냐하면 하나님은 피부색을 포함한 당신의 형상을 본떠 인간을 만드셨기 때문이다. 백인 우월주의는 바로 여기서 시작된다. 하나님이 백인이기 때문에 백인을 창조하셨다는 것이다. 그러면 흑인이나 황인은? 그들은 하나님의 적통이 아니다. 그래서 죄에 취약하고 악마의 유혹에 잘 넘어간다. 그러므로 그들이 죄를 짓지 않으려면 백인의 지배를 받아야 한다.

예수의 어머니 마리아나 예수의 모습이 모두 백인의 형상인 것은 이 때문이다. 그런데 멕시코시티 인근 테페야크 언덕에 있는 과달루페 성당에는 검은 머리에 갈색 피부의 성모 마리아상이 있다. 이곳에 갈색 피부의 성모가 존재하는 이유는 무엇일까?

'선교'로 정당화된 유럽의 정복 활동

1492년 크리스토퍼 콜럼버스가 아메리카 대륙에 도착한 이후, 이곳의 아스텍과 잉카 제국이 차례대로 정복되어 아메리카는 에스파냐의 식민지가 되었다. 아메리카 대륙에는 엄청난 양의 금은이 매장되어 있었다.

당시 유럽에서는 종교개혁이 일어나 프로테스탄트 세력이 빠르게 확산되고 있었다. 가톨릭 국가였던 에스파냐는 안으로 프로테스탄트의 확산을 막고, 밖으로 이슬람교 등의 비기독교 세력을 방어하는 데 강력한 군사력이

과달루페 성모는 원주민과 같은 갈색 피부와 검은 머리를 하고 있으며, 머리에서 발아래까지 길게 내려온 청록색 외투를 걸치고 있다.

필요했다. 이를 위해서는 무기를 구입할 은이 있어야 했다. 에스파냐 정복자들은 아메리카 원주민을 강제 동원해 은광에서 채굴을 시켰다. 은광 개발 이후 약 300년 동안 원주민 800만 명이 목숨을 잃었다고 한다. 설상가상으로 정복자들은 천연두를 비롯한 홍역, 콜레라 등의 선염병도 가지고 왔다. 특히 소가 없던 아메리카 지역의 원주민들은 천연두에 대한 내성이 전혀 없어 더 치명적이었다.

에스파냐는 강제 노역과 천연두로 쓰러진 아메리카 원주민들을 대신할 노동력을 아프리카에서 찾았다. 그 결과 노예무역이 성행했다. 아프리카 노예들은 사탕수수나 커피, 바나나, 목화 등을 대량으로 재배하는 플랜테이션과 은광 채굴에 동원되었다. 초기 에스파냐

의 정복자들은 광산 채굴로 큰돈을 벌려고 했으나, 예상만큼 광산이 많지 않자 다른 길을 모색했다. 그래서 원주민 노동력을 이용해 유럽에서 귀하게 취급받는 작물을 재배하여 수출하려는 계획을 세웠고, 그것이 바로 전근대적인 방식의 대규모 농업, 즉 플랜테이션이었다.

수출을 목적으로 하는 플랜테이션 농업은 아메리카의 해안 지역, 즉 서인도제도와 카리브 해 연안의 중앙아메리카, 브라질 북동부 등지에서 주로 행해졌다. 사탕수수 재배가 확대될수록 여기에 동원된 아프리카 노예의 수도 계속 늘어나 12만~15만 명의 노예가 이곳으로 끌려왔다. 이로써 유럽은 아프리카에 유럽의 상품을 팔고, 아프리카에서 아메리카로 노예를 보내고, 아메리카에서 생산한 광물과 작물을 유럽으로 보내는 '삼각무역'을 했다.

라틴 아메리카의 다양한 혼혈인종. 1번은 유럽 백인과 원주민의 혼혈인 메스티소, 5번은 흑인과 백인의 혼혈인 뮬라토이다. 그 외에도 2번 유럽 백인과 메스티소의 혼혈인 카스티소, 4번 뮬라토와 백인 혼혈인 모리스카 등 라틴아메리카에는 다양한 혼혈족이 존재했다.

노예무역은 이 지역 인종 구성에도 변화를 가져왔다. 일찍이 정복자로 들어온 유럽 백인과 원주민 사이에 '메스티소', 곧 혼혈아가 태어났다. 이후 아프리카 노예들이 들어오면서 백인과 흑인의 혼혈인 '뮬라토', 그리고 원주민과 흑인의 혼혈 '삼보'가 생겨났다. 원주민을 대신해 노동력을 제공한 아프리카 흑인들은 플랜테이션이 발달한 지역에 있었으므로, 오늘날 쿠바나 아이티·브라질 외의 중앙 및 남아메리카에서는 흑인이나 흑인 혼혈을 찾아보기 어렵다.

유럽의 백인들이 이주해 와서 정착하기는 북아메리카도 마찬가지인데, 유독 중남미에 혼혈족이 많은 이유는 무엇일까? 이 지역에 들어온 에스파냐와 포르투칼인들은 '정복'을 목적으로 가족 없이 혼자 들어온 군인들이었기 때문에, 많은 수가 원주민 여성과 결혼하여 정착했다. 반면에 북아메리카로 건너간 이들은 영국의 청교도인들로 가족 단위로 이주했기 때문에 자신들의 가족과 지역공동체를 유지했다.

에스파냐와 포르투칼은 부를 쫓아 아메리카를 식민지로 삼았으나, 이들에게는 또 다른 목적이 있었다. 그것은 바로 기독교, 즉 가톨릭 복음의 전파였다. 콜럼버스는 2차 항해(1493) 때부터 선교사들을 동행시켰다. 코르테스도 출항을 준비할 때 '원정의 첫 번째 목표는 신께 봉사하고 기독교 신앙을 전파하는 것'이라는 지시를 받았다. 기독교 전파를 정복 사업의 명분으로 삼았던 것이다.

1511년 최초의 주교 두 명이 아메리카에 파견된 뒤로 이 지역의 교회 조직이 정비되기 시작했다. 초기 선교 활동을 이끈 것은 프란체스코 수도회와 예수회 등 탁발수도회였는데, 그들은 원주민들이 숭배하던 우상과 신전을 파괴하는 것을 시작으로 신전을 교회로 바꾸고, 원주민들을 대상으로 교육과 세례 등을 행했다.

그러나 오랜 세월 동안 원주민들의 정신과 삶을 지배해 온 전통 신앙을 하루아침에 바꾸기란 쉽지 않았다. 결국 전통 신앙과 가톨릭을 혼합하는 '혼합주의sincretismo'라는 편법으로 원주민에게 가톨릭을 전파했고, 그 대표적인 교회가 바로 과달루페 성당과 그 안에 모셔진 과달루페 성모인 것이다.

과달루페의 갈색피부 성모

코르테스가 아스텍을 정복한 지 10년이 된 1531년 어느 날, 이른 아침 미사에 참석하려고 테페야크 언덕을 넘어가던 아스테 소년 후안 디에고 앞에 푸른 망토를 입은 성모 마리아가 나타나 자신을 위해 성당을 세우라고 했다. 소년은 이 메시지를 주교에게 전했으나 주교는 믿지 않고 오히려 그 기적을 증명할 증표를 보여 달라고 했다. 후안 디에고는 성모 마리아의 말에 따라 언덕에 올라가 장미꽃을 꺾어 자신의 망토로 싸서 주교에게 가져갔다. 디에고가 주교 앞에서 망토를 펴자 장미꽃이 폭포처럼 떨어졌고, 망토에는 성모의 형상이 새겨져 있었다.

'과달루페 성모'는 만삭의 모습으로 키 1미터 45센티미터에 원주민과 같은 갈색 피부와 검은 머리를 하고 있다. 목에는 가톨릭교회를 나타내는 십자가 목걸이를 하고, 머리에서 발아래까지 길게 내려온 청록색 외투를 걸쳤다. 이것은 디에고의 망토에 현현한 성모 마리아의 모습으로, 주교가 과달루페 성당을 세우고 그 모습 그대로 성당에 모신 것이다.

과달루페 성당이 있는 테페야크 언덕은 본래 원주민들이 모시던 여신 '토난친'에게 희생 제의를 치르던 곳이라고 한다. 이 토난친은 뱀신의 아내이자 전쟁의 신으로 인간에게 고통과 죽음을 가져다주는 여신 시우아코틀의 또 다른 이름인데, 가톨릭이 전파된 뒤 대지모신大地母神으로 산모와 어린아이를 보호하는 보호자이자 수호신의 속성을 지닌 여신으로 변모했다. 그래서 이 성모는 토난친 여신과 비슷한 모습의 갈색 피부와 검은 머리카락으로 표현됐고, 여신의 성소였던 테페야크에서 발현했다. 가톨릭의 성모 마리아는 이처럼 토난친 여신과 일치하는 존재로 원주민에게 거부감 없이 다가갈 수 있었다.

후안 디에고의 기적. 후안 디에고가 주교 앞에서 망토를 펴자 장미꽃이 폭포처럼 떨어졌고, 망토에는 성모의 형상이 새겨져 있었다.

초기 선교 활동을 하던 프란체스코 수도회는 우상숭배라는 이유로 이 성모상 신앙을 배척했다. 그러나 원주민의 생활에 '적응'하는 선교 활동을 편 예수회는, 원주민의 개종을 위해 성모 신앙과 토착 신앙의 융합 및 종교의식을 허용했다. 그 결과 기독교와 토착적 요소가 결합된 혼합주의가 나타났고, 이것이 멕시코 가톨릭의 특징이 되었다.

20세기 멕시코의 유명한 소설가인 카를로스 푸엔테스는 이를 가리켜, 자신의 부모가 누구인지도 모르고 어느 세계에도 소속감을 갖지 못한 메스티소들에게 어머니를 찾아 준 것이라고 했다. 기독교와 원주민 사상의 융합은 이러한 인종의 혼합, 수많은 혼혈인의 존재가 낳은 필연적 결과였는지도 모른다.

과달루페 성모상을 모셔 놓은 멕시코 시티의 성당.

이후 1810년 멕시코 독립전쟁을 이끈 성직자 출신의 미겔 이달고 코스티야와 에밀리아노 사파타는 군대를 이동할 때마다 이 성모가 그려진 깃발을 앞장 세웠다고 한다. 이로써 모든 멕시코 사람들은 이 성모를 멕시코 국가의 정체성, 독립의 상징으로 여기게 되었다. 푸엔테스는 "자신이 기독교 신자가 아니라고 생각하는 사람도 과달루페 성모를 믿지 않는다면 진정한 멕시코인이라고 할 수 없다."고 말했다.

교황청은 후안 디에고를 실존 인물로 보아 아메리카 대륙의 첫 인디오 성인으로 선포했으나, 에스파냐 식민 통치자들이 원주민에게 가톨릭을 전파하려고 꾸며 낸 가상 인물이라는 주장도 있다.

후안 디에고가 실존 인물이든 아니든, 갈색 피부의 성모가 원주민 회유를 위한 것이었든 아니든, 오늘날 중남미에서 가톨릭이 굳건한 지위를 갖는 이유는 바로 이 갈색 피부의 성모 마리아 덕분이다. 이제 더 이상 갈색 피부의 마리아가 예수의 어머니인 마리아의 피부색이 갈색이었다는 의미로 받아들여지지 않는다. 그보다는 원주민을 위한 마리아, 중남미 사람들을 위한 하나님이라는 의미가 더 강하다.

21. 천황과 신사의 나라, 일본

일본에 가면 거리 곳곳에서 '헤이세이平成 ○○년'이라는 표시를 볼 수 있다. '헤이세이'는 현 일본 왕인 아키히토明仁 천황의 연호이다. 연호란 아시아에서 고·중세 시대 왕들의 재임 시기를 구분하는 명칭으로, 오늘날에는 사용하지 않는다. 근대국가의 등장 이후 나라는 왕의 것이 아니라 국민의 것이라는 믿음이 상식이 되었기 때문이다. 그런데 아시아에서 가장 성공적으로 서양의 근대 문명을 수용하고, 자타 공인 선진국의 반열에 오른 일본이 세계에서 유일하게 연호를 사용한다는 것은 흥미로운 일이 아닐 수 없다. 그뿐인가. 젊은이들이 스스럼없이 "덴노 헤이카 반자이天皇 陛下 万歳"(천황 폐하 만세)를 외치는 나라. 일본은 가히 '천황의 나라'라 불릴 만하다.

연호를 쓰는 유일한 현대 국가
일본의 역대 군주를 가리키는 '천황天皇'이란 호칭이 처음 사용된 시

기는 빨라도 6세기 후의 일이라고 보고 있다. 6세기 말 일본 천황 쇼
토쿠聖德가 중국 수나라에 보낸 국서에 '동천황東天皇이 서천제西天帝
에게'라는 표현이 나온다. 이는 '일본'이라는 국가 의식의 등장과 일
본 중심의 화이華夷(본래는 '중국 민족과 그 주변 오랑캐'라는 뜻) 질서
가 이 무렵에 형성됐음을 보여 준다.

1세기 무렵 중국의 역사서인『한서지리지漢書地理志』나『후한서後
漢書』등을 보면, 일본을 '왜倭'라고 명명하고 그 왕을 '왜왕'이라고
칭했나. 일본에서는 4~6세기에 자국의 왕을 가리켜 '대왕'이라는
호칭을 사용했다. 100여 개의 소국이 점차 야마토大和 정권을 중심
으로 통합해 가며, 부족 연맹의 장으로서 정치적·종교적 권위를 갖
게 된 유력한 왕이 곧 대왕이었다.

3세기 말부터 지배권을 넓히기 시작해 5세기에는 일본 지역 대부
분을 지배하게 된, 일본 최초의 통일정권인 야마토 정권은 자신들이
있는 나라奈良 지역을 세계의 중심으로 보았다. 그리고 동남아계 인
종으로 일컬어지는 남부 큐슈의 하야토족이 세운 오오스미국大隅國
(현 가고시마 현 일대)과 류큐 왕국(현 오키나와), 동일본의 아이누 민
족을 변방국가로 보는 화이 인식을 만들어 갔다. 이에 따라 한반도의
국가마저 일개 번국蕃國으로 인식되었다.

이러한 시대적 배경에서 나온 것이『고사기古事記』(712)와『일본서
기日本書紀』(680~720)이다. 이 책들은 야마토 중심의 천하관에 입각
하여 연대를 끌어올려 역사를 서술했다. 즉, 기원전 660년 태양의 여
신 아마테라스 오오미카미天照大神의 직계 자손인 진무神武가 초대
천황에 즉위했다고 기록한 것이다. 기원전 660년이면 죠몬繩文 시대

말기에 해당된다. 죠몬인은 일본 열도의 원주민으로 아이누족의 직접 조상이니, 그렇다면 천황은 변방의 아이누족 출신이 되는 셈이다.

이처럼 무리한 연대 늘리기와 함께 사용된 것인 연호이다. 일본에 연호가 처음 사용된 해는 645년 6월, 천황 중심의 중앙집권적 정치 제도를 도입한 다이카 개신大化改新 때부터이다. 이때부터 '다이카 원년'이라는 연호가 쓰였고, 천황은 현인신現人神으로서 최고 유일의 지위를 갖게 되었다. 이 연호제는 오늘날까지 이어져, 지금 일본이 사용하는 '헤이세이'는 125대 천황 아키히토의 연호이다.

메이지 유신과 천황제의 부활

그러나 중세 들어 천황의 지위는 급락했다. 9~12세기에 걸친 헤이안平安 시대의 귀족정치에 이어 13~14세기 중엽 가마쿠라鎌倉 막부의 무인武人정치가 이어지며 천황의 권력은 무력화됐다. 이 같은 상황은 19세기 중엽까지 계속됐다. 그러나 1868년 메이지 유신明治維新이 단행되면서 지난 700여 년간 상징적 존재로 머물렀던 천황이 실제 권력의 핵심으로 부상했다.

메이지 유신은 쉽게 말해서, 메이지 천황 시기에 300년 넘게 이어져 오던 막번幕藩 체제를 무너뜨리고 실시한 일본의 근대화 개혁이다. 일본에서 자본주의가 형성되는 기점이 된 이 개혁 과정에서 무사 계급이 몰락하고 농민들이 봉기를 일으키

메이지 유신 이후 교토에서 도쿄로 이동하는 메이지 천황.

는 등 일본 계급사회가 혼란에 빠지자, 당시 일본을 이끌던 신진 세력들은 혼란한 정국을 안정시키고 강력한 지배 구조를 성립시키고자 왕정복고王政復古, 즉 천황 제도를 법적으로 명문화하기에 이르렀다.

1889년 2월 11일 일본 건국 기념일에 공포된 '대일본 제국 헌법'은 제1장 천황, 제2장 신민의 권리와 의무, 제3장 제국의회, 제4장 국무대신 및 추밀고문, 제5장 사법, 제6장 회계, 제7장 보칙으로 구성되었다. 여기서 헌법의 주축을 이루는 것은 천황에 대한 규정이었나. 세1상 1조에 "대일본 제국은 만세일계萬世 一系의 천황이 통치한다."라고 하여 천황 주권을 명확하게 밝히고, 제3조에서는 "천황은 신성불가침"이라고 규정했다.

헌법을 만들 당시 수상이었던 이토 히로부미伊藤博文는 헌법 위에 천황이 있다는 체계를 만들어 이것을 전 국민에게 선언했다. '헌법 위의 천황'이란 바로 신을 의미했다. 이로써 천황은 국가의 원수로서 절대적인 통치권(정치대권大權)과 통수권(군사대권)을 지닌, 여기에 전통적인 제사대권까지 쥔 신성불가침의 살아 있는 신으로 등극했다.

근대 복장을 한 메이지 천황.

메이지 유신의 일등 공신인 사쓰마薩摩와 쵸오슈우長州 출신 무사들은 새롭게 태어난 천황제를 근대화 추진과 국론 통일의 정치적 도구로 이용했다. 이때 내세운 명분이 '존왕양이尊王攘夷'였다. 이후 천황은 대내외적으로 일본 팽창의 상징이자 구심점으로

1936년 히로히토 천황 일가. 메이지 유신 이후 천황은 신성불가침의 살아 있는 신으로 등극했다.

기능했다. 히로히토裕仁 천황이 집권한 20세기 쇼와昭和 시기에 들어, 군부와 우익 정치 세력은 파시즘 운동의 방편으로 천황의 신격화 작업에 몰두했다. 대동아공영권 건설과 태평양전쟁은 그 맥락에서 나온 필연적 결과물이라 하겠다.

서구 열강이 연출한 천황의 '인간 선언'

1945년 8월 15일, 일본 국민들은 역사상 처음으로 '살아 있는 신'의 목소리를 들었다. 태평양전쟁에서 일본이 연합국에 무조건 항복한다고 발표한 이가 바로 히로히토 천황이었던 것이다.

이를 계기로 일본인들은 천황이 살아 있는 신이 아니라 인간이라는 인식을 갖게 되었다. 그렇다고 천황제가 없어지거나 하진 않았다. 제2차 세계대전 후 이탈리아와 헝가리·루마니아·불가리아 등에서 군주제가 폐지되었지만, 일본에서는 천황제가 폐지되지 않았다. 더나아가 전쟁 전에 천황이었던 사람이 새로 제정된 헌법에서도 여전히 그 지위를 유지했다. 그런데 이 천황의 '인간 선언'에는 전쟁에

1945년 9월 맥아더와 함께한 히로히토. 연합군은 히로히토 천황을 전범으로 교수형에 처하지 않는 대신 육성으로 항복 선언을 하도록 했다.

참전했던 서구 열강들의 의도가 감춰져 있었다.

히로시마와 나가사키에 원자폭탄을 투하하여 일본의 무조건 항복을 받아 낸 미군과 연합군은, 일본 천황을 1급 전범으로 교수형에 처하지 않는 대신, 그동안 신으로 군림하며 절대복종의 명령을 내리던 천황이 육성으로 전 일본인들에게 항복을 선언하도록 했다. 그리고 이어 1946년 1월 1일 발표된 이른바 '인간 선언'으로 불리는 천황의 연두교서는 천황을 살아 있는 신으로 간주하고, 일본 국민이 다른 민족보다 우월하여 세계를 지배할 운명을 갖고 있다는 관념을 부정하는 내용을 담고 있었다.

이에 따라 '국가 및 국민 통합의 상징적 존재'로 격하된 '상징 천황제'가 등장하였다. 1947년 5월 발효된 일본의 새 헌법에 따르면, 이제 천황은 "국가와 국민 통합의 상징이며 헌법에 정한 일정한 국사행위 이외에는 국정에 관한 어떠한 권리를 주장하고 행사할 수 없"도록 되어 있다. 구 헌법이 "대일본 제국은 만세일계의 천황이 통치하며 천황은 신성불가침"이라고 명기했던 것과 비교해 보면 큰 차이를 감지할 수 있다. 이로써 20세기 일본 천황은 정치적으로 중립이며, 어떠한 정치 문제에도 관여하지 않는 상징적인 존재가 되었다.

그럼에도 불구하고 일본 국민들에게 천황의 존재는 여전히 일상 생활 속에 깊이 자리하고 있다. 도쿄 시내 중심지에 일본 천황의 궁성은 그 넓이가 25만 평에 달한다. 이는 우리나라 덕수궁의 6배에 해당되는 규모이다. 이 궁성의 청소는 전국에서 모인 '황거皇居 근로봉사단'이 담당한다. 3박 4일 일정으로 모이는 이들은 청소는 물론이고, 여행에 소요되는 경비와 식대까지 모두 자비로 부담한다. 적지 않은 돈을 써 가며 사흘 동안 천황의 거처를 청소하는 사람들의 행렬은 지금도 끊이지 않고 있다. 이들은 청소 마지막 날에 천황을 숭배하는 일본 국가國歌 〈기미가요君が代〉를 부르고 "천황 폐하 만세"를 삼창하고 해산한다.

이처럼 비록 상징제로 격하되긴 했지만, 천황제에 대한 일본인들의 지지는 변함이 없다. 《아사히신문》 여론 조사에 따르면, 1945년에 상징 천황제 지지가 78퍼센트, 폐지가 5퍼센트였는데, 30년 후인 1975년에도 지지 73.3퍼센트, 폐지 7퍼센트, 1986년에는 지지 72.4퍼센트, 폐지 5.6퍼센트라고 한다.

물론 일본의 청년층은 천황의 존재를 그렇게 중요하게 여기지 않는다고 하지만, 막상 천황제 폐지에 대해서는 부정적인 반응을 보인다고 한다. 굳이 있는 것을 없앨 필요까지는 없다는 것이다. 이런 무관심 섞인 지지가 오늘날 천황제를 지탱하는 정서적 기반이 되고 있다.

메이지 정부가 주도한 '국가신도 프로젝트'

천황제와 함께 일본을 상징하는 것으로 신사神社가 있다. 도심이나 마을 곳곳에서 흔히 볼 수 있는 전통 건축물이 바로 신사이다. 입구에 하늘 천天 자 모양의 도리이鳥居(신사 입구의 문)가 있는 신사는 언뜻 보면 절처럼 보이지만, 일본 고유 종교인 신도神道 건물이다. 옛날부터 일본 각지의 다양한 유래와 신앙을 토대로 제사를 지내 온 신도는 당대 지배층의 존중과 보호를 받았다. 그 과정에서 지역 사람들의 생산 활동과 전통과도 밀착되며 신앙의 대상이 되었다. 신도는 불교와 따로 떼어 생각하기 어려울 만큼 밀접히 연관돼 있고, 여기에 유교와 음양陰陽道도 등 다양한 동양 사상까지 흡수한 일본 고유의 민족 신앙이다.

그러나 오늘날 일본 곳곳에 있는 크고 작은 신사는 이러한 전통이 자연적으로 계승된 것이 아니라, 19세기 중반 메이지 유신 이후 인위적으로 만들어진 국가 이데올로기의 산물이다.

메이지 정부는 오랜 역사를 거치며 발전해 온 신도에서 불교 등 외래 종교적 요소를 배제하고, 이를 천황과 직결시켜 전국의 신사를 재편하고 계열화했다. 천황의 고대 종교적 권위를 부활시켜 중앙집권적인 재통일을 꾀한다는 정치 목적에 맞도록 전통 신앙을 재편하여 '국가신도'를 만든 것이다.

구체적으로는 혼슈 미에 현에 있는 이세 신궁伊勢神宮을 본종本宗으로 삼아 천황과 신궁의 관계를 강조하고, 천황을 유일 절대의 '현인신'이자 신 정부의 주권자로 설정하는 등 복고적인 '제정祭政일치'를 꾀했다. 이 작업의 일환으로 막부 시기를 거치며 축소된 천황의

이세 신궁. 도쿄의 메이지 신궁, 오이타의 우사 신궁과 함께 일본의 3대 신궁으로 불린다. 일본 각지에 걸쳐 있는 씨족신을 대표하는 총본산이다.

권위를 종교적으로 뒷받침하고, 이를 일반인들에게 주지시키려 했다. 1869년 역사상 처음으로 천황이 이세 신궁을 참배한 일은 이 '국가신도 프로젝트'의 첫 공식 행사였다.

메이지 정부는 또 전국의 신사에서 불교적 요소를 없애고, 신사와 불당을 정리·통합하여 1871년 모든 신사에 신격神格을 부여하는 등 모든 신사를 국가가 관할하는 종사宗祀로 삼았다. 그리하여 10만 개가 넘는 신사의 행정을 정부가 맡아 천황의 신성神性을 선전하는 데 이용했다. 천황에 대한 충성을 종교적으로 배양하고자 신도식 수양을 가르치는 수신修身 과목을 학교의 필수과목으로 배정하기도 했다.

위조된 전통, 만들어진 유물
메이지 정부는 이처럼 천황과 정부의 권위를 동시에 격상시킬 목적에 신사를 적극 활용했다. 이전에는 주로 신화나 전설에 나오는 '천지신'이나 일부 혼령 신앙을 신사에서 제사 지냈으나, 새로 창건된 신사는 명백히 살아 있는 인간을 대상으로 제사를 지내기 시작했다. 이때 만들어진 신사들은 크게 네 종류로 분류된다.

① 천황과 황족을 제사 지내는 신사
② 남북조의 충신 등 국가에 공을 세운 신하를 제사 지내는 신사
③ 근대 천황제 국가를 위해 목숨을 바친 전사자들을 제사 지내는 신사
④ 개척지와 식민지 등에 세운 신사

국가신도 체제에서는 천황이 살아 있는 신이자 교주이기 때문에, 그 일족 또한 중요한 위치를 차지하여 황족을 위한 신사가 만들어졌다. 그리고 천황을 위해 생명을 바친 '충신'을 신격화하여 그들의 신사도 만들었으며, 새로운 개척지나 식민지인 오키나와와 조선에도 천황의 치세를 기리는 신사를 지었다.

천황은 고대 제사를 재현하는 13개의 제사를 직접 지내게 되었다. 그러나 고대 의식에 따라 엄숙하게 치러진 듯 보이는 많은 황실 제사들도 사실은 메이지 시기 이후에 시작된 것들이 적지 않다. 천황이 햇곡식을 천지신에게 바치고 풍년을 기원하는 궁중 제사인 신상新嘗, 이세 신궁에 햅쌀을 바치는 신상神嘗 등은 전통적인 제사이지만, 천손天孫으로 강림한 천황의 황위 기원을 축하하며 지내는 원시제元始祭나 황령제皇靈祭 등은 새로 만들어진 제사이다.

황실 제사의 정비와 함께 역대 천황릉도 지정되었다. 현재 알려진

일제가 남산에 세운 조선 신궁. 일제는 새로운 개척지나 식민지에도 천황의 치세를 기리는 신궁을 세웠다.

천황릉은 대부분 메이지 초기에 지정된 것들이다. 대부분 『고사기』
와 『일본서기』 등에 실린 능묘의 소재지를 근거로 지정했는데, 학문
적으로 고증된 내용과 어긋나는 것도 적지 않다. 현재 일본의 역사학
계는 능묘로 지정된 고분에 관한 학술적 자료를 공개하라고 요구하
고 있으나, 왕실 업무를 담당하는 궁내청은 이를 거부하고 있다.

  국가신도가 성립된 뒤로 천황의 신격화를 위한 신사나 신사 제사
는 일본을 대표하는 전통문화로 자리 잡았다. 마치 오래전부터 있었
던 것처럼 전통을 조작한 것이다. 도쿄 중심지 하라주쿠 역 근처에
있는 메이시 신궁은 1915년 조성되었다가 제2차 세계대전 이후인
1958년 재건된 것이지만, 메이지 천황의 신격을 느낄 수 있는 신성
한 장소가 되었다. 또한 20세기를 마감하는 즈음에 죽은 쇼와 천황
의 무덤도 25억 엔을 들여 마치 고분 시대의 천황릉처럼 조성되었
다. 지금도 신사에 가면 일본 신혼부부들의 결혼식을 가끔 볼 수 있
는데, 여러 신들 앞에서 엄숙하게 치러지는 신도식 결혼식은 메이지

메이지 신궁 입구의 도리이. 1912년 제122대 천황 메이지가 사망하고 1914년 왕비 쇼켄이 사망한 후 두 사람을 기리기 위해 1920년 창건하였다. 역대 일본 왕을 기리는 신사로, 다른 신사보다 높게 친다.

천황의 아들인 다이쇼大正 천황이 황태자 시절에 황실의 조상인 아마테라스 오오미카미를 대신하는 상징물로서 거울을 모신 현소賢所에서 결혼식을 치른 뒤 일반에게 보급된 것이다.

　이처럼 국가신도는 19세기 이후 천황제 국가의 새로운 전통을 만드는 문화 시스템으로서 기능했다. 국가신도의 종교적 전통은 제2차 세계대전 이후 사실상 없어졌지만, 그 흔적은 여전히 곳곳에 남아 있다. 천황이 즉위할 때마다 치러지는 여러 의식과 행사, 야스쿠니 신사 공식 참배, 자치단체가 행하는 지진제地鎭祭 등은 모두 국가신도 시대의 유물들이다.

일본의 정치적·사상적 대결점, 야스쿠니 신사

도쿄 지요다千代田 구에 있는 야스쿠니靖國 신사는 국가신도의 상징이자 군국주의 일본의 상징이다. 야스쿠니 신사는 일본 왕이 거주하는 황궁 북쪽에 도쿄돔 야구장의 2배 크기인 3만 평 부지에 자리 잡고 있다.

야스쿠니 신사의 정문에 들어서면 '일본 육군의 아버지' 오무라 마스지로大村益次郎의 동상이 서 있고, 그 오른쪽으로 가미카제 돌격대원의 동상과 야마토大和 전함의 포탄, 군마軍馬 및 군견軍犬의 위령탑 등 근대 이후 일본이 겪은 각종 전쟁의 흔적들을 볼 수 있다. 그 뒤쪽으로는 '군인칙유(천황이 내린 제국 군인의 덕목) 비석'이 있으며, 유슈칸遊就館이라는 일종의 전쟁박물관도 있다.

야스쿠니 신사는 1869년 메이지 유신을 위해 목숨을 바친 3,588명을 제사 지내기 위해 '쇼콘샤招魂社'라는 이름으로 창건되었다가, 1879년 국가를 위해 순국한 이를 기념한다는 뜻의 '야스쿠니靖國 신사'로 개칭되었다.

야스쿠니 신사의 군마·군견 위령탑.

야스쿠니 신사는 제사를 지내는 신의 수가 정해져 있지 않고, 전사자 수가 증가하면 그에 따라 무한히 제신이 늘어나는 특수한 신사이다. 우리로 치면 현충원 같은 국립묘지인데, 과거 일본의 군국주의 확대 정책을 종교적으로 뒷받침하고, 천황 숭배와 군국주의 이념을 조장하는 국영 신사였다.

야스쿠니에는 도쿠가와 막부가 무너진 보신戊辰전쟁 이후 태평양전쟁 때까지 11개 전쟁 전몰자 총 246만여 명이 안치되어 있다. 이 가운데는 제2차 세계대전 당시 총리 겸 육군대신이었던 도조 히데키東條英機를 비롯한 태평양전쟁의 A급 전범 14명의 위패도 포함돼 있어 역설적으로 '신사 중의 신사'로 불린다.

제2차 세계대전 후 일본에 진주한 맥아더 사령부는 야스쿠니 신사의 위험성을 깨닫고 이 신사와 국가의 연결 고리를 차단하려 했다. 그 결과 야스쿠니 신사는 국영 신사라는 특권적 지위를 상실한 단순

야스쿠니 신사. '야스쿠니靖國'는 '나라를 편안하게 한다'는 뜻이다. 호국신사이자 황국신사로 천황 숭배와 군국주의를 고무시키는 데 절대적인 구실을 하였다.

한 종교 법인이 되었다. 그러나 이후 일본 정부와 보수 정당인 자민당은 야스쿠니 신사를 국비로 지원하고, 천황이나 정부 수뇌 등의 공식 신사 참배를 법으로 제정하려는 움직임을 보였다. 비록 반대 여론에 부딪혀 법 제정은 성사되지 못했지만, 1975년부터 총리와 각료들의 공식 참배가 사실상 시작되었다. 이는 일본 국내외의 정치적·사상적 대결점이 되었다.

특히 1978년 태평양전쟁의 A급 전범 14명의 위패가 봉안된 사실이 알려지면서, 야스쿠니 신사 참배가 일본의 전쟁 정당화로 연결될 것을 우려한 주변국들이 반발하는 등 국제적으로 주목받는 장소가 되었다. 그 후 총리와 천황의 야스쿠니 신사 참배는 중단되었으나, 일본 정부는 외국의 국립묘지 헌화 관행을 들어 총리나 각료의 야스쿠니 신사 참배를 중단하지 않으려 하고 있다.

야스쿠니 신사에는 일본인뿐 아니라 한국·대만·중국인 등 일제에 의해 강제로 끌려가 억울하게 죽은 사람들의 위패까지 모셔져 있다. 현재 야스쿠니 신사에 합사된 한국인의 위패는 2만여 위로, 유족들은 그 위패를 가져오고자 외롭고 지루한 투쟁을 계속하고 있다. 하지만 신사 측은 유족의 의사와 상관없이 '천황을 위해 죽은 순교자의 위패는 유족의 것이 아니다'라는 논리를 펴고 있다.

야스쿠니 신사 문제는 총리의 공식 참배, A급 전범 합사 문제 외에 신사의 역사적 성격과 신사와 국가·정부와의 관계 등이 뒤얽혀 정치적·사상적으로 팽팽한 긴장과 대립을 낳고 있다. 그러나 아직까지도 많은 일본인들은 이곳을 마음의 고향이라 여기며 참배 행렬을 이어가고 있다.

칼의 노래
신사도 · 기사도 · 무사도 · 화랑도

"여성과 아이들 먼저!"

1912년 4월 14일, 첫 항해에 나선 세계 최대의 여객선 타이타닉 호가 빙산과 충돌하여 전체 승객 2,223명 중 706명만 살아남고 1,178명이 사망했다. 그런데 여자 승객은 74퍼센트, 어린이는 52퍼센트가 살아남은 데 반해 남자 승객은 20퍼센트만 구조되었다. 그 이유는 남자들이 '신사도'를 지켰기 때문이다.

영화 〈타이타닉〉에서 선원들이 승객을 구명정으로 인도하며 외친 말이 "여성과 아이들 먼저!Women and children first"였다. 또한 배가 침몰할 때까지 연주를 멈추지 않았던 여덟 명의 악사와, 애인과 하인 등을 구명정에 태우고 자신은 구명조끼조차 거절한 철강업 갑부 구겐하임은 "신사로 죽겠다."고 말했다. 이것이 우리가 생각하는 신사도의 모습이다. 오늘날 서양의 윤리로 자리 잡은 신사도의 기원이 바로 중세의 기사도이다.

기사도와 신사도는 없다

9세기 말 프랑크 왕국이 동서로 갈라지자, 북쪽에서 '바이킹'이라 불리던 노르만족이 침략해 왔다. 이들이 휩쓸고 간 자리에는 농작물과 가축은 물론이고 사람들도 살아남지 못했다. 그러자 제후들은 자기 땅을 지키고자 성을 쌓고 기사들을 불러 모았다. 기사들은 제후에게 충성을 맹세하고, 제후는 그 대가로 땅을 나누어 주었다. 이로써 기사는 세금을 거두고 사법권까지 행사하는, 주민들의 실질적인 지배자가 되었다. 그렇기 때문에 아무나 기사가 될 수는 없었고, 대부분 귀족의 자제들이 7~8세부터 오랜 도제 기간을 거쳐 20세를 전후하여 '기사 서임'을 받아 정식 기사가 되었다.

11~12세기 유럽 사회가 어느 정도 안정되고 무력 충돌이 잦아들자 기사들이 능력을 선보일 기회가 줄어들어 그들의 전투 기질도 완화되었다.

"탑과 같은 성의 생활은 소음으로 가득하였다. 긴 벤치에 끼여 앉아 손으로 음식을 먹고 남은 음식은 개가 먹어 치우거나 바닥을 덮은 짚 속으로 들어갔다. 대다수 귀족이 글을 읽거나 쓰지 못해 한 사람이 낭송하고 나머지는 듣는 것이 일반적이었다. 신앙심이 깊기보다 미신을, 여성은 존중되기보다 매를 맞는 경우가 많았다."

중세 기사의 활약을 묘사한 13세기 삽화.

기사 서임. 기사 서임식 때 하는 선서에는 성실, 명예, 예의, 경건, 겸양, 약자 보호 등이 포함되었다. 이를 통해 기사는 예의와 품위를 갖춘 귀족으로 거듭났다.

　이 기록에서 보듯이 중세 기사들의 생활 태도는 결코 화려하거나 정의롭지 못했다. 때문에 기사들에게 싸움 규칙과 예의를 가르쳐야 했고, 그래서 기독교 윤리를 바탕으로 한 '기사도騎士道'가 만들어졌다. 기사 서임식 때 하는 선서에는 무용武勇과 성실, 명예와 예의, 경건, 겸양, 약자 보호 등의 덕목이 포함되었다. 무용과 성실은 기사의 핵심으로 초기부터 중시된 덕목이며, 경건과 겸양, 약자 보호 등 기독교 윤리는 나중에 보태졌다. 이로써 중세 기사는 명예를 중시하고 예의와 품위를 갖춘 귀족으로 거듭났다.

　기사도의 중심 요소로 또 빼놓을 수 없는 것이 사랑이다. 중세가 안정기로 접어들며 전투할 기회가 줄어들자, 기사들은 사냥이나 마상창 시합(토너먼트) 같은 전투 놀이로 전투 기질을 달랬다. 그런데 이 마상창 시합을 귀족 부인들이 참관하면서, 자기가 사모하는 부인의 베일이나 장신구 등을 몸에 지니고 시합에 나가는 것이 기사들의 관례로 자리 잡았다. 이로써 마상창 시합은 사랑의 무대가 되었고, 이를 배경으로 한 기사의 사랑이 중세 문학과 기사도의 주요 요소가 되었다.

기사들이 갈등과 분쟁을 해결하는 방식은 결투였다. 명예가 중시되면서 명예를 지키고자 결투를 하는 일이 더 빈번해졌다. 하나님이 정의로운 자를 이기게 하리라는 논리에 따라 결투가 재판의 한 종류가 되기도 했다. 다만 여성이 분쟁의 당사자일 경우에 다른 기사가 대신 싸워 줄 수 있었고, 이러한 대리기사가 바로 '챔피언'이었다. 그러나 잦은 결투는 인명의 희생뿐 아니라 사회적 혼란을 가져왔기 때문에 유럽 나라들에서 여러 차례 '결투 금지령'이 내려졌다. 그러나 결투 관행은 쉽사리 사라지지 않았다.

19세기 프랑스의 소설가 알렉상드르 뒤마가 쓴 소설 『삼총사』를 보면, 주인공 달타냥이 고향 가스코뉴를 떠나 파리로 갈 때 그 아버지가 노잣돈 15에퀴와 13년 된 말 한 필, 그리고 다음과 같은 이야기를 들려주는 장면이 나온다.

"오늘날 귀족이 출세하려면 용기가 있어야 한다. …… 싸움을 두려워하지 말고 스스로 모험을 찾아라. 나는 너에게 검술을 가르쳤다. 네게는 무쇠 같은 다리와 강철 같은 주먹이 있다. 때를 가리지 말고 용감하게 싸워라. 결투가 금지되어 있어 싸우려면 두 배의 용기가 필요하니, 그만큼 혼신의 힘을 다해야 한다."

돈키호테는 밤낮으로 기사도 이야기를 탐독하다 정신이 이상해진 나머지, 스스로 기사가 되어 세상의 부정과 비리를 도려내고 학대당하는 사람들을 돕겠다고 세상에 나선다.

『삼총사』는 루이 13세 시대를 배경으로 하는 소설이긴 하지만, 17세기까지 프랑스 귀족들이 얼마나 결투를 즐겼는지를 단적으로 보여 준다. 17세기 초에 출판된 『돈키호테』의 작가 세르반테스는 "항간에 떠도는 수많은 기사도 이야기의 권위와 인기를 조롱하고 풍자하고자" 이 작품을 썼다고 했다.

그런데 15세기 말에 대포라는 신무기가 등장하며 전쟁의 양상이 변했고, 이에 따라 기사는 전쟁에서 무용지물이 되었다. 그러나 그럴수록 기사에 얽힌 영웅담과 사랑, 기사도에 대한 환상은 더 깊어가서, 종국에는 기사는 사라지고 기사도만 남게 되었다. 이 기사도라는 이상理想이 『삼총사』에서 보듯이 17세기 프랑스 귀족들의 사회적 지위 유지에 필요한 명예로 계승되었고, 이 전통은 19세기 영국의 새로운 계층인 젠트리gentry(신사)에 의해 '신사도'로 이어졌다.

신사도의 상징인 된 '레이디 퍼스트lady first'라는 말은 아이와 여성으로 대표되는 '약자의 보호'라는 기사의 덕목을 계승한 것이다. 그런데 이러한 덕목이 존재했다는 것은, 한편으로 이를 덕목으로 가르쳐야 할 만큼 당시 기사들에게 여성과 아이에 대한 보호 의식이 없었다는 뜻이기도 하다. 신사도 역시 신사라는 새로운 계층이 자신들과 평민의 다름을 드러내며 제 지위를 확고히 하고자 내세운 덕목이었다.

'만들어진' 무사도 정신

미국의 여성 인류학자 루스 베네딕트는 『국화와 칼』이라는 책에서 천황가를 상징하는 '국화'와 사무라이를 상징하는 '칼'로 일본 사회를 표현했다. 이렇듯 일본은 같은 동아시아 문화권에 속하면서도 중국이나 우리나라와 달리 문文이 아닌 무武, 즉 사무라이가 지배 집단을 형성했다. 사무라이는 검소한 생활과 명예를 중시했는데, 이들이 지켰던 윤리 의식을 바로 '무사도武士道'라고 한다. 무사도는 오늘날까지 일본 정신의 상징으로 인식된다.

사무라이는 12세기 말 가마쿠라 막부가 들어선 뒤 실질적인 지배 집단으로 부상했고, 에도 시대에는 도쿠가와 이에야스가 사농공상士農工商 가운데 사士를 사무라이로 지정하여 사회적 특권을 법으로 보장해 주었다. 사무라이는 성姓을 가질 수 있는 특권이 있었으며, 칼을 허리에 차고 다닐 수

사무라이. 일본 무사도의 상징으로 봉건 시대 무사를 뜻한다. 본래 귀인貴人을 가까이에서 모시며 경호하는 사람을 일컫다가, 무사계급이 발달하면서 점차 무사 일반을 가리키게 되었다.

있었고, 평민이 잘못을 범하면 그 자리에서 목을 벨 수 있었다. 사무라이는 단순히 칼을 휘두르는 무사가 아니라, 해당 지역의 질서 유지를 담당하는 사회의 엘리트 계층이었다.

그러나 이러한 특권을 누리는 만큼 사무라이는 그만한 자격 요건을 갖춰야 했다. 무술뿐 아니라 학문에 대한 지식도 있어야 했고, 무엇보다 자기 주군主君에 대한 무조건적 충성과 복종을 실천해야 했다. 명예가 훼손되면 이를 회복시키고자 할복割腹, 즉 자기 배를 갈라 스스로 목숨을 끊어야 했다. 이러한 충성, 명예, 할복 등이 무사도의 덕목이었다.

그러나 '무사도'라는 말 역시 19세기 말에 만들어진 용어이다. 무사도를 일본 민족의 고귀한 정신적 가치로 이야기하며, 무사도라는 말을 대중에게 알린 이는 일본 사상가인 니토베 이나조이다. 그는 1899년 신병 치료차 미국에 체류하며 영어로 『무사도Bushido, the Soul of Japan』를 집필했다.

무사도를 일본 민족의 고귀한 정신적 가치로 만든 니토베 이나조.

니토베가 이 책을 저술한 동기는 서양인들에게 "일본인은 어떻게 도덕 교육을 받는가?" "종교 교육이 없다는 것을 이해하기 어렵다." 등의 질문을 받고, 기독교와 같은 보편 도덕이 일본에도 있다는 것을 알리기 위함이었다. '무사도'라고 명명한 것은 물론

서양의 기사도를 염두에 둔 것이었다. 그는 일본은 동양의 다른 국가들과 달리 "인류가 지금까지 고안해 낸 명예에 관한 규칙들 중 가장 엄격하고 가장 숭고하고 가장 정확한" 무사도가 있어 근대화를 성공적으로 추진할 수 있었다고 썼다.

청일전쟁(1894)과 러일전쟁(1904)에서 연이어 승리한 일본은, 서양의 물질문명에 대척하는 동양의 정신문명으로 일본 정신, 곧 무사도를 내세우게 되었다. 니토베와 동시대를 살았던 철학자 이노우에 데쓰지로는 "일본 고유의 상무尙武 기상을 기초로 후에 유교와 선종이 합쳐져 이러한 3자가 융합·조합되어 발달된 것"이 무사도이며, "무사도 정신은 일본인 그 자체의 정신인 까닭에 금후 일본의 도덕을 정립하는 방식은 반드시 무사도의 정신이 토대가 되어야 한다."고 역설했다.

이로써 도쿠가와 시대 무사의 생활 윤리였던 무사도는 메이지 유신 이후 국민국가의 국민도덕으로 변용되었고, 메이지 국가의 성립과 함께 기존의 무사 조직이 군대로 전환되면서 무사도의 규범이었던 주군에 대한 충성은 천황에 대한 충성으로 바뀌었다.

일본에서 무사도가 널리 알려진 시기는 1937년 중일전쟁 이후이다. 총력전 체제가 본격화되면서 할복과 같은 호전적 이미지가 아닌 충성과 자기희생, 인내와 같은 생활 덕목으로 무사도가 그려지기 시작했다. 이어서 1941년 태평양전쟁이 발발하며 병력과 물자 부족이 심각해지자, 무사도는 단순한 국가 의식의 고양 차원이 아닌 천황을 위한 고결한 자기희생, 급기야는 '가미카제神風'로 불리는 자살특공

가미카제. 꽃을 든 여학생의 환송을 받으며 출전하는 가미카제(오른쪽). 가미카제는 폭탄을 싣고 연합군 함에 충돌하는 자살 공격을 감행했다(왼쪽).

대를 정당화하는 이데올로기로 변질되었다.

이후로 무사도는 오늘날까지 충효와 명예, 죽음과 관련된 코드로 일본 정신의 뿌리이자 일본 전통문화가 가진 특수성으로 이해되고 있다.

'화랑도花郎道'가 된 '화랑도花郎徒'

태평양전쟁 후 무사도를 강조하는 일본의 사회 분위기는 식민지 조선에까지 영향을 미쳤다. 그러나 아무리 식민지라 하더라도 일본의 무사도를 그대로 강제할 수는 없었다. 조선의 역사 속에서 무사도와 유사한 상무 정신을 찾아내어 내선일체內鮮一體, 곧 일본과 조선이 한 몸이라는 주장의 증거로 삼고자 했다. 이때 주목받게 된 것이 신라의 '화랑도'이다.

화랑도는 신라 진흥왕이 외모가 아름다운 남자들을 뽑아 곱게 단장시켜 '화랑花郎', 꽃다운 남자들이라 부른 데서 시작되었다. 이후 화랑은 "어진 재상과 충성된 신하가 화랑에서 나오고 뛰어난 장수와 용감한 군사가 여기에서 생겨났다."는 신라의 인재 양성소 역할을 했다.

그러나 일본은 화랑의 무리를 의미하는 본래의 '화랑도花郎徒'가 아닌, 화랑의 정신을 의미하는 '화랑도花郎道'라고 표현했다. 이는 일제가 일본의 무사도를 신라 화랑에 이식했음을 단적으로 보여 주는 것이다. 그리하여 많은 일본인 학자들이 신라 화랑을 '무사'로서의 성격에 맞추어 연구했다. 그 결과, 화랑 집단은 "가무와 유오遊娛(노닐며 즐김)를 행하는 청년의 사교클럽 형태로 국가 유사시 국난에 뛰어든 청년 전사단"으로 규정되기에 이르렀다.

이로써 '화랑도花郎道'는 "신라인이 가진 거국일치擧國一致, 진충보국盡忠保國의 대정신"으로 새롭게 태어났고, "반도 이천년 오랜 신라 무사의 혈관 속에 뛰고 있던 충성의 정신"으로써 일제의 총력전 체제에 동원되었다. 신라 시대의 청소년 수양단체인 화랑도가 강제 징병을 미화하고 선전하는 이데올로기로 변질된 것이다.

일본이 만들어 낸 화랑, 화랑도에 대한 정의는 해방 이후, 특히 1960~70년대에 크게 강조되었다. 무엇보다 화랑 관련 지역의 성역화가 이 시기에 진행되었다. 1973년 '화랑의 집(화랑교육원)'이 박정희 대통령의 지시로 세워졌는데, 청소년 집단이었던 화랑의 정신을 오늘날의 청소년들에게 심어 주고자 건립했다. 이어서 1977년에는 "삼국통일의 정신을 계승하여 남북통일을 기원하기 위해" 경주 남산에 '통일전統一殿'이 건립되어, 전각 안에 무열왕·문무왕·김유신의 영정을 모셨다.

당시 한국정신문화연구원(한국학중앙연구원의 전신)장을 역임한 사학자 이선근李瑄根은 "화랑도花郎道는 화랑도花郎徒의 생활 신조, 인생관, 행동 논리, 국가관 등 전체를 가리키는 의미로 사용된다."고 하여 일본이 만들어 놓은 화랑도의 논리를 그대로 답습했다.

심지어 당시 우리나라 축구 국가대표팀의 이름이 '화랑'이었으며, 박정희 대통령이 속한 육군사관학교 2기생이 건립 기금을 마련한 학교 사설내인 '화랑내'는 이세 육군사관학교의 별칭이 되었다.

22. 세 가지 이름으로 불린 도시, 상트페테르부르크

'Saint Petersburg'는 핀란드 만 안쪽에 있는 러시아의 제2도시 이름이자, 미국 플로리다 주 서부에 있는 도시 세인트피터스버그를 가리키기도 한다. '피터(표트르)가 세운 성스러운 도시'라는 뜻으로, 미국의 세인트피터스버그를 개척한 피터 디멘스가 자신이 유년 시절을 보낸 상트페테르부르크의 이름을 그대로 붙인 것이다. 상트페테르부르크는 17~18세기 러시아의 대표적인 계몽군주 표트르 1세가 건설한 계획도시이다.

표트르 1세. 러시아 로마노프 왕조 제4대 황제. 1703년부터 네바 강 삼각주에 상트페테르부르크를 건설하여, 이곳을 유럽과 통하는 창구로 사용함과 동시에 발트 해 지배를 위한 기지로 삼았다.

이후 격동의 근현대사가 펼쳐지며 상트페테르부르크는 많은 사건과 혁명의 현장이 되었다. 19세기 초반에는 러시아 최초의 근대적 혁명인 '데카브리스트의 난'이 일어났고, 19세기 중반에는 러시아 최초의 철도가 부설되었으며, 20세기에는 세계 최초의 공산혁명이 이곳에서 일어났다. 이 역사의 여정 속에서 도시의 이름도 바뀌었다. 제1차 세계대전과 러시아혁명기에는 '페트로그라드'로, 소비에트 시절에는 '레닌그라드'로 불리다가 1991년 다시 상트페테르부르크라는 이름을 되찾았다.

표트르 1세의 이름을 딴 '상트페테르부르크'

200년 넘게 몽골의 지배를 받은 러시아는 서유럽과 문화적으로 많이 단절되어 있었다. 로마노프 왕조의 초대 황제인 표트르 1세는 적극적인 유럽화 정책이 러시아를 강대국으로 만드는 지름길이라 여기고, 서유럽에 대규모 시찰단을 파견했다. 그리고 자신도 영국과 네덜란드의 조선소에서 직접 노동자로 일하기도 했다.

표트르 1세는 서유럽의 문물과 경제 제도를 수용하는 한편, 군대를 육성하여 대외 전쟁을 지휘했다. 1700년 러시아는 바다로 접근하

18세기 중반의 상트페테르부르크. 네바 강을 따라 서쪽을 바라본 전경이다.

는 통로를 확보하고자 스웨덴과 전쟁('북방전쟁')을 벌인 끝에 승리하여 서쪽으로 영토를 넓히고 발트 해를 얻었다. 이 전쟁을 벌이던 중인 1703년부터 핀란드 만으로 빠지는 네바 강 하류에 상트페테르부르크를 건설하고, 1712년 이곳을 수도로 삼았다.

강의 범람과 습지라는 지리적 약점을 수많은 운하와 하천으로 극복하며 '북방의 베네치아'라는 별명을 얻은 상트페테르부르크는, 러시아가 서유럽으로 진출하는 통로이자 유럽의 문물이 러시아로 들어오는 창구 역할을 했다. 그래서 19세기 초 러시아의 대문호 알렉산데르 푸슈킨은 상트페테르부르크를 가리켜 '유럽을 향해 열린 창'이라 예찬했다.

상트페테르부르크는 약 200년간 로마노프 왕조의 수도로서 계몽전제군주 시대를 꽃피웠다. 우랄 산맥을 넘는 대영토를 차지한 것도 이곳으로 수도를 옮긴 뒤였고, 유럽에서 제일 낙후된 국가에서 19세기 중반 유럽의 곡창지대란 칭호를 얻게 된 것도 이 도시의 번영과 관계가 있다. 18세기 말에는 여황제 예카테리나 2세가 계몽전제군주를

예카테리나 2세. 남편 표트르 3세를 폐위시키고 스스로 제위에 올랐다. 법치주의 원칙을 도입하고 귀족들과 협력 체제를 강화하였으며 영토를 크게 확대하고 농노제를 확장하였다.

자처하며 법전을 편찬하는 등 내정을 개혁하고 폴란드와 알래스카로 진출하여 영토를 넓혔다.

예카테리나 2세는 국가의 문화 수준을 향상시키고자 베를린의 화상畵商을 통해 당대 회화를 주름잡던 네덜란드 등에서 미술품을 사들이기도 했다. 이 수집품이 현재 에르미타주 미술관의 모태가 되었다. 제정러시아(1917년 혁명이 일어나기 이전의 러시아) 황제들의 거처였던 겨울궁전에 있는 에르미타주 미술관은, 300만 점의 전시품을 소장하고 있어 먹지도 자지도 않고 작품 하나당 1분씩만 훑어본다고 해도 5년이 걸린다고 한다. 뉴욕의 근대미술관, 스페인 마드리드의 프라도 미술관과 함께 세계 3대 미술관으로 꼽힌다.

차르를 위해 싸우라, '페트로그라드'

19세기 러시아는 초반에 데카브리스트의 난은 진압했지만, 1853년 오스만투르크·영국·프랑스·프로이센 연합군을 상대로 벌인 크림 전쟁에서 패한 뒤 안팎으로 고전을 면치 못하였다. 서유럽 나라들처럼 산업혁명과 민주주의가 발전하지 못한 가운데 개혁도 실패했다.

로마노프 왕조 황제 중 가장 보수적인 황제로 알려진 알렉산드르 3세는, 자유와 개혁을 억압하고 '차리즘'(차르 중심의 전제적 정치체제)을 강화했다. 그 와중에도 상트페테르부르크는 교통과 산업의 중심지로 성장했다. 1813년에는 러시아 최초의 증기선이 상트페테르부르크에서 건조되었다. 그리고 1837년 차르스코예셀로(지금의 푸슈킨 시)와 상트페테르부르크의 여름궁전을 잇는 러시아 최초의 철도가 부설되었다. 그로부터 5년 뒤 모스크바와 연결하는 철도가 건설되기 시작해 1851년 상트페테르부르크-모스크바 간 철도가 개통되었으며, 1861~1862년에는 이를 바르샤바와 잇는 노선이 완성되는 등 상트페테르부르크를 중심으로 러시아 내륙과 유럽을 연결하는 철도망이 건설되었다.

그런데 1860년대 후반 러시아에는 서유럽처럼 자본주의를 거치지 않고도 바로 사회주의로 나갈 수 있다는 신념을 가진 지식인('인텔리겐치아')이 등장했다. 이들은 1873~1843년을 정점으로 "브나로드!"(민중 속으로)를 외치는 '브나로드 운동'을 전개하여 사회주의혁명 정신을 전파했다. 그러나 이 농민운동은 농민들과 정부의 탄압으로 실패하고, 혁명 세력은 해외로 망명하였다. 이러한 상황에서 인구 급증과 산업 발전으로 규모가 커진 상트페테르부르크는 차르의 전제정치에 저항하는 혁명의 온상이 되었다. 국가 기간산업의 집중과 공업의 발달로 정치적으로 민감한 공장노동자들이 이곳에 집중되었기 때문이다.

1905년 1월, 15만 명이 참여한 총파업으로 노동자들의 저항은 절정에 다다랐다. 1월 9일 일요일, 상트페테르부르크의 노동자들은 '빵과 평화'라는 슬로건을 내걸고 차르에게 호소하려고 겨울궁전으로 행진해 갔다. 그런데 이때 차르의 군대가 시위대에게 발포하여 그 자리에서 수백 명이 죽고 수천 명이 부상당하는 사태가 벌어졌다.('피의 일요일' 사건). 이 사건으로 민심은 급속히 냉각되었고, 혁명이 러시아 전역으로 확산되었다. 차르의 진압으로 혁명은 무산되었지만, 러시아의 변화는 피할 수 없는 것이 되었다.

이처럼 차르에 대한 저항이 커지고 있음에도 불구하고, 당시 니콜라이 2세는 전제정치를 강화하고 제1차 세계대전에 참전했다. 이때 상트페테르부르크는 '페트로그라드'로 도시 이름이 바뀐다. 1914년 독일의 침공에 빈발하여 차르를 중심으로 한 애국적 열기를 북돋우고자 독일식 이름인 상트페테르부르크를 러시아식인 페트로그라드로 바꾼 것이다. 여기서 '그라드'는 도시를 뜻하는 남성명사 '고로뜨 город'에서 온 말로, 사람 이름 뒤에 붙어 '시市'를 뜻한다.

'피의 일요일'. 1905년 1월 황제 차르의 초상을 들고 겨울궁전으로 향한 노동자들을 향해 경찰과 군대가 발포하여 광장의 눈이 피로 물들었다. 이 사건은 차르에 대한 노동자의 신뢰를 단숨에 무너뜨리고 러시아혁명의 발단이 되었다.

그러나 시간이 지날수록 전쟁은 페트로그라드 노동자들의 경제 사정을 더욱 악화시켰으며, 교통이 마비되어 식량과 연료 공급이 거의 중단되었다. 배고픈 노동자와 그 가족들은 마침내 1917년 2월 26일 총파업으로 봉기했다.

페트로그라드의 여성들이 빵을 요구하며 벌인 시위에서 시작된 소요는 노동자들이 합세하며 대규모 시위로 발전했다.

3월혁명. 1917년 페트로그라드에서 식량 배급이 중단되자 여성 노동자들이 파업에 들어가 시위 행진을 하면서 시민들의 봉기로 확산되었다.

제정러시아 군대는 시민에게 총을 쏘라는 명령을 받았는데, 발포를 거부한 일부 사병들이 혁명에 동참하면서 상황은 급진전되었다. 시위대는 겨울궁전을 점령하고, '페트로그라드 노동자, 병사 소비에트'를 구성했다. 그리고 3월 2일 니콜라이 2세를 퇴위시키고, 알렉산드르 케렌스키를 중심으로 한 임시정부가 수립되었다. 바로 '3월혁명'이었다.

'레닌그라드'에 담긴 혁명의 흥망

3월혁명 이후 케렌스키를 수반으로 한 임시정부는 개혁보다는 전쟁을 계속하려고 했다. 이때 망명지 스위스에서 급거 귀국한 변호사 출신의 볼셰비키 지도자 블라디미르 일리치 레닌은 '자본주의의 타도 없이 종전은 불가능하다' 등 10개 항에 걸친 '4월 테제'를 발표했다.

레닌은 1917년 출간된 『제국주의, 자본주의 최고의 단계』에서 전쟁의 실질적인 원인을 분석하고, 왜 혁명만이 정당하고 민주적인 평화를 가져올 수 있는지를 설명했다. 이것이 곧 볼셰비키(다수파)의 방침이 되어, 볼셰비키는 "임시정부 타도! 모든 권력은 소비에트로!"라는 구호를 내걸고 임시정부에 대항했다.

같은 해 11월 7일, 레닌과 레온 트로츠키가 지휘하는 볼셰비키 노동자와 병사들은 겨울궁전을 습격하여 임시정부를 해체하고 권력을 장악했다. 레닌은 혁명 직후 열린 전全러시아 소비에트 대회에서 새로운 정부인 인민위원소비에트의 의장으로 선출되었다.

레닌은 산업 국유화에 착수하고 일당독재 체제를 수립한 뒤, 독일과 단독 강화조약을 맺고 제1차 세계대전에서 탈퇴했다. 이어 볼셰비키를 '러시아공산당'으로 개칭하고, 1918년 3월 수도를 모스크바로 옮겼다. 이후 레닌은 황제를 지지하는 백군과 혁명을 지지하는 적군 사이의 내전, 그리고 이에 위기를 느낀 서구 열강과 일본이 군대를 보내 벌어진 '시베리아전쟁' 등 위기를 넘기고, 1922년 최초의 공산주의 국가인 소비에트연방을 수립했다. 그러나 내전으로 인한 극심한 사회 혼란과 경제 위기가 가중되자, 자본주의적 요소를 일부 도입한 신경제정책('네프NEP')을 실시하여 난국을 극복했다.

수도가 모스크바로 옮겨진 지 6년 후인 1924년, 페트로그라드는 '레닌그라드'로 다시 한 번 이름이 바뀌었다. 1924년 레닌이 죽자 그를 기념하기 위해 명칭을 바꾼 것이다. 이는 역사적·대중적으로 러시아 사회주의 혁명의 주역에게 도시를 헌정하는 의미를 담고 있었

연설하는 레닌. 볼셰비키 혁명의 중심 인물로서 마르크스주의를 발전시킨 혁명 이론가이다. 무장봉기로 과도정부를 전복하고 프롤레타리아 독재를 표방하는 혁명정권을 수립하였다.

다. 레닌이 러시아 마르크스주의의 아버지 게오르기 플레하노프와 교류하며 마르크스주의 우파인 멘셰비키(소수파)의 지도자 율리 마르토프 등과 함께 '노동계급해방투쟁동맹'을 조직하고, 역경을 뚫고 혁명의 깃발을 올린 것을 기념한 것이다.

이후 소비에트 정부는 1928년 국가 발전 5개년 계획을 수립하며 레닌그라드에 중추적 역할을 맡겼다. 그리하여 제2차 세계대전이 발발한 1939년에는 레닌그라드의 공업생산이 소련 전체의 11퍼센트를 차지하게 되었으며, 인구도 300만 명을 넘어섰다. 레닌그라드는 제2차 세계대전 때 독일의 침공에 맞서 1941년 8월 8일부터 1944년 1월 27일까지 장장 872일간의 포위 공격을 막아 내어 '영웅도시'라는 칭호까지 얻었다.

그러나 역사의 격동은 다시 레닌그라드를 상트페테르부르크로 돌려놓았다. 1991년 소비에트가 해체되자, 레닌은 더 이상 추모와 기념의 대상이 아니게 되었다. 역사의 격동을 말없이 지켜본 과거의 도시는 새로운 시대 변화의 한가운데에서 이름을 바꿔 가며 그 운명을 함께했다.

23. '바람과 함께 사라지다'와 '역마차'의 미국

코카콜라의 탄생지인 미국 조지아 주의 애틀랜타는 영화로도 유명한 마거릿 미첼의 장편소설 『바람과 함께 사라지다』의 무대이다. 미첼은 10년에 걸친 집필 끝에 1936년 이 소설을 발표했다. 비비안 리와 클라크 게이블의 연기와 유장한 영상으로 명작 반열에 오른 영화 〈바람과 함께 사라지다〉는, 영화적 흥미 못지않게 미국 사회를 이해하는 훌륭한 교재이기도 하다. 남북전쟁기 남부의 중심지 애틀랜타를 배경으로 미국의 급변하는 사회상을 잘 다루었기 때문이다.

남북전쟁은 전 인구의 3퍼센트를 죽음으로 내몬 비극적인 내전이었다. 그러나 이 전쟁을 통해서 미국은 비로소 오늘날과 같은 민주주의의 토대를 마련할 수 있었다.

남북전쟁과 '바람과 함께 사라지다'

『바람과 함께 사라지다』의 주인공 스칼렛 오하라는 남부의 대농장

19세기 미시시피 강 유역의 면화 플랜테이션.

주인의 딸이다. 남북전쟁 전까지 미국 남부는 노예노동을 기반으로 옛 관습과 전통을 지키며 살아갔다. 목화밭으로 상징되는 남부의 농장은 용감한 기사와 우아한 숙녀, 그리고 지주와 노예가 함께 존재하는 곳이었다. 1783년 독립 후 미국은 토머스 제퍼슨과 앤드루 잭슨 시대를 거쳐 민주주의를 정착시키고, 서부 개척으로 영토를 확장시켰다. 그리고 1840년대 말, 오리건과 캘리포니아를 각각 영국과 멕시코에서 획득하면서 알래스카를 제외한 현재의 영토가 확정되었다.(알래스카는 1867년 러시아에 700만 달러를 주고 구입했다.)

그러나 이러한 발전 과정에서 남부와 북부의 대립이 점차 깊어졌다. 특히 노예제도의 존속 문제를 놓고 양측의 주장은 평행선을 그렸다. 농업 중심의 남부는 노예제도와 자유무역을 옹호하고, 상공업이 발달한 북부는 노예제도 폐지와 보호무역을 주장했다. 목화와 담배 재배를 주로 하던 남부의 대농장주들에게는 흑인 노예의 노동력이 절대적이었고, 북부의 공장주들에게는 흑인 같은 값싼 노동력이 반드시 필요했다.

그런데 1860년 노예제 폐지를 찬성하는 공화당의 에이브러햄 링컨이 대통령에 당선되자, 남부의 일곱 개 주가 연방을 탈퇴하는 사태가 벌어졌다. 짧은 분단 시기를 거쳐 1861년 4월 남부군의 선제공격으로 미국은 내전에 돌입했다. 금방 끝날 것 같던 전쟁은 쉽사리 승부가 나지 않았는데, 1862년 링컨이 노예해방령을 선포하면서 전세가 북부 쪽으로 급격히 기울었다. 링컨의 조치는 남부 노예들의 이탈을 부추기고, 국제적으로 노예제도의 야만성에 대한 여론을 환기시켰다.

결국 4년간 지속된 전쟁은 1865년 4월 1일 리치먼드 전투를 마지막으로 북부의 승리로 끝났다. 그리하여 북부의 주장대로 노예제도는 폐지되었고, 남부의 통합이 진전되어 국민국가의 토대를 튼튼히 하였다. 이후 미국은 대륙횡단철도의 완성으로 경제적 통일도 이루어 산업혁명이 가속화하고 자본주의 경제가 빠른 속도로 발전하였다.

그러나 남북 쌍방이 입은 인명 피해는 막대했다. 북부는 총동원 수 200만 명 가운데 전사자 36만 명, 남부는 60~70만 명 가운데 전사자 25만여 명으로 추정되었다. 패배한 남부는 여러 면에서 커다란 타격을 입었다. 남부의 대부분은 전화戰禍로 황폐화되고, 전통적 경제 구조는 근본적으로 무너졌다. 〈바람과 함께 사라지다〉는 전쟁을 통해 몰락하고 다시 복구해가는 남부

에이브러햄 링컨. 미국의 16대 대통령. 1863년 노예 해방 선언을 발표하고, 노예제 폐지를 담고 있는 수정헌법 13조의 통과를 주장하며 노예제 폐지를 이끌었다. 미국 역사상 처음으로 대통령 임기 중 암살되었다.

의 모습을 인간사의 굴곡과 함께 묘사하면서 남부에 대한 짙은 향수를 보여 주었다. 변화해 가는 시대 속에 사라져 가는 것들에 대한 연민과 함께, 새로운 가능성에 대한 희망을 염원하는 것이었다.

프런티어의 미국 문화

미국의 전통과 풍습 가운데 친숙한 것으로 서부 개척 시대의 카우보이, 보안관, 골드러시gold rush 등을 꼽을 수 있다. 미국을 대표하는 프런티어 정신도 서부 개척 과정에서 나온 말이다. 미국의 서부 개척사는 17세기 초 영국 식민지 건설과 동시에 시작되었지만, 1848년 멕시코와의 전쟁에서 승리를 거둬 서부를 장악하게 된 후 본격적으로 열리게 되었다. 미국 정부는 서부에 있는 땅을 제한 없이 개인에게 나눠주었는데, 특히 서부 캘리포니아 주와 몇몇 주에서 금광이 발견되자 '골드러시'가 일어났다. 아메리카 드림을 꿈꾸는 사람들이 서부로 몰려가기 시작했고 아주 짧은 기간 동안 어마어마한 금을 캘리포니아에서 캐 갔다. 광부들이 몰려든 곳에서는 하룻밤 사이에 새로운 도시가 생겨나곤 하였다.

광산 거리와 대조적으로 서부의 텍사스에서부터 캐나다에 이르는 대평원에서는 소의 방목이 이루어졌다. 서부 대평원의 미국인들은 부자가 되겠다는 부푼 꿈을 안고 열심히 소를 길렀다. 그리고 소들을 동부로 운송해서 팔기 위해 소몰이를 전문으로 하는 카우보이들이 텍사스로 몰려왔다. 이들은 도중에 무법자를 만나 총격전을 벌이기도 하고 인디언과 혈투도 벌였는데, 영화에서 많이 그려졌던 카우보이의 모습이기도 하다.

1874년 다코타 평원에 도착한 탐험대.

　서부 개척 시대는 미국적 문화의 원형을 만들었다. 할리우드 서부
영화도 그 전형적인 예이다. 서부영화의 고전으로 1939년에 만들어
진 존 포드 감독, 존 웨인 주연의 〈역마차 *Stagecoach*〉는 걸작 서부영화
를 논할 때 언제나 첫머리에 언급되는 영화이다. 서부로 가는 역마차
에 탄 의사·임산부·판사·도박사·무법자들이 목적지에 이르는 동안
의 여정을 담고 있는데, 그 과정에서 인디언의 습격 등 어려움을 헤
쳐 나가는 가운데 서로 이해하고 돕게 된다는 미국식 영웅주의와 휴
머니즘을 보여주고 있다. 다양한 인종으로 구성된 미국 사회의 축소
판이라고 할 수 있는 역마차가 인디언에 맞서 싸우다 위험에 빠질 때
기병대가 출현한다. 먼지에 찌든 푸른 군복을 입은 기병대가 돌격나
팔을 울리며 나타나면 인디언들은 추풍낙엽이 되고 관객들은 박수
를 친다. 인디언의 습격과 응전, 기병대의 출현이라는 패턴은 이후
다른 영화에도 도식적으로 되풀이되는데, 이때 인디언들은 서부 개
척의 적이자 관객의 적이 되기도 한다. 원래 아메리카 대륙의 주인이

었던 인디언들은 콜럼버스가 신대륙을 발견한 이후 수난을 겪게 되는데, 남북전쟁이 시작될 무렵 미국에 남아 있던 30만 명의 인디언들 가운데 20만 명이 서부의 대평원에 살고 있었다. 하지만 이들은 서부 개척 시대에 이르러 거의 멸종의 위기에 처하였다. 특히 1870년대 대평원에 농민 이주가 본격화하면서 미연방 정부는 인디언들과 백인을 격리시키고, 반강제적으로 조약을 체결하며 인디언들의 땅을 점유해 갔다.

서부 개척의 또 다른 주인공은 1870년내 농업 개척자들이 있다. 농업 개척이 번성할 수 있었던 배경에는 정부 원조에 의한 철도 건설, 평원의 인디언 토벌과 보유지 구획, 공유지법 자유화 등이 있었다. 또한 대평원의 건조한 기후에 견딜 수 있는 농작물 도입, 철조망과 풍차펌프, 철제로 만든 신형 자재 개발 등 기술의 진보도 있었다. 미시시피 강 유역에서 로키 산맥에 이르는 넓은 평원을 배경으로 고달팠

삶의 터전에서 쫓겨 나는 인디언. 아메리카 대륙의 주인이었던 인디언들은 서부 개척 시대에 이르러 거의 멸종의 위기에 처하였다.

던 개척 시대의 향수를 자극하며 미국 내에서 찬사와 인기를 얻었던 소설 『초원의 집Little House on the Prairie』은 이러한 농촌 개척을 무대로 한 소설이다. 로라 잉걸스 와일더Laura Ingalls Wilder의 자전적 소설로 1932년 처음 발표된 이후 TV 드라마로도 만들어져 지금까지 미국에서 많은 사람들이 즐겨 보고 있다. 『초원의 집』에는 1870년대에서 80년대에 이르는 19세기 후반의 미국 사회사가 풍부하게 담겨 있어 미국에서는 어린이와 청소년들이 반드시 읽어야 하는 책으로 꼽히고 있다. 개척 정신을 바탕으로 끈끈한 가족 유대를 자랑하는 소설의 내용은 미국 문화의 규범이 되었고, 이 소설은 '미국의 역사 교과서'라는 영예도 얻었다.

이러한 프런티어 대평원의 개척과 그 정착은 1880년대 중엽의 이주 붐을 타고 급속도로 막을 내렸고, 1890년에는 공식적으로 미국이 프런티어의 소멸을 공표하였다. 그러나 프런티어 정신은 오늘의 미국을 만든 원동력이자 미국적 가치를 대표하는 것으로 중시되고 있다.

1870년 오레곤 철도 주변에서 쉬고 있는 개척자 가족.

미국문화의 전도사, 디즈니

연간 2억 명 이상이 디즈니 영화나 비디오를 보고, 매주 3억 9,500만 명이 텔레비전에서 디즈니 쇼를 즐기며, 2억 1,500만 명이 디즈니 음악이 담긴 음반에 맞춰 춤을 추고, 매년 5천만 명 이상이 디즈니 테마 공원의 입구를 통과한다.

이 숫자는 미국을 넘어 전 세계에 미치는 디즈니의 영향력이 어느 정도인지 잘 보여 준다. 어린이들에게 활자가 아닌 영상으로 다가가는 환상의 세계 디즈니. 디즈니가 보여 주려는 '꿈의 세계'는 어떤

미국 캘리포니아 디즈니랜드의 '잠자는 공주의 성'.

세계일까?

〈뮬란〉의 충격

1998년 〈뮬란〉이 개봉됐을 때 많은 이들이 깜짝 놀랐다. 디즈니 애니메이션 사상 최초로 유색인종이 주인공이었기 때문이다. 물론 그전에도 〈알라딘〉의 아랍 여주인공 자스민이나 〈포카혼타스〉의 인디언 여주인공이 있었지만, 이들은 이미 서구화된 모습에 백인 주인공의 보조 역할이거나 백인을 위한 주인공이었다. 그러나 뮬란은 이들과 달랐다. 뮬란은 그 자체로 순수한 주인공이었다.

유색인종이 주인공으로 등장한 것이 왜 그렇게 놀라운 일일까? 이는 미국의 역사를 살펴보면 충분히 이해할 수 있다. '이민자의 나라' 미국은 다양한 사람들이 모여 광대한 서부를 개척하고 끊임없이 점령하며 건설한 나라이다. 이 과정에서 지역적·인종적 이질성의 극복이 중요한 과제로 떠올랐고, 이를 해결하고자 법과 제도의 개혁을 통한 '혁신운동'을 전개해 나갔다. 19세기 말에서 20세기 초에 걸쳐

디즈니 애니메이션의 여자 주인공들. 왼쪽부터 백설공주, 포카혼타스, 뮬란.

시행된 혁신운동은 공동주택법·이민제한법·흑백분리법·단종법 등의 입법 활동을 통해 유색인종과 열성 민족을 배제함으로써 '백인 중상층 중심의 미국' 건설을 목표로 하였다. 혁신주의의 세계관은 이후 미국 정체성의 중추적 기반을 이루었다.

디즈니 영화 또한 1937년 최초의 장편 애니메이션 〈백설공주〉가 개봉된 이래 미국 '백인 중산층의 정서'를 반영하는 전형성을 보여 왔다. 그 전형성이란 사랑, 권선징악, 해피엔딩, 비정상적인 것에 대한 혐오였다. 그렇기에 주인공은 깨끗하고 순수한 백인이어야만 했다.

그 전형을 〈뮬란〉이 깬 것이다. 그리고 2009년 〈공주와 개구리〉에서는 드디어 '흑인' 소녀 티아나가 주인공으로 등장한다. 미국의 유명한 드라마 〈스타트랙〉의 경우 시즌별로 함장이 달라지는데, 미국 백인 – 유럽계 백인(프랑스인) – 흑인 – 여성 순으로 등장했으며, 아직 동양인 함장은 등장하지 않았다. 그에 비해 디즈니 애니메이션에서 흑인 주인공보다 먼저 동양인 주인공이 등장했으니 얼마나 충격

디즈니 애니메이션 최초의 '흑인' 여주인공 티아나.

적이었겠는가?

유색인종·흑인 주인공의 등장은 디즈니 애니메이션의 전형이 하나씩 깨어지고 있음을 나타내는 신호이기도 하다. 디즈니 애니메이션의 전형은 어떻게 만들어졌고, 왜 허물어지고 있는 것일까?

디즈니의 법칙, 해피엔딩

디즈니는 익히 잘 알려진 동화나 옛날이야기를 원작으로 선택하곤 하였다. 그런데 그 이야기들은 일단 디즈니로 들어가면 디즈니만의 이야기로 완전히 탈바꿈되어 나왔다. 유머의 맛을 살리려고 장난꾸러기 친구들을 첨가하고, 악당을 이국적인 모습으로 그리고, 거기에 약간의 로맨스는 필수였다.

안데르센의 유명한 동화 『인어공주』는 동화에서는 좀처럼 보기 어려운 비극적 결말의 작품이다. 원작에서는 왕자의 사랑을 받지 못한 인어공주가 물거품이 되어 죽고 말았지만, 디즈니의 인어공주는 시련을 극복하고 왕자와 결혼하는 행복한 결말을 맞는다. 이처럼 디즈니는 원작을 바꿔 가면서까지 해피엔딩을 고집한다. 왜? 영화를 보는 어린이들이 행복해야 한다고 믿기 때문이다. 비극적 결말이 온다면 과연 누가 '모험'을 하려고 하겠는가?

미국은 종교의 자유를 찾아 작은 배(메이플라워 호)를 타고 대서양을 떠난 모험가들이 미지의 서부를 개척하여 오늘날의 번영을 이룬 나라이다. 끊임없는 모험과 개척이 바로 미국의 역사이자 정신이며, 그 결과가 현재의 미국인 것이다. 따라서 그 힘든 모험의 결말은 반드시 해피엔딩이어야 한다. 이 해피엔딩에는 비밀이 하나 더 있다. 디즈니 애니메이션에서 빠지지 않고 나오는 대사가 있는데, 그것은 바로 "Trust Me"이다. '믿어? 믿어.' 이 믿음은 주인공 간의 믿음을 넘어 하나님에 대한 믿음을 전제로 한다. 종교적 믿음과 계시를 통해 그들은 모험에 나서는 것이며, 신이 존재하기에 항상 행복한 결말에 도달할 수 있었던 것이다.

잘 알다시피 〈백설공주〉에서 공주는 악독한 계모에게 독살당하지만 왕자의 키스 덕에 다시 살아나 마침내 왕자와 결혼하여 행복하게 산다. 그런데 여기서 끝이 아니다. 악독한 계모는 공주를 끝까지 저주하다 끝내 천벌을 받아 죽는다. 〈인어공주〉에서 공주의 목소리를 빼앗아 간 바다 마녀 역시 천벌을 받고 죽으며, 〈미녀와 야수〉에서 여주인공을 괴롭히던 사내 개스톤도 천벌을 받는다. 이처럼 디즈니 애니메이션에서 악당은 반드시 천벌을 받고 죽는다.

명백한 선과 악의 이분법, 선은 반드시 승리하고 악은 멸망한다는 권선징악의 가르침이 디즈니 속에 녹아 있다. 이러한 선악의 이분법 또한 미국 역사의 결과물이다. 미국은 원래 그곳에 살던 사람들이 세운 나라가 아니라 원주민을 몰아내고 건설한 나라이다. 인디언을 죽이고 서부를 개척했으며, 멕시코와 전쟁을 해서 텍사스를 빼앗았고, 스페인과 전쟁해서 플로리다를 빼앗았다. 지금의 미국 영토는 대부분 전쟁을 통해서 이룬 것이다. '개척'은 '전쟁'의 또 다른 표현이었으며, 자유와 평화는 전쟁의 결과였다. 전쟁에는 반드시 '적'이 존재하고, 그 적은 '악'일 수밖에 없다. 미국은 끊임없이 악을 선정하고 악과 싸워온 나라이다. 이러한 정서가 디즈니 애니메이션에도 그대로 반영되어, 원작에는 없는 악당이 등장하고, 그 악당은 이국적인 모습을 띠며, 그들은 꼭 벌을 받게 되어 있는 것이다.

디즈니 영화 속 차별

원작 없이 디즈니에서 창조한 캐릭터도 있다. '미키 마우스'와 '도널드 덕'이 그렇다. 미키 마우스는 용감하고 근면하며, 깡패와 맞서 싸워 애인을 지키고 모험에 나선다. 도널드 덕은 미국 아버지의 표상이다. 그는 아이들의 짓궂은 장난에 번번이 골탕 먹고 아이들에게 소리를 지르면서도 가장의 지위를 지킨다. 나의 가족을 지키고 가족의 행복을 위해 근면 성실하게 일하는 것이야말로 미국 중산층 아버지의 전형적인 모델이다. 익히 알고 있듯이 미국은 '가족'을 절대적으로 중요시하며, 이러한 '가족'을 해체시키는 것은 절대 용납하지 않는다. 각종 범죄를 저지르고 종교를 믿지 않으며 열심히 일하지 않는 흑인 등의 유색인종, 그리고 자기 민족의 이익을 탐하며 세금 내는 것을 싫어하고 국제 분쟁으로 자꾸 미국을 끌어들이는 유대인은 미국 사회를 괴롭히는 존재들이다. 그 결과 자연스럽게 인종차별이 부각될 수밖에 없다.

디즈니 애니메이션 속 등장인물의 외모나 언어에도 인종차별적인 요소가 녹아 있다. 〈알라딘〉에서 나쁜 놈들은 덥수룩한 턱수염에 크고 우뚝한 코를 가졌으며 강한 억양의 심한 사투리를 사용한다. 그러나 주인공 알라딘은 코가 작고 턱수염도 없으며 터번도 두르지 않았다. 게다가 미국식 표준어로 말한다. 주인공 알라딘이나 자스민이 멋진 이유는 그들을 미국 사람(백인)처럼 만들어 놓았기 때문이다.

동물의 세계를 다룬 〈라이언 킹〉에서도 마찬가지다. 악한 사자는 선한 사자보다 털의 색이 검고, 왕족 사자는 귀족적인 영국 말투를 사용하며, 하이에나 떼는 흑인 말투에 빠르고 시끄럽게 말한다. 등장 인물의 모습과 목소리만으로도 선과 악을 명확히 구별해 낼 수 있다.

이와 더불어 디즈니 애니메이션에서 논란이 되는 문제는 바로 '성 역할', 그중에서도 '여성'의 역할이다. 백설공주, 신데렐라, 인어공주 등 여자 주인공들은 하나같이 잘생긴 왕자를 만나 결혼해 행복하게 산다. 결혼과 함께 자연스럽게 '왕비'의 자리에 오르는 신분 상승이 이루어진다. 여주인공들이 한 일이라고는 왕자의 키스를 기다리고, 왕자와 '사랑'에 빠진 것뿐이었다. 남장을 하면서까지 전쟁터에 나갔던, 이전의 공주들보다 능동적인 모습을 보인 뮬란마저도 결론은 장군과 결혼하는 것이었다. 심지어 포카혼타스는 자신들의 영토를 침략하러 온 식민주의자를 사랑하게 되고, 그들의 사랑으로 원주민과 침략자 간의 분쟁도 해결된다. 디즈니 세계에서 제국주의나 식민지 등 역사적 사실은 결코 중요하지 않으며, 오직 '사랑'만 있으면 된다.

그런데 '성 역할'의 문제는 여주인공만의 문제는 아니다. 여주인공이 사랑하는 남주인공도 정형화되어 있다. 훌륭한 집안에 잘생긴 건 기본이고 자상하고 감상적이며 매너도 좋다. 요즘 유행하는 말로 '짐승남'보다 '초식남', '꽃미남'에 가깝다. 〈미녀와 야수〉에서 여주인공 벨은 건장한 근육질의 개스톤을 거부하고 야수와 사랑에 빠진다. 벨은 야수에게 식사하는 법, 춤추는 법, 감정을 조절하는 법 등을 가르쳐 이상적인 남성

〈미녀와 야수〉. 벨은 야수를 훈육하여 이상적인 남성으로 변화시킨다.

으로 변화시킨다. 이처럼 디즈니 애니메이션에 담긴 여성관·남성관은 다양한 인종, 다양한 직업의 인간에 대한 이해를 방해하고 고정된 인식을 심어 줄 가능성이 크다. 여자 어린이들은 노랑머리에 드레스를 입은 공주를, 남자 아이들은 용과 싸워 성을 지키는 기사를 꿈꾼다. 아이들의 머릿속에 디즈니의 세계가 자리 잡고 있는 것이다.

디즈니가 꿈꾸는 이상향, 디즈니랜드

월트 디즈니는 자신의 이상향을 화면 속의 애니메이션뿐 아니라 실물로도 재현했다. 그것이 바로 디즈니랜드이다. 월트 디즈니는 부모와 아이들이 친구가 되어 함께 다니면서 즐거운 시간을 보낼 수 있는 장소로 디즈니랜드를 만들었다.

"이 행복한 장소에 오신 여러분, 환영합니다. 디즈니랜드는 바로 여러분의 나라입니다. 나이 드신 분들은 이곳에서 과거의 즐거웠던 추

억들이 되살아 날 것이며, 젊은이들은 이곳에서 도전과 미래에 대한 약속을 향유할 수 있을 것입니다. 디즈니랜드는 지금의 미국을 만들어 낸 이상과 꿈, 그리고 힘겨운 현실들에 헌신을 바치는 곳입니다. … 이곳이 전 세계로 향하는 즐거움과 영감의 원천이 되기를 희망합니다."

1955년 7월 17일 월트 디즈니가 디즈니랜드 개장식에서 한 말이다. 그의 말처럼 디즈니랜드는 19세기 미국 거리를 재현한 '메인 스트리트'를 비롯하여 '개척의 나라' '탐험의 나라' '미래의 나라' 등 7개의 테마 공원으로 구성되어 있다. 이것은 바로 미국의 과거·현재·미래의 축소판이라고 할 수 있다.

디즈니랜드의 모델이 된 것은 1893년 열린 시카고 만국박람회였다. 일찍이 월트 디즈니의 아버지는 이 박람회의 부지 건설을 원조하였다. 콜럼버스의 아메리카 대륙 발견 400주년 기념행사로 기획된 시카고 박람회는 '백색도시'와 '미드웨이 플레이상스'라는 두 개의 공간으로 분리되었다. 백색도시는 인공 호수를 둘러싸고 그리스·로마의 신전에서나 볼 수 있는 화려한 흰색 석조 건물들이 들어서 있고, 그 건물들에는 예술관·제조업관·전기관·광물관·교통관·기계관·원예관·미국 정부관 등이 자리 잡고 있어 말 그대로 백인의 '문명'을 보여 주는 공간이었다. 반면 미드웨이 플레이상스는 비백인 민족들의 '야만'적인 모습을 현지인을 동원하여 실감나게 연출한 공간이었다. 이러한 공간의 분리와 인종의 열람은 시카고 만국박람

시카고 만국박람회는 화려한 흰색 석조 건물로 지어진 백색도시(왼쪽)와, 비백인 민족의 '야만'적인 모습을 전시한 공간(오른쪽)으로 구성되었다.

회에 깔린 백인 중심적 이념의 표현이었다. 또한 이 박람회에는 최초의 관람차, 운송 수단인 스카이라이드와 주위를 순회하며 도는 기차, 와일드 웨스트 쇼 등의 '탈 것'이 마련되어 있었다. 디즈니랜드의 7개 테마 공원은 바로 시카고 박람회의 공간 분리와 개별 국가들의 전시를 모델로 삼은 것이며, 박람회의 '탈 것'들은 디즈니랜드에도 등장하였다.

디즈니랜드는 미국 인구가 서부 지대로 이동하던 1950년대에 서부 지역(캘리포니아)에 만들어졌다. 동부의 시카고를 서부로 옮겼다고 해도 과언이 아니다. 시카고 박람회와 마찬가지로 디즈니랜드의 메인 스트리트와 테마 공원 또한 백인 중산층 가정에 어울리는 과거, 낙관으로 가득 찬 과거, 백인 문화의 승리를 은밀히 드러내는 과거였다.

이 디즈니랜드에서 4인 가족이 일주일을 즐기려면 여행비를 제외하고 2천 달러 정도가 든다고 한다. 이는 곧 디즈니랜드에 아무나 갈 수 없다는 얘기이며, 디즈니랜드가 철저히 소비와 관련되어 있음을 의미한다. 디즈니는 장난감뿐만 아니라 애니메이션의 모든 캐릭터를 디즈니 직영점에서만 독점 판매하는 판매권을 통해 상업적 경영의 선구자 역할을 해 왔다.

디즈니 사는 영화 제작사와 디즈니랜드, 캐릭터 상품 판매점뿐 아니라 텔레비전 방송사 ABC와 케이블 방송, 라디오, 음반, 출판, 잡지, 신문 등 다양한 언론 매체를 소유하고 있다. 영화를 만들고, 자신들이 소유한 언론을 통해 끊임없이 홍보하고, 캐릭터 상품뿐 아니라 영화 음악, 놀이공원 등을 판매함으로써 막대한 수익을 창출한다. 또한 이러한 다각적인 미디어 지배는 디즈니가 만드는 세계를 일방적으로 시청자들에게 전달·이식시키는 데 크게 이바지한다.

디즈니는 꿈을 꾸게 한다. 환상도 보여준다. 그러나 그것은 현실의 부정적이고 바람직하지 않은 요소들을 배제하고, 긍정적인 요소들로만 '만든' 꿈과 환상이다. 그리고 그 꿈과 환상이 실현되는 공간이 바로 '미국'이라고 선전한다. 다양한 인종의 주인공을 등장시켜 기존의 비판들을 극복한 듯하지만 여전히 '공주와 왕자'의 틀은 유지되고 있다.

24. 살사와 혁명의 카리브 연안

"이 섬은 사람이 일찍이 본 적 없는, 가장 아름다운 곳이다"

1492년 10월 27일 콜럼버스는 항해일지에 이렇게 적었다. 황금이 나는 땅, 인도를 찾아 떠났던 콜럼버스가 처음 발견하여 서인도라는 이름이 붙여진 곳. 좋은 햇빛과 기후, 휴양 자원을 가진 카리브 연안은 콜럼버스의 발견 이후 아스텍·잉카 문명의 파괴와 운명을 같이하며 에스파냐의 식민 지배를 받게 되었다.

콜럼버스의 발견 이후

식민지 시대 초기, 남아메리카의 원주민 인디오들은 주로 사금 채취에 강제 동원되었다. 이들이 채취한 금과 은은 에스파냐를 부유하게 하였을 뿐만 아니라 가격혁명과 상업혁명을 일으켜 유럽 여러 나라에도 영향을 주었다. 그러나 가혹한 노동과 악성 전염병의 유행으로

남아메리카의 식민지 독립전쟁을 이끈 시몬 볼리바르(왼쪽)와 산 마르틴(오른쪽) 장군.

인디오들의 수가 급격히 줄어들자, 에스파냐는 16세기 초부터 아프리카 흑인 노예를 수입하여 사탕수수와 담배를 재배하는 플랜테이션 농장을 경영하였다. 당시 유럽의 상인들은 럼주·화약 등을 싣고 아프리카 서해안에 가서 흑인 노예와 교환한 뒤 서인도제도에 와서 노예를 팔고 사탕수수 등을 사서 본국으로 돌아갔다.

그 후 에스파냐와 식민지 간의 갈등이 심화되는 가운데, 미국 혁명과 프랑스 혁명의 영향을 받아 19세기 초 남아메리카에서 식민지 독립 전쟁이 일어났다. 이 시기 독립운동을 주도한 두 인물이 있었으니 베네수엘라의 시몬 볼리바르Simon Bolivar 장군과 아르헨티나의 산 마르틴San Martín 장군이 그 주인공이다. 볼리바르는 베네수엘라·콜롬비아·파나마·페루·에콰도르·볼리비아를 독립시켰고, 마르틴 장군은 아르헨티나·칠레를 해방시켰다.

쿠바에서는 1812년 대규모 흑인 반란이 일어난 이후 1865년에 노예 무역이 끝나고, 1868년 세스페데스Carlos Manuel Céspedes가 독립을 선언하였다. 이후 쿠바 독립의 아버지로 일컬어지는 호세 마르티José Martí가 쿠바독립해방군을 조직하여 에스파냐 군과 전투를 벌였다.

그러나 독립 전쟁이 한창 진행 중이던 1898년 아바나 항의 미국 선박 메인 호에서 원인 모를 폭파 사건이 일어나면서, 쿠바는 뜻밖의 전쟁에 휘말리게 된다. 미국은 에스파냐에 선전포고를 하고 전쟁을 시작하여(미서전쟁) 4개월 만에 승리를 거두었고, 그 결과 맺어진 파리평화조약으로 쿠바의 독립이 승인되었다. 결과적으로 미국의 도움으로 쿠바는 독립을 얻은 것이다. 그러나 독립 후 3년간 미군정이 실시되고 1901년에는 미국의 내정간섭과 군사기지 설치를 인정하는 플랫 수정조항이 헌법에 추가되어 관타나모 만 등에 미군 기지가 설치되면서, 쿠바는 실질적으로 미국의 지배 하에 놓이게 되었다. 에스파냐로부터의 독립은 사회 경제적인 변화를 수반하지 않았기 때문에 쿠바에 자유와 번영을 가져다주지 못했다. 대토지 소유제가 지속되어 토지가 미국과 대지주들에게 집중되고 일반 국민들은 궁핍한 삶을 벗어나지 못하였다.

아바나와 두 개의 혁명

헤밍웨이의 『누구를 위하여 좋은 울리나』, 『노인과 바다』 등이 탄생한 아바나는 1541년에 건설된 아메리카 대륙에서 가장 오랜 역사를 가진 도시이다. 일찍이 에스파냐의 아메리카 대륙 식민 지배의 중심지이자 무역 중계지로서 발전한 아바나는 카리브 해 최대의 항만도시로서 정치, 상공업, 문화의 중심지이다. 이곳은 또한 아메리카 대륙 최초의 사회주의 혁명과, 도시 농업에 성공한 녹색혁명을 상징하는 곳이기도 하다.

에스파냐로부터 독립한 쿠바는 1901년 이후 실질적으로 미국의 지배 아래 놓여 있었다. 경제적으로 미국 자본이 계속 유입되면서 제당 산업이 급속히 발전하였으나 국민경제는 향상되지 않았고 정치적 부정부패는 심화되었다. 그 와중에 풀헨시오 바티스타가 1952년 대통령 선거에서 군사 쿠데타를 일으켜 정권을 장악하자, 1953년 7월 26일 피델 카스트로가 몬카다 병영 습격으로 게릴라전을 시작하면서 혁명이 시작되었다. 카스트로와 체 게바라가 중심이 된 게릴라 운동은 1958년 반反바티스타 통일전선으로 발전하고, 1959년 1월 혁명에 성공하여 카스트로가 정권을 장악하였다. 총리에 취임한 카스트로는 농지개혁법을 실시하여 대지주·대기업 토지를 몰수하고,

바티스타 축출 후 아바나 대통령궁 앞에 모인 피델파.

6월에 「사회주의 선언」을 채택하였다. 아메리카 대륙 최초의 사회주의 혁명이 일어난 것이다. 쿠바 혁명정부가 석유법과 대기업국유화법으로 미국계 설탕·석유회사를 접수하자 미국은 1961년 1월 쿠바와 국교를 단절하고 1962년 미주기구OAS에서 쿠바를 제명시키는 등 봉쇄정책을 펴 나갔다. 그런 상황에서 쿠바가 소련의 핵탄두미사일을 쿠바에 배치하려 하면서

'쿠바 위기'에 항의하는 뉴욕 유엔본부 앞의 시위대.

'쿠바 위기'는 일촉즉발의 상황으로 치닫기도 했다.

쿠바 사회주의 혁명의 상징으로 지금까지도 많은 이들의 추앙을 받는 인물이 체 게바라Che Guevara이다. 아르헨티나의 의사 출신인 체 게바라는 쿠바 혁명의 아버지로 불리며, 그의 사진·초상화·판화·동상·티셔츠에 이르기까지 '체 게바라의 물결'이 쿠바 곳곳에서 넘쳐나고 있다. 그의 불꽃 같은 삶과 그가 이룬 업적 때문일 것이다. 쿠바가 자랑하는 세계 최고의 무료 의료 시설은 바로 체 게바라의 작품이다. 인구 200명당 1명꼴인 의사 수, 서유럽 국가보다 낮은 영아 사망률을 자랑하는 쿠바는 '치료비 전액 무료'의 완벽한 의료보장 제도를 갖추고 있다. 암, 신경통, 심장질환, 신장 이식수술은 물론 안과와 성형수술에 이르기까지 쿠바의 의료 수준은 미국이나 유럽을 능

체 게바라.

가한다는 평가를 받고 있다.

한편 아바나는 생태 환경 보존, 유기농법 등과 관련하여 녹색혁명의 새로운 모델로 세계의 주목을 받고 있다. 1989년 소련의 붕괴와 그에 이은 미국의 경제봉쇄로 쿠바는 심각한 경제 위기에 봉착했다. 가장 큰 타격을 받은 것은 식료품 공급이었다. 아사자가 속출할 위기의 순간 아바나 시민들은 게릴라처럼 도시를 경작하기 시작했다. 그것도 농약이나 화학비료 없이. 발코니와 안마당, 옥상과 빈 땅, 심지어 베란다에도 빈 연유 깡통에 흙을 채워 채소를 길러 먹었다. 여기에서 자급형 도시농장이 시작되었다.

쿠바 인구의 약 80퍼센트가 집중되어 있는 도시는 노동력의 주된 공급처였다. 그러나 콘크리트로 덮여 있어 밭을 일굴 만한 곳이 없었다. 이에 등장한 것이 '오가노포니코Organoponico'였다. 오가노포니코는 콘크리트 벽돌과 돌, 베니어 합판과 금속 조각으로 둘레를 친 뒤 그 한가운데에 두엄을 섞은 흙을 넣고 '칸테로cantero'라 불리는 묘상에 집약적으로 채소를 재배하는 생산기술이다. 이러한 방법을 쓰면 흙이 전혀 없는 불모지에서도 새롭게 농지를 만들 수 있다. 아바나 시내는 15개의 지역으로 나뉘는데, 그중 13개 지역에서 도시농업이 이루어지고 있다. 쿠바는 도시농업으로 식량을 자급하고 경제위기를 극복하였다.

도시농업은 소련식의 석유 과소비형 근대 농업에서 지역 재활용 자원에 입각한 유기농업으로 일대 전환을 이루는 농업혁명을 동반하였다. 유기농업 기술 개발,

쿠바 도시농업의 상징인 오가노포니코.

농업용수 확보, 종자와 비료·바이오 농약·농기구 제공, 일반 시민을 위한 농업 지식 보급 등으로 시민농장과 자급농장, 소규모 농가가 새롭게 육성되어 220만 명이 도시에서 식량을 자급하기에 이르렀다.

도시농업은 식량 생산뿐 아니라 고용 창출과 커뮤니티 활성화에도 기여하였다. 관광업은 현재 쿠바의 주요 산업인데, 도시농업은 관광산업과도 조화를 이루어 관광객들에게 신선한 유기 농산물을 제공하고, 생산자들은 더 많은 수익을 올리게 되었다. 아울러 도시농업은 국토 녹화를 통해 '지속가능한 도시'로 발전하는 미래형 산업으로서 부각되었다. 1996년 유엔개발계획 보고서는 "아바나의 도시농업은 지속가능한 도시 시스템이 지향하는 모든 목표에 근거하고 있다"고 높게 평가하였다. 아바나는 21세기 유기농업과 환경 보전, 커뮤니티의 활성화를 이룬 녹색혁명 도시로 새롭게 주목받고 있다.

부에나비스타 소셜 클럽과 살사

1999년에 만들어진 〈부에나비스타 소셜 클럽*Buena Vista Social Club*〉이라는 영화가 있다. 유네스코의 세계문화유산으로 지정된 에스파냐

식민지 시대의 건물들이 즐비한 올드 아바나를 무대로 남미 음악의 여정을 담아낸 다큐멘터리 영화이다. '부에나비스타 소셜 클럽'은 '환영받는 사교 클럽'으로 해석되는데, 쿠바 혁명 이전 아바나에 실제로 존재했던 가장 유명한 사교 클럽의 이름이다. 이 영화는 1950년대 쿠바를 주름잡았던 천상의 목소리 이브라힘 페레르, 기타의 쿰바이 세군도, 피아니스트 루벤 곤잘레스 등을 한자리에 모아 이들이 왕년의 음악을 다시 꽃피우는 과정을 담고 있다. '뮤지큐멘터리'라고 불리는 이 영화에는 공연 기록만이 아니라 그토록 아름나운 음악이 나올 수 있었던 배경, 문화와 생활사, 삶의 태도와 철학이 배어 있다.

남미 음악은 사탕수수 농장을 일구기 위해 노예로 끌려온 아프리카 흑인들의 리듬과 토착민 인디오의 전통음악, 유럽 이민자들의 멜로디가 합쳐진, 다양한 인종과 문화가 뒤섞인 음악이다. 남미음악의 대부분은 댄스음악이라 해도 과언이 아닌데, 세계적으로 알려진 라틴리듬의 대부분은 쿠바에 그 연원을 두고 있다. 쿠바는 북미와 남미를 잇는 지정학적 위치 때문에 다양한 문화와 인종이 혼재된 사회로, 어울려 살아가는 여러 인종들의 정서가 음악으로 나타나고 있다. 쿠바 음악은 서정적인 선율과 복잡한 리듬이 특징이며 '태어나면서부터 두들길 것이 있으면 모두 두들긴다'라는 그들의 속담처럼 타고난 리듬감을 보여준다. 이를 '아프로 쿠반Afro-Cuban'이라 한다. 아프로 쿠반은 아프리카 쿠바 음악이라는 뜻으로 아프리카 리듬과 에스파냐 계통의 음악이 결합한 것이라고 할 수 있다.

이렇듯 쿠바에서 전래한 리듬감 있는 남미 댄스음악을 대표하는 것이 바로 '살사Salsa'이다. '살사'라는 용어는 스페인어로 소금을 뜻하는 'sal'과 소스를 뜻하는 'salsa'에서 유래되었다. 살사라는 이름이 붙여지기 전부터 스페인식 기타 연주에 전통 아프리카 음악의 원천인 복잡한 리듬, 화답하는 형식의 노래 등의 요소를 혼합한 음악이 쿠바 동부의 시골에서 시작되어 20세기 초에 아바나까지 퍼져 나갔다. 정열적이고 역동적인 8박자 리듬의 이 음악은 아르세니오 로드리게스가 선구적 역할을 하여 볼레로에서 콩가, 룸바에서 맘보까지 매우 다양한 춤 중심의 아프로 쿠반의 기본 틀이 만들어졌다.

남미 댄스음악으로 시작한 살사는 뉴욕에서 전 세계적인 댄스음악으로 거듭났다. 미국으로 이주한 남미 사람들이 향수를 달래려고 즐기기 시작한 살사가 감미로운 멜로디를 받아들이면서, 세계적인 음악과 춤으로 거듭난 것이다. 1940년대에 쿠바계 이민자 마치토 Machito가 이끄는 오케스트라가 뉴욕 시에서 공연을 하면서, 그 음악이 살사로 변형되는 계기를 맞게 되었다. 1950년대 미국－쿠바 간 수교 단절로 쿠바의 음악가들이 푸에르토리코와 미국의 뉴욕으로 대거 이주하여 빅밴드의 스윙 재즈 양식에 아프리카계 쿠바 음악이 혼합되면서 살사가 재탄생하였다. 1960년대까지는 살사라는 명칭이 붙지 않았으나, 중남미 문화의 확산과 함께 1970년대에 인기가 최고조에 달했고, 21세기에도 여전히 인기를 누려 한국에도 많은 동호인들이 생겨났다.

살사 댄스는 율동감이 넘치는 춤으로서 남미에서 마을 축제나 파티에서 자유롭게 즐기고, 가족끼리 일을 하다 잠시 쉬면서 추었을 정도로 대중적이고 공개적인 춤이다. 기본동작은 남녀가 마주 서서 손을 잡고 밀고 당기는 기본 스텝과 손을 엇갈려 잡은 후 복잡한 회전을 섞은 응용 동작으로 구성된다. 남녀가 짝을 이루어서 춤을 춘다는 것은 매우 에로틱하면서도 근대적인 남녀 관계를 보여주는 것이다. 지금도 쿠바의 거리에는 생기발랄한 살사 리듬에 맞추어 살사 스텝을 연습하는 아이들을 쉽게 볼 수 있다.

이방인

'디아스포라'에서 미국의 주역으로

'이방인異邦人'이란 다른 나라에서 온 사람, 낯선 사람을 가리키는 말
이다. 이 단어는 '민족'을 뜻하는 히브리어 '고이goy'에서 유래했는
데, 애초에는 유대인이 아닌 사람을 지칭하는 말이었다.

이방인으로서의 유대인을 표현한 말이 바로 '이산離散' '흩어지
다'라는 뜻의 그리스어 '디아스포라'이다. 이 말은 기원전 7세기 바
빌로니아인에 의해 예루살렘에서 쫓겨난 뒤('바빌론 유수')로, 19세
기에 게토(법으로 규정된 유대인 강제 거주지)에서 해방되기까지 세계
곳곳에 흩어져 살았던 유대인들을 가리킨다.

19세기 말 이스라엘 유대 민족의 국가를 재건하려는 운동이 활발
히 펼쳐져, 수많은 유대인이 선조들의 고향인 팔레스타인 지역으로
이주했다. 그리고 제2차 세계대전 후 팔레스타인에 아랍과 유대의
개별 국가를 각각 건설한다는 유엔의 결정이 내려지고, 1948년 이
지역에 대한 영국의 통치가 종료되자마자 유대인들은 이스라엘을
건국했다.

이때 세계 각지의 유대인들이 속속 귀국했지만, 아직도 세계에 흩어져 사는 유대인들이 많다. 유대인 가운데 90퍼센트가 미국·이스라엘·러시아·프랑스·영국 5개국에 살고 있으며, 이 가운데 4분의 3이 미국과 이스라엘에 살고 있다. 현재 전 세계 유대인의 46퍼센트가 미국에 거주하고 있다.

유대인들이 미국에 대거 이주한 시기는 19세기 후반으로, 유럽 전역에 퍼진 반유대주의를 피해 이주한 독일계 유대인들이 주류를 이루었다. 그러다가 제2차 세계대전 직후 유럽, 특히 폴란드와 구소련 지역에 모여 살던 유대인들이 미국에 몰려들었다.

현재 미국 내 유대인 비율은 총인구의 2퍼센트에 불과하지만, 그 영향력은 막강하다. 우선 세계적인 대기업인 록펠러, 듀퐁, IBM, 제록스 등이 유대인 자본가가 이룬 미국의 기업들이다. 또 미국의 5대 은행 가운데 체이스맨해튼과 JP모건이 유대인 소유이고, 뱅크오브아메리카는 영국 최대 유대 재벌인 로스차일드 가와 제휴하고 있다.

이러한 유대 자본은 뉴욕타임스, 워싱턴포스트, 월스트리트저널 등 언론사뿐 아니라 영화계에도 퍼져 있다. 미국의 7대 주류 영화사인 파라마운트·엠지엠·워너·폭스·유니버설·콜럼비아·디즈니 가운데 디즈니를 제외한 6개 영화사가 모두 유대인이 설립한 기업이다. 〈인디애나 존스〉, 〈ET〉, 〈쥐라기 공원〉 등으로 유명한 스티븐 스필버그 감독도 유대인이다. 유대인이라는 이유로 어려서 따돌림을 당했던 그가 유대인 학살을 다룬 영화 〈쉰들러 리스트〉를 제작했고, 이 영화는 스필버그에게 아카데미 감독상을 안겨 주었다. 미국 영화

1945년 1월 27일 아우슈비츠 수용소가 해방되어 환호하는 유대인들.

계를 장악하고 있는 유대인들이 자신들의 이야기를 다룬 이 영화에 상을 준 것은 어쩌면 당연한 일이었다. 스필버그가 이 영화를 제작한 목적이 아카데미상을 받기 위해서였다는 뒷이야기가 있을 정도이다.

이처럼 미국 여러 분야의 최고 상층부를 이루고 있는 유대인들은 미국 사회에서 강력한 영향력을 행사하고 있다. 이스라엘에 미국 대외원조의 5분의 1이 할애된다든지, 이스라엘과 팔레스타인해방기구(PLO)의 분쟁에서 대체로 이스라엘의 편을 들어주는 것은 다 유대인들의 입김이 작용한 결과이다.

유대인의 힘, 학문과 장사

유대인들이 5천 년에 걸친 떠돌이 생활 속에서도 살아남을 수 있었던 비결은 '학문'과 '장사'였다. 학문과 장사는 땅이 필요 없고, 어디에서나 통용되는 유용한 삶의 수단이었기 때문이다. 상대성이론의 알베르트 아인슈타인을 비롯하여 스트렙토마이신의 발견자 셀먼 에이브러햄 왁스먼, 페니실린의 상용화 방법을 발견한 에른스트 체인, 『닥터 지바고』를 쓴 보리스 파스테르나크 등 유대인이 노벨상 수상자의 30퍼센트를 차지한다. 유대인들이 각종 학문 분야에서 연구를 주도하고 있음을 보여 주는 통계이다. 이는 유대인의 남다른 교육열의 결과이기도 하다. 일찍이 유대인들은 어디에서나 살아남을 수 있는 기술을 자녀들에게 습득시켰고, 오늘날에는 전문 직종 교육을 중점적으로 시키고 있다. 아이들에게 물고기를 잡아 주기보다 물고기 잡는 방법을 가르치는 것이다.

장사 면에서는 유대인의 상술을 따라올 자가 없다는 얘기가 있을 만큼 유대인은 탁월한 수완을 보였다. 유대인들은 언제 도망가야 할지 모르는 불안한 신분이었기 때문에 무거운 동전은 오히려 짐이 되었다. 그래서 고안해 낸 것이 가볍고 동전보다 고액인 지폐였다. 또한 유대인들은 지역과 국경을 초월하여 유대인이라면 같은 민족이라 여기고 도와주었는데, 여기서 신용으로 거래하는 어음과 수표가 생겨났다. 백화점을 처음 만든 것도 유대인이다. 백화점은 모든 물건을 한곳에서 취급한다는 점과 함께 물건의 제값을 다 받고 파는 특징이 있다.

유대인의 이런 학문적·상업적 재능은 나라 없이 오랜 세월 떠돌면서 생존을 위해 끊임없이 자신들을 다그치고, 주변 환경에 적응하는 과정에서 생겨난 힘이다.

동남아 국가 장악한 '화교'

화교華僑는 중국 본토 이외의 국가나 지역에 거주하는 중국계 사람들을 가리키는 말로, 지금은 대부분이 현지 국적을 가지고 있어 이들을 '화인華人'이라고 부른다. 유대인이 특히 미국에 집중되어 있다면, 화교는 동남아시아에 집중되어 있다. 또한 유대인이 타의에 의해 이방인이 되었다면, 화교는 본인들이 스스로 이방인의 길을 선택했다.

화교의 역사는 12세기로 거슬러 올라간다. 12세기 남송南宋 시대에 해안 지역을 중심으로 상품경제가 발전하기 시작하자, 경제적인 이유로 싱가포르·베트남·태국·필리핀 등 무역 중심지로 이주하는 중국인들이 생겨났다. 그러다가 16세기 후반, 명나라가 개방정책을 펼치면서 대량 출국이 일어났다. 이때 많은 중국인들이 일본과 조선, 인도, 인도네시아, 러시아에까지 진출했다. 오늘날처럼 세계 각국에 화교가 퍼지게 된 것은, 19세기 중반 아편전쟁이 끝나고 1949년 중화인민공화국이 수립되기 전까지 중국 정세가 혼란에 휩싸이자, 수

12세기 말 크메르 제국에 세워진 바욘사원 부조의 한 부분으로 중국인들이 서당에서 교육을 받는 모습이다. 이 시기 많은 중국인들이 동남아 지역으로 이주했음을 보여 준다.

많은 중국인들이 아메리카와 유럽, 아프리카 등지로 퍼져 나간 때문이다. 1949년 중화인민공화국 정부가 수립된 뒤에는 해외 이민이 금지되었다.

화교들의 출신지를 보면 광둥廣東 성과 푸젠福建 성 출신이 주류를 이룬다. 이 두 지역은 기본적으로 인구는 많은데 경작지가 협소하여 생활이 궁핍했으며, 정치 및 사회 불안 요소가 끊이지 않았고, 결정적으로 청나라 때 이 두 곳만 유럽에 개방되었다. 게다가 지리적으로 동남아시아와 인접해 있어 이곳 사람들은 일찍이 해외로 나갔으며, 그 결과 화교가 동남아 여러 국가에서 크게 활약하게 되었다.

일찍부터 화교가 진출했던 싱가포르는 인구의 4분의 3, 홍콩은 97퍼센트가 화교이며, 태국도 1988년 이후 모든 수상이 화교 출신일 정도로 농업·제조업·은행업·건설업 등 모든 부문에서 화교들의 활동이 활발하다. 필리핀 전 대통령 코라손 아키노도 화교 출신이며, 말레이시아에는 화교계 정당이 따로 있어 각료의 4분의 1을 차지하고 있다. 인도네시아는 화교가 전체 인구의 4퍼센트밖에 안 되지만, 이들이 경제 부문의 80퍼센트를 지배하고 있다. 1980년대 중국이 대외 경제 개방을 본격화하면서 화교 자본이 대규모로 중국에 유입되어 중국 경제성장의 견인차 역할을 하고 있다.

한국 화교와 자장면

그런데 왜 우리나라에 진출한 화교들은 경제적·정치적으로 두각을 나타내지 못할까?

우리나라 화교의 역사는 1882년에 일어난 정치적 혼란과 관계가 있다. 1876년 개항 뒤 조선에 대한 일본의 지배력이 점차 커지자, 일본을 견제할 구실을 찾던 청은 1882년 임오군란을 계기로 조선을 돕는다는 명목으로 3천여 명의 병력을 파견했다. 이때 청군을 따라 들어온 중국 상인 40여 명이 한국 화교의 시조이다.

이후 산둥반도와 인천항 사이에 정기적으로 여객선이 운행되면서 서울과 인천 지역의 화교 수가 크게 늘어났다. 1920년대 서울과 인천에 거주하는 화교는 6천 명 정도로, 이들은 대개 잡화점, 비단점, 양장점, 이발소, 요식업을 경영하며 눈에 띄게 성장했다. 해방 직후인 1946년 전체 무역 수입 총액의 82퍼센트, 1948년에는 52.2퍼센트를 차지할 정도로 국내 화교의 경제력은 막강했다.

그러나 1948년 8월 15일 대한민국 정부가 수립되면서 상황이 달라졌다. 정부는 외국인의 입국을 허용하지 않았고, 이듬해 10월 1일 탄생한 중국공산당 정부도 자국 국민의 외국 이주를 금함으로써 국내 화교의 유입이 중단되었다. 이후 우리 정부가 실시한 여러 규제 방안은 국내 화교들의 경제 활동을 크게 위축시켰다. 1950년 한국전쟁 직전에 내려진 창고봉쇄령, 외국인 외화 사용 규제책, 두 차례의 통화(화폐)개혁, 나아가 외국인 토지 소유 금지법 등이 바로 그것이다. 이로써 화교들에게는 1가구 1주택 1점포만 허용되었다. 결국 국내 화교들이 할 수 있는 일이라고는 중국 음식점이 고작이었다.

한국에서 중국 음식점은 '중국집'이라 불리며 크게 인기를 끌었다. 특히 1905년 인천 차이나타운에 사는 중국인이 개발했다는 자장

공화춘. 우리나라 최초의 중화요리집. 1905년 중국인 우희광이 산동회관을 열었고, 1911년 신해혁명으로 중화민국이 수립되자 이를 기념해 '공화국의 봄'이라는 뜻의 '공화춘'으로 이름을 바꾸었다. 현재 등록문화재로 지정되어 있다.

면은, 한국인이 가장 좋아하는 외식 메뉴로서 우리나라의 소비자물가지수와 물가 변동을 나타내는 척도가 될 만큼 대표적인 한국식 중화요리가 되었다. 그런데 이러한 자장면의 인기가 중국 음식점을 경영하는 화교들에게 마냥 좋은 일은 아니었다. 한국 정부는 소비자물가지수의 척도가 되는 자장면 값을 정책적으로 통제했고, 중국 음식점에 대한 세율도 불리하게 적용했다.

이러한 차별과 규제로 한국의 화교는 1970년대부터 미국을 비롯한 대만, 일본, 호주 등지로 많이 이민을 떠났다. 한국 화교들이 미국으로 건너가 차린 음식점 수만 2천여 개나 된다고 한다. 이러한 추세는 1998년 한국이 국제통화기금IMF 구제금융을 받는 금융 위기를 겪으면서 한풀 꺾였다. 국내 외국인에 대한 규제가 대폭 완화되고, 중국의 급성장과 한중 교류가 증가하고 있어 화교의 수도 점차 늘어날 전망이다.

우리나라의 화교는 다른 동남아 지역의 화교와 달리 95퍼센트 이상이 산둥 반도 출신이다. 우리가 즐겨 먹는 자장면도 본래 산둥 반도 지역의 노동자들이 즐겨 먹던 음식이라고 한다. 산둥에서 직접 인천으로 건너오거나, 만주를 거쳐 육로로 이주해 온 화교들은 1900년을 기점으로 그 수가 급격히 증가했다. 그 원인을 찾아보면, 1898년부터 산둥을 중심으로 전개되다가 1900년 폭발적으로 일어난 외세 배척 운동인 '의화단 운동'이 있다. 이 운동은 1901년 서구 열강의 개입으로 유혈 진압되고 마는데, 이때 생존의 위협을 느낀 산둥 사람들이 지리적으로 가까운 우리나라로 이주해 온 것이다. 이후 산둥 지역에 정치적 혼란이나 가뭄·홍수 같은 자연재해가 발생할 때마다, 먼저 이주해 온 고향 사람들의 연줄을 따라 새로운 화교들이 우리나라에 유입되었다.

우리나라 화교들은 스스로 중국인이라는 정체성이 분명하고, 화교학교 등을 통해 자기 전통에 대한 학습과 유대 관계를 강화한다. 또한 거듭되는 화교 간의 통혼으로 혈연적 결속력까지 높이고 있다.

세계사 연표

4만년 전	동굴벽화(라스코, 알타미라 등)
기원전 6500년경	토기 사용
기원전 5000년경	신석기혁명 시작
기원전 3500년경	메소포타미아, 이집트 문명 발생
기원전 3000년경	수메르인, 쐐기문자 사용
기원전 2500년경	황허, 인더스 문명 발생
기원전 1792~50	함무라비 법전
기원전 1121	중국, 주나라 건국
기원전 776	그리스, 올림픽 경기 시작
기원전 770	중국, 춘추시대
기원전 6세기 중엽	석가모니 탄생
기원전 551	공자 탄생(~기원전 479)
기원전 510	아테네, 클레이스테네스의 개혁
기원전 494	로마 평민, 신분투쟁 시작
기원전 492	페르시아전쟁 시작 (~기원전 480)
기원전 403	중국 전국시대(~기원전 220)
기원전 480	살라미스 해전(아테네 vs 페르시아)
기원전 469	소크라테스 탄생(~기원전 399)
기원전 451	로마, 최초의 성문법인 12표법 제정
기원전 431	펠로폰네소스전쟁(아테네 vs 스파르타)
기원전 376	로마, 리키니우스법 제정
기원전 334	알렉산드로스, 동방 원정 시작
기원전 287	로마, 호르텐시우스법 제정

기원전 272	로마, 이탈리아 반도 통일
기원전 272~232(?)	인도 아소카 왕, 석주 건립
기원전 264	포에니전쟁(로마 vs 카르타고, ~기원전 146)
기원전 221~10	진, 중국 통일. 만리장성 축조
기원전 202	한 제국 성립
기원전 139	한무제, 장건 파견 실크로드 개척
기원전 97	사마천, 『사기』 간행
기원전 60	폼페이우스, 카이사르, 크라수스 제1차 삼두정치 시작
기원전 46	율리우스력 제정
기원전 27	아우구스투스, 로마 제정 시작
80	로마, 콜로세움 완공
96	팍스 로마나 시작(~180)
105	중국, 종이 발명
216	카라칼라 목욕탕 완공
286	로마 제국 동서 분할
313	로마 콘스탄티누스 황제, 기독교 공인
325	콘스탄티누스 황제, 성소피아 성당 건립(532년 개축)
330	비잔티움 제국 성립
392	로마 테오도시우스 황제, 기독교를 국교로 삼음
439	중국, 남북조시대
476	서로마 제국 멸망
486	프랑크 왕국 성립
529	유스티아누스법전(『로마법대전』) 편찬
587	중국 수隋나라 문제, 과거제 실시
610	이슬람교 창시
618	중국, 당 제국 건국
622	헤지라(무함마드, 메카에서 메디나로 이주). 이슬람 원년
645	일본, 다이카 개신. 연호 사용 시작
646	당나라 현장, 『대당서역기』 저술
726	비잔티움 레오 3세, 성상 숭배 금지령
732	궁재 마르텔, 투르-푸아티에 전투에서 이슬람 물리침
755	당나라, 안사의 난 발발

800	프랑크 왕국, 샤를마뉴 대제 대관식
802	크메르 제국(~1431)
870	메르센 조약, 프랑크 왕국 분열
862	러시아, 키예프 공국 성립
910	클뤼니 수도원 창립, 수도원 운동
911	노르망디 공국 성립
945	거란, 국호를 '요'라 함
960	중국, 송 제국 건국
988	키예프 블라디미르, 동방정교로 개종
1000	송나라, 나침반·화약 발명
1037	셀주크투르크 제국
1066	노르망디 공 윌리엄, 잉글랜드 정복
1069	송나라, 왕안석의 신법
1072	베트남, 문묘 건립
1077	카노사의 굴욕
1084	송나라 사마광, 『자치통감』 편찬
1096	십자군 원정 시작
1113~1150	앙코르와트 건설
1125	여진족, 금나라 건국
1158	이탈리아 볼로냐대학 개교
1163	프랑스, 노트르담 대성당 건설 시작(~1235)
1170	옥스퍼드대학 설립
1177	송나라 주희, 주자학 성립
1180	파리대학 설립
1181~1215	바욘사원 건설
1192	일본, 가마쿠라 막부
1206	몽골 테무친, 칭기즈 칸이 됨
1215	영국, 대헌장(마르나카르타) 제정
1271	이탈리아의 마르코 폴로, 동방 여행길에 오름
	쿠빌라이 칸이 '원'제국으로 국호 바꿈
1292	단테, 『신곡』(1321년 완성)
1299	마르코 폴로 『동방견문록』 발간. 오스만투르크 제국

1309	교황의 아비뇽 유수(~1337)
1337	백년전쟁(프랑스 vs 잉글랜드, ~1452)
1347	페스트 유행. 유럽 인구의 1/3 사망(~1350)
1356	이븐 바투타, 여행기
1368	중국, 명 제국 건국
1369	티무르 왕조(~1417)
1386	독일 최초의 대학 하이델베르크대학 설립
1405	정화, 남해 원정(~1433)
1430	도나텔로, 청동 〈다비드〉 상
1450	쿠텐베르크, 금속활자 인쇄술 발명
1455	장미전쟁(~1485)
1486	보티첼리, 〈비너스의 탄생〉(1485?)
1488	바스코 다 가마, 희망봉 발견
1492	콜럼버스, 신대륙 발견
1495~1498	레오나르도 다빈치, 〈최후의 만찬〉
1498	바스코 다 가마, 인도 항로 개척
1503~1506	레오나르도 다빈치, 〈모나리자〉
1504	미켈란젤로, 〈다비드〉 상
1509	에라스무스, 『우신예찬』 저술.(1511년 편찬)
1516	토머스 모어, 『유토피아』
1517	루터, 면죄부 판매 반발 95개조 항의문 작성
1519	마젤란, 세계일주
1521	아스텍 제국 멸망
1522	루터의 『신약성서』 초판 간행
1533	잉카 제국 멸망
1534	헨리 8세, 영국국교회 성립
1536	칼뱅, 구원예정설 주장
1543	코페르니쿠스, 지동설 주장
1545	트리엔트 공의회, 교회 전반에 대한 개혁
1550	조르조 바사리, 『이탈리아의 뛰어난 건축가·화가·조각가의 생애』
1582	그레고리력(현재 태양력) 제정

1588	영국, 스페인 무적함대 격파
1590	도요토미 히데요시, 일본 통일
1592	일본의 조선 침략(임진왜란)
1595	셰익스피어, 『로미오와 줄리엣』
1598	낭트 칙령, 프랑스에서 신교의 자유 허용
1600	영국, 동인도회사 창립
1601	포르투갈, 최초로 오스트레일리아 발견
1603	일본, 도쿠가와 막부 성립. 에도시대 개막(~1867)
1605	세르반테스, 『돈키호테』
1616	누르하치, 후금 건국
1618	독일, 30년전쟁 시작
1620	영국 청교도 신대륙으로 이주
1628	영국, 권리청원 제출
1630	인도, 타지마할 건립(~1648)
1632	갈릴레이, 지동설 주장
1640	영국, 청교도 혁명(1642?)
1665	뉴턴, 만유인력의 법칙 발견
1675	그리니치 천문대 설립
1682	루이 14세, 베르사유 궁전을 프랑스 왕궁으로 결정
1684	베르사유 궁전 완성
1687	뉴턴, 만유인력의 법칙 발견
1688	영국, 명예혁명
1689	영국, 권리장전 제정
1703	상트페테르부르크 건설(1712년 수도로 삼음)
1753	영국, 대영박물관 건립
1762	루소, 『사회계약론』
1765	와트, 증기기관 발명
1774	괴테, 『젊은 베르테르의 슬픔』 완성
1776	미국, 독립선언
1781	중국 청나라, 『사고전서』 완성
1789	프랑스혁명 시작
1804	나폴레옹 1세 즉위(~1814). 나폴레옹법전 제정

	영국, 최초의 증기기관차 달림
1823	미국, 먼로주의 선언
1825	스티븐슨, 세계 최초 증기기관차 제작
	세계 최초의 철도 개통
1840	아편전쟁
1848	마르크스, 「공산당선언」 발표
	이탈리아 통일운동(리소르지멘토)
1857	인도, 세포이 항쟁(~1860)
1859	다윈, 『종의 기원』 출간
1861	미국, 남북전쟁 발발(~1865)
1862	독일 비스마르크, 철혈정책
1863	미국 링컨, 노예해방 선언
1866	노벨, 다이나마이트 발명
1867	파리만국박람회. 맑스 『자본론』 1권
1868	일본, 메이지유신
	쿠바, 독립선언(1898년 독립 승인)
1869	미국, 최초의 대륙횡단철도 완성.
	수에즈 운하 개통
1871	비스마르크, 독일 통일 달성
1876	벨, 전화기 발명
1879	에디슨, 전구 발명.
	일본 쇼콘사, 야스쿠니 신사로 개칭
1885	벤츠, 가솔린 자동차 발명
1889	일본, 제국헌법 반포
1890	미국, 프런티어의 소멸 공식 공표
1893	미국, 시카고 박람회 개최
1894	청일전쟁
1896	제1회 근대 올림픽 아테네에서 개최
1899	니베토 이나조, 『무사도』 집필
1901	노벨, 노벨상 제정
1902	시베리아철도 개통
1905	러일전쟁

1911	신해혁명
1914	1차 세계대전
1917	러시아, 10월혁명(사회주의 혁명)
1918	윌슨, 평화원칙 14개조 발표
1921	중국 공산당 성립
1922	최초의 공산주의 국가, 소비에트 연방 수립
1929	뉴욕 주가 대폭락, 세계 대공황 시작
1933	독일, 히틀러 집권. 미국, 뉴딜정책
1939	2차 세계대전 시작
1941	태평양전쟁 발발
1944	노르망디 상륙
1945	2차 세계대전 종전. 국제연합(UN) 성립
1948	세계인권선언 채택
1949	중화인민공화국 수립
1950	한국전쟁 발발(~1953)
1957	소련, 세계 최초의 인공위성 스푸트니크 호 발사
1964	팔레스타인해방기구(PLO) 결성. 베트남전 발발
1965	미국, 흑인에게 투표권 부여
1966	중국, 문화대혁명(~1976)
1969	아폴로 11호 달 착륙
1984	영국, 중국 양국간 홍콩 반환 협정 조인
1986	고르바초프, 페레스트로이카 추진
1989	톈안먼 사건. 베를린 장벽 붕괴
1990	독일 통일
1991	걸프전 발발. 소련, 연방 해체
1997	영국, 홍국을 중국에 반환
1998	유럽 11개국, 유로화 채택
1999	포르투칼, 중국에 마카오 반환
2000	남북 정상회담

스무 살을 위한 교양 세계사 강의

2010년 8월   10일 초판 1쇄 발행
2014년 3월   15일   3쇄 발행

지은이 | 이지원 · 박미선
펴낸이 | 노경인

펴낸곳 | 도서출판 앨피
　출판등록 | 2004년 11월 23일 제2011-000087호
　주소 | 우)120-842 서울시 영등포구 양평동 2가 37-1 동아프라임밸리 1202-1호
　전화 | 02-336-2776 팩스 | 0505-115-0525
　전자우편 | lpbook12@naver.com

ISBN 978-89-92151-32-0